# 1970년대 후반기의 정치사회변동

> 한국현대사의 재인식 13

# 1970년대 후반기의 정치사회변동

한국정신문화연구원 편

김명섭
이재희
김호기
김용호
마인섭

*1999*
**백산서당**

Rethinking Modern Korean History 13
# The Socio-Political Change of Republic of Korea in the Late 1970's

Kim Myong-Sob
(Assistant Professor, Hanshin University)

Lee Jae-Hyee
(Professor, Kyungsung University)

Kim Ho-Ki
(Associate Professor, Yonsei University)

Kim Yong-Ho
(Associate Professor, Hallym University)

Mah In-Sub
(Associate Professor, Sungkyunkwan University)

1999
Baiksan-Seodang Publishing

# 발 간 사

　우리 사회가 민주화되기 이전에는 한국현대사도 굴절되게 인식되어 온 점이 적지 않았다. 그것은 집권자측이건 아니면 이를 비판하는 측이건 대개는 자기의 이해관계에 따라 이데올로기적으로 접근했기 때문이다. 한편에서는 자기를 미화하기에 급급했고, 한편에서는 마르크스주의나 종속이론 등 외국의 이론과 개념을 빌려 이를 어줍지 않게 우리 사회에 적용하는 우를 범하기도 했다. 남북이 대치하고 있는 상황에서 금기도 상당 부분 있었고 자료의 한계도 있었다.
　또한 우리에게는 한 개 내지는 수 개의 어떤 개념을 가지고 그것에 치우쳐 사회를 설명하고 그로부터 실천적 과제를 도출했던 과거도 있었다. 하지만, 사물을 바로 본다는 것은 사실을 사실 그대로 보는 것이다. 그것은 긴 시간을 통해 이루어지는 것이겠지만, 결국은 치우침 없이 사물을 보는 것이다.
　과한 것은 미치지 못하는 것만 못하다는 중용(中庸)의 철학은 원래는 인간의 올바른 처신의 문제로부터 시작되었지만, 이를 확장시키면 사회를 보는 시각에도 적용이 될 수 있을 것 같다.
　각 사회는 저마다 고유한 특성이 있게 마련이다. 이제 우리도 남의 시각, 남의 말이 아니라 우리 자신의 시각을 가지고 우리 자신의 말로 우리 사회를 말할 수 있어야 한다. 한국사회가 성숙한 사회로 발전하는 데 있어서 이것은 필수적인 요소다. 또한 국민국가의 틀을 넘어 지구촌사회를 향해 나아갈수록 오히려 다양성과 민족적 정체성을 함께 아우르는 작업이 더욱 중요하다.

한국사회는 반만년의 역사와 전통을 가지고 있고 그만큼 한국사회는 자체 고유한 특성을 가지고 있다. 남의 나라의 개념이나 이론을 가지고는 설명할 수 없는 특징이 있는 것이다. 이것을 밝히고 이것을 우리의 말로 표현할 수 있을 때 우리는 진정한 의미에서 우리 자신의 문화를 갖게 되는 것이다. 지금 우리에게 요구되는 작업은 바로 이것이라고 할 수 있다.

한국정신문화연구원에서는 이러한 작업의 일환으로 그 동안 진행돼 온 한국현대사 연구를 정리해 보기로 했다. 1945년 해방에서 1960년까지를 다룬 이미 출간된 1차분 6권에 이어 이제 1960년대와 1970년대를 다룬 12권의 책을 출간하게 되었다.

여기에 실린 글들은 우선 방대한 자료를 가지고 사실 자체에 근거해서 분석했다는 특징이 있다. 그런 점에서 과거와 같은 이데올로기성에서는 완전히 자유로워졌다고 할 수 있다. 다음으로 아직 한국현대사의 전체적인 상을 그리기에는 미흡한 점이 있지만 우리 현대사의 상이 부분적으로는 상당한 정도 제시되고 있다는 특징이 있다. 이러한 작업이 조금만 더 진척되면 우리 모두가 공감할 수 있는 상을 그릴 수도 있지 않을까 하는 기대도 해본다.

이 작업의 연구성과들이 향후 한국현대사의 연구에 조그마한 밑거름이 되었으면 하는 마음 간절하다.

1999. 10.

한국정신문화연구원장 **한 상 진**

차 례

▷ 발간사

**1970년대 후반기의 국제환경변화와 한미관계** —— 카터행정부의 외교정책을 중심
으로 ·················································································· 김명섭 / 11
1. 머리말 ································································································ 11
2. 카터 외교정책의 국내적 연원 —— 남부 민중주의와 삼각위원회 ················ 12
  1) 남부 민중주의 기반 ············································································ 12
  2) 삼각위원회 —— 동부 엘리트층과의 결합 ················································ 17
3. 카터행정부의 외교정책과 동아시아 ························································ 27
  1) 봉쇄정책의 한계와 대안의 모색 ····························································· 27
  2) 카터행정부의 인권정책과 한반도 ·························································· 45
4. 카터행정부의 외교정책과 한미관계 ························································ 56
  1) 주한미군 철수안과 한국의 자주국방 노력 ················································ 56
  2) 표류하는 카터의 대한정책 ··································································· 64
  3) 반미의식의 확산과 반미운동의 분출 ······················································ 73
5. 결론 ································································································· 77

## 1970년대 후반기의 경제정책과 산업구조의 변화 —— 중화학공업화를 중심으로
········································································ 이재희 / 93
1. 머 리 말 ·································································· 93
2. 1970년대 후반기의 중화학공업화정책 ························· 96
   1) 중화학공업화정책의 형성배경 ································· 96
   2) 중화학공업화정책의 내용 ······································ 103
3. 1970년대 후반기의 산업구조변화 ······························ 122
   1) 생산 및 무역구조의 변화 ······································ 122
   2) 산업조직의 변화 ·················································· 129
4. 중화학공업 투자조정정책 ············································ 136
5. 맺 음 말 ································································· 146

## 1970년대 후반기의 사회구조와 사회정책의 변화 —— 노동정책과 복지정책을
중심으로 ··························································· 김호기 / 155
1. 문제제기 ······································································ 155
2. 70년대 후반기 사회구조의 변화 ·································· 159
   1) 유신체제의 성립과 사회구조의 변동 ······················ 159
   2) 노동계급의 조건과 상태 ······································· 170
3. 70년대 후반기 노동정책의 변화 ·································· 176
   1) 노동입법과 노사협의제 ········································ 177
   2) 이데올로기적 통제 ·············································· 185
   3) 소 결 ································································· 189
4. 70년대 후반기 복지정책의 변화 ·································· 190
   1) 경제성장과 복지정책 ··········································· 191
   2) 복지정책의 내용과 변화 ······································ 196
   3) 소 결 ································································· 204
5. 맺 음 말 ································································· 206

**1970년대 후반 국내정치동태** ········································· 김용호 / 213
　1. 머 리 말 ····················································································· 213
　2. 이론적 논의 —— 권위주의정권의 제도화문제 ························· 215
　　1) 유신세력의 권위주의정권의 제도화방안 ···························· 216
　　2) 권위주의세력의 제도화방안에 대한 비교분석 ···················· 220
　　3) 권위주의체제의 제도화에 영향을 미치는 변수 ··················· 228
　3. 70년대 후반의 국내정치과정 분석 ············································· 235
　　1) 1975년 국민투표 재실시의 배경 및 경과 ··························· 236
　　2) 월남의 공산화와 유신체제의 강화 ····································· 239
　　3) 야당과 재야의 반대운동 ···················································· 242
　　4) 중화학공업화를 통한 유신체제의 정당화 ··························· 244
　　5) 한미관계의 갈등과 반대세력의 강화 ·································· 246
　　6) 1978년 총선과 박대통령 시해사건 ····································· 248
　4. 맺 음 말 ····················································································· 252

**1970년대 후반기의 민주화운동과 유신체제의 붕괴** ········· 마인섭 / 259
　1. 서　 론 ······················································································· 259
　2. 중화학공업과 민주화운동 ·························································· 261
　　1) 중화학공업화의 성공과 산업의 고도화 ······························ 261
　　2) 민주화운동의 사회적 기반 ················································· 263
　3. 민주화운동의 영역별 중심집단 ················································· 273
　　1) 학생운동 ············································································· 273
　　2) 교회와 종교단체 ································································· 275
　　3) 지식인운동 ········································································· 276
　　4) 노동운동 ············································································· 277
　4. 도전·대응의 와선(渦線)과 유신체제의 붕괴 ···························· 278
　　1) 유신 초기의 대립과 긴급조치의 발동(1972. 10~1974. 8) ···· 279
　　2) 초기 긴급조치의 해제와 전략적 유화(1974. 8~1975. 4) ····· 286
　　3) 강경선회의 서막, 긴급조치 제7호(1975. 4. 8) ····················· 288

4) 긴급조치 제9호(1975. 5. 13~1979. 12. 8) ·········································· 290
  5) 유신체제의 붕괴(1979. 10. 26) ······················································ 298
5. 결론── 70년대 후반기 민주화운동의 특징과 한계 ······························· 300
  ▷ 유신시대 반체제운동일지 ······························································· 306

## 1970년대 후반기의 국제환경변화와 한미관계
── 카터행정부의 외교정책을 중심으로 ──

김 명 섭

## 1. 머 리 말

  이 연구의 목적은 1970년대 후반의 한미관계를 당시의 국제환경변화, 특히 미국 카터행정부가 취했던 세계정책의 관점에서 고찰하는 데 있다. 이 연구는 최대한 기존 연구의 검토 및 자료수집과 분석에 주안점을 두면서, 다음과 같은 연구영역에 기여하는 것을 목표로 한다.
  첫째, 냉전시대에 관한 국내외의 연구가 기원논쟁에 집중되어 있는 점을 감안하여, 이 연구는 통상적으로 냉전시대의 제3시기라고 할 수 있는 1970년대의 국제상황에 관한 역사적 인식을 심화하는 작업의 일환으로 자리매김된다. 이 논문에서는 특히 당시의 국제정세변화가 카터행정부의 세계전략에 어떠한 변화를 가져왔으며, 다시 카터행정부의 세계전략은 어떠한 국제정세의 변화를 초래했는가를 중점적으로 살펴볼 것이다.

둘째, 이 연구는 과거 한미관계사에 관한 인식의 심화를 통해 현재 한미관계의 기본성격을 이해하고 그 발전방향을 예측하는 작업의 일환이 될 것이다. 한미관계는 한국의 현재와 미래를 인식하는 데 있어서 가장 중요한 독립변수 중의 하나이다. 이 점과 관련해서 한미관계는 50대 50의 지분을 가진 쌍방관계(bilateral relationship)로서의 서술에 집착하기보다는, 다소 미국 결정론적이라는 비판을 감수하고서라도 실제적인 역학관계를 반영하는 관점에서 서술될 필요가 있을 것이다.

## 2. 카터 외교정책의 국내적 연원 —— 남부 민중주의와 삼각위원회

### 1) 남부 민중주의 기반

카터가 유년시절을 보냈던 연고로 카터가 대통령에 당선된 이후 일약 관광명소로 발달하기 전까지 조지아주 플레인즈(Plains)시는 250여명의 백인과 350여명의 흑인이 모여 사는 촌읍에 불과했다. 이곳에서 약 300명 가량의 흑인 인부들을 거느린 땅콩 농장주의 아들로 소년시절을 보냈던 카터는 국제적 지명도에 있어서는 물론이고 국내적 지명도에 있어서도 무명의 인사에 불과했다. 이러한 지미 카터가 백악관에 입성할 수 있었던 배경은 무엇이었을까?

스테판 앰브로즈는 미국의 제39대 대통령이었던 지미 카터(James Earl

Carter, Jr.)를 일컬어 "제2차 세계대전 이후 외교정책의 경험이 가장 적은 대통령"이라고 평가하였다.1) 그러나 이러한 평가는 약간 논란의 여지가 있다. 1945년 루즈벨트의 급서로 인해 갑작스럽게 제33대 대통령이 되었던(President by accident) 해리 S. 트루만 역시 대통령 취임시까지 외국 경험이라고는 1차대전 당시 포병장교로 프랑스전선에 투입된 것이 전부인 대통령이었기 때문이다. 우리는 오히려 트루만과 카터의 공통점에 주목할 필요가 있다. 그것은 비단 양자가 모두 민주당 출신 대통령이라는 점에 그치지 않고, 동부에 대한 소외감을 지니고 있던 중남부지역의 민중주의를 동부 엘리트주의와 결합시켜 낸 인물들이라는 점에 있다. 트루만은 미국 역사상 최초로 미시시피강 이서 출신의 대통령이었고, 카터 역시 남부 조지아주의 촌도시 플레인즈(Plains) 출신의 대통령이었다. 이들은 모두 중서부의 미국인들이 얼마나 연방정부를 불신하는지를 간파하고 있었고, 자신들이 지닌 아웃사이더, 즉 워싱턴 정가의 국외자로서의 위치를 역전적으로 이용할 줄 아는 사람들이었다.2) 트루만과 카터는 모두 종교적 수사학을 동원하여 군중의 마음을 사로잡고, 나아가 종교적 수사학으로 국제관계학을 대신할 줄 아는 인물들이었다.3) 서부지역의 완전한 통합이 이루어진 20세기 이후

---

1) 스테판 E. 앰브로즈, 『국제질서와 세계주의』, 권만학 역(서울: 을유문화사, 1996), p.333.
2) 카터가 지녔던 이와 같은 입장에 관해서는 월터 라피버, "긴장완화에서 걸프전쟁까지," 고든 마르텔, 『미국외교정책 1890~1993』, 정진위 편역(서울: 博英社, 1996), p.256.
3) Michael J. Adee, "American Civil Religion and the Presidential Rhetoric of Jimmy Carter," Herbert D. Rosenbaum and Alexej Ugrinsky, eds., *The Presidency and Domestic Policies of Jimmy Carter*(Westport, Conn.: Greenwood Press, 1994), pp.75-82. 레이건이 소련을 '악의 제국'(empire of evil)이라고 지칭하기에 앞서, 트루만은 수사학적 단순화(rhetorical over-simplification)를 통해 소련에게 악마의 이미지(devil

미국 대통령선거에 있어서 중요한 관건 중의 하나는 어떻게 동·서부를 망라하는 지지층을 확보하느냐 하는 문제였다. 이것은 다시 중서부지역과 밀접한 관련을 지닌 민중주의적 흐름과 동부로 대표되는 엘리트주의의 흐름을 어떻게 통합시켜 내느냐 하는 문제와도 직결되는 것이었다.

동서부 연안지대의 미국인들과 중남부지역의 미국인들은 많은 의식상의 편차를 보여준다. 바다를 통한 활발한 교류는 동서부 연안지대에 많은 대도시들을 탄생시켰고, 다시 이러한 도시적 운집성은 사고의 개방성을 자극했다. 반면 내륙지역에 위치한 중남부지역의 미국인들은 상대적으로 보수적이고 국제문제에도 무관심한 경향을 보인다. 유럽과 아시아로부터의 이민자들을 최초로 맞아들이고, 또 이들에게 정착지를 제공했던 동서부 연안지대와는 달리 중남부 내륙지역은 훨씬 배외적인 의식을 보여준다. 동서부 연안지대에 비해서 인구밀도가 훨씬 낮은 중남부지역의 주민들은 이른바 썬벨트(Sun Belt) 혹은 콘벨트(Corn Belt)라고 불리는 광대한 농경지를 분할하여 철저하게 가족중심적인 삶을 영위하고 있는 것이다. 중남부지역의 주민들에게 있어서 동서부 연안지대, 특히 동부 연안지역은 선망의 대상인 동시에 증오의 대상이다. 그것은 고등교육의 중심지이자 갖가지 세련된 문화의 중심지로 비쳐지는 동시에, 미국 땅을 위협하는 새로운 이민자들이 출현하는 곳이자 유태인들을 비롯한 소수민족들이 활개를 치며 살고 있는 곳, 그리고 갖가지 정치적 음모와 경제적 사기가 횡행하는 곳이다. 1970년대 워터

---

image)를 덮어씌우는 데 성공했다. 카터 역시 국제관계에 대해 종교적인 수사학을 즐겨 사용했다. Alexander George, "Domestic Constraints on Regime Change in U.S. Foreign Policy: The Need for Policy Legitimacy," Ole Holsti, Randolph Siverson and Alexander George(eds.), *Change in the International System*(Boulder, Colo.: Westview, 1980), pp.249-250.

게이트사건은 이와 같은 워싱턴에 대한 반감의 불꽃에 기름을 붓는 상황을 연출하고 있었다.

카터에게 있어서 정치적 무명은 오히려 정치적 자산이었다. 본래 워싱턴 DC에서의 직무수행 경험은 대통령 후보자의 이력서에 반드시 들어가야 할 필수사항이었다. 카터는 단 한 번도 연방의 직책을 맡아 본 적이 없었지만 워싱턴에 대해 만연되어 있던 미국 일반대중의 적개심을 배경으로, 자신을 깊고 푸른 눈을 지닌 '깊은 남부'(the Deep South) 출신의 점잖은 농부로 부각시키는 데 성공하였다. 1976년 선거 당시 미국 민중들은 13년 동안 무려 네 명의 대통령을 겪으면서 안게 된 심적 트로마를 겪고 있었다. 한 명의 이미지는 암살로 대표되었고, 다른 한 명의 이미지는 베트남전쟁과 중첩되었으며, 세번째는 도청과 탄핵의 이미지를 남겼고, 네번째는 자신들이 선출하지도 않은 대통령이었다. 당시의 시대정신(Zeitgeist)은 1972년에 만들어진 '포세이돈 어드벤처'라는 영화에서 보이듯이, 휘황찬란한 미국호의 침몰에서 오는 심리적 공황으로 대표되었다. 이러한 심리적 공황을 메우며 텔레비전 부흥사들이 발흥하기 시작했던 1970년대가 바로 카터의 등장을 가져온 시대적 배경이었다.[4] <뉴욕 타임즈>지 애틀란타 지국장으로서 조지아 주지사 시절부터 카터를 가까이서 관찰했던 제임스 우텐이 기술한 바와 같이 많은 미국인들은 카터를 '스미스씨, 워싱턴에 가다'(Mr. Smith Goes to Washington)라는 영화의 실제 주인공처럼 순박한 남부의

---

[4] Kenneth E. Morris, *Jimmy Carter, American Moralist*(Athens: University of Georgia Press, 1996), pp.13-14. 1970년대 후반 텔레비전 부흥사들의 발흥이 지니는 미국사회적 의미에 관해서는 Jeffrey K. Haddan and Anson Shupe, *Televangelism, Power, and Politics on God's Frontier*(New York: Herny Holt, 1988). 1970년대 초반 미국사회의 심리적 상태에 대한 보다 상세한 묘사는 Morris, *Jimmy Carter*, pp.9-13.

농부로 인식했던 것이다.5)

카터가 중남부 민중주의에 기반한 새로운 희망을 대변할 수 있었던 것은, 정통파 그리스도교 집안 출신의 굳은 신앙심과 남부의 인권운동에 성공했던 도덕가적인 성격에 근거하는 것이기도 했다.6) "나의 신앙을 이해하지 않고서는 나와 나의 정치철학을 이해할 수 없다"7)고 한 지미 카터의 말은 그의 정책을 분석하는 데 중요한 화두가 된다. 카터는 조지아 주지사 때 지사실 한쪽 방에서 무릎을 꿇고 드린 기도가 자기 생애 전체를 통해 올린 기도보다 더 많은 시간을 차지했다고 말하기도 했고, 대통령이 되어 백악관에 들어와서도 매일 25번 이상 기도를 올린다고 고백하기도 했다. 카터가 지닌 소박한 종교성은 인종을 초월하여 중남부 미국인들을 묶어 낼 수 있는 기반이 되었다. 그는 주일학교 교사로서 자신의 신조에 대해 평범한 어조와 단어로 설명할 줄 알았고, 유권자들로부터 "God bless you, Jimmy"라는 슬로건을 유도해 냈다.

가족사(家族史)적으로 볼 때, 카터는 아버지(James Earl Carter)의 인종차별주의를 거부하고, 어머니의 사해동포주의를 계승했다. 간호사였던 카터의 어머니 릴리안(Lillian Carter)은 거의 일생동안 이웃을 위해 진료봉사를 했던 흑인 동정론자였다. 그녀는 68세의 나이에 평화봉사원으

---

5) James Wooten, *Dasher: The Roots of the Rising of Jimmy Carter*(New York: Summit Books, 1978), pp.25, 27.

6) Kenneth Thompson, "New Reflection on Ethics and Foreign Policy: The Problems of Human Rights," *The Journal of Politics*(November 1978), p.984.

7) David Shaw, "Jimmy Carter's Rise Brought Evangelicalism to the Front Pages," *Los Angeles Times*, 28 Dec. 1983, cited in James A. Speer, "Jimmy Carter Was a Baptist President," Herbert D. Rosenbaum and Alexej Ugrinsky, eds., *The Presidency and Domestic Policies of Jimmy Carter*(Westport, Conn.: Greenwood Press, 1994), p.83.

로 인도의 나병환자를 돌보기도 했을 정도였다. 카터의 인권에 대한 강조는 조지아 주지사 시절부터 이미 나타나고 있었다. 카터라고 해서 다른 남부 농장주에 비해 2배, 3배의 임금을 주었을 리 없고, 단지 다른 남부의 농장주들보다 조금 더 잘해준 것이 정치적으로 강조된 것이라는 비판에도 불구하고, 열악한 상황에서 그 상황을 개선해 보려고 했던 카터의 노력은 높이 평가할 만한 것이었다. 카터가 흑인들이 많이 모인 선거집회에서 장내의 감동을 일으키는 것을 보고 한 미국 기자는 "그에게는 흑인들과 혼으로 대화할 수 있는 영혼(soul)이 있다"고 기록했다.8) 이것은 미국 내에서 오랫동안 퇴색되었던 청교도정신, 남부 흑인들의 부흥회적 열정과 결합할 수 있는 카터의 역량을 이야기해 주는 것이다. 백인계 남부 민중들의 정서를 대변하는 동시에, 흑인들의 인권을 대변하는 마틴 루터 킹의 정신을 계승하는 정치적 노선은 카터행정부를 국내적으로 뒷받침하는 양대 기둥 중의 하나였다.

### 2) 삼각위원회 — 동부 엘리트층과의 결합

지미 카터에게 있어서 조지아주 플레인즈 출신의 땅콩 농부라는 이미지는 민중주의적 흐름을 잡아 낼 수 있는 유리한 자원이기도 했지만, 이것은 역으로 동부 기득권층으로부터 '레드넥'(redneck: 남부 촌뜨기란 뜻)으로 폄하될 수 있는 요인이기도 했다. 한편으로 보수적 남부 침례교인의 이미지로 대중을 장악했던 카터는, 동부 엘리트층(eastern establishment)을 향해서는 라인홀드 니버와 쇠렌 키에르케고르의 보다 자유로운 종교철학에 의해 영향을 받은 기독교인으로 자신을 묘사하

---

8) 趙世衡, 『1980年代 韓國과 지미 카터』, pp.32-33.

지 않으면 안 되었다.9)

동부 엘리트층의 우려는 서남부의 민중주의가 반유태주의와 결합할 수도 있다는 점에 있었다. 동부지역의 가톨릭도 그랬지만 특히 막강한 힘을 가진 유태인들이 의심과 경계의 눈초리로 카터의 남부 침례교를 주시하고 있었다. 동부 이스태블리시먼트들의 우려를 극복하기 위한 전략의 일환으로 나왔던 것이 이른바 『플레이보이』지 소동이었다. 카터는 대통령선거를 앞두고 전혀 예상치 못하게도 『플레이보이』지와 단독회견을 가졌다. 이 회견에서 카터는 "나도 연정을 가지고 남의 여자를 쳐다본 일이 한두 번이 아니다. 예수의 말씀대로 나는 여러 번 마음속으로 간음한 셈이다"라느니, "나도 인간이고 유혹을 느끼니까 그런 마음의 간음을 또 저지르겠지만 하나님은 나를 용서하실 줄 안다"는 등의 발언으로 엄청난 스캔들을 일으키고 말았다. 당시 부통령이자 삼각위원회의 창설자 데이빗 록펠러의 친형이던 넬슨 록펠러(Nelson Rockefeller)는 "세상에, 예수 그리스도의 가르치심을 『플레이 보이』지를 통해 배우는 날이 돌아올 줄은 미처 몰랐다"고 비아냥거렸다.10)

그러나 정작 이 스캔들은 동부 엘리트층 사이에서 카터의 인기를 치솟게 하는 결과를 초래했다. 당시 미국 내에서 『플레이보이』지의 애

---

9) Wooten, *Dasher*, pp.35, 38. 다양한 얼굴을 가져야 했던 카터의 입장은, 러시모어 산에는 두 개 이상의 얼굴을 새길 자리가 남아 있지 않기 때문에 두 개의 얼굴을 가진 카터의 상은 결코 러시모어 산에 새겨질 수 없을 것이라는 조크를 낳기도 했다. 이러한 카터의 태도는 주한 미지상군 철수문제에 있어서도 되풀이되었다. 그는 몇몇 청중들 앞에서는 주한 미지상군을 점진적으로 철수해야 한다고 정열적으로 선동했다. 그리고 다른 청중들 앞에서는 주한 미지상군 철수는 "어디까지나 단계적이고 점진적인 기초 위에서"(except on a phased, gradual basis) 진행되어야 한다고 강조했다.

10) *Ibid.*

독자들은 우디 알렌 풍의 영화를 좋아하는, 상대적으로 지식수준이 높은 사람들이었다. 『플레이보이』지 사건은 동부 엘리트층 사이에서 카터가 남부 근본주의자가 아니라 남부 자유주의자라는 이미지를 유포시키는 데 결정적으로 기여했다. 무엇보다 『플레이보이』지 사건은 동부의 유태계 인사들 사이에 카터의 종교적 열정이 근본주의적인 반유태주의와 결합할 가능성이 없다는 확신을 심어 주었다.[11] 카터와 그의 참모들은 뉴욕 그리니치 빌리지(Greenwich Village)의 전위파 예술인과 같은 방법을 통해 동부 엘리트층이 가지고 있던 카터의 남부 민중주의적 기반에 대한 우려를 불식시킬 수 있었던 것이다.

『플레이보이』지 사건보다 더 근본적으로 카터의 남부지역적 한계를 극복할 수 있게 해준 것은 '예비세계정부'(shadow world government)[12]라는 별칭을 얻기도 했던 '삼각위원회'(Trilateral Commission)로부터의 초대였다. 삼각위원회는 조지아 주지사였던 지미 카터가 남부지역의 '아래로부터의 견해'(the view from the below)를 동부 엘리트층의 '위로부터의 견해'(the view from the over)와 접맥시키는 결정적인 기회를 마련해 주었다.[13] 삼각위원회는 1973년 7월 세계경제의 안정을 추구한다는 목적으

---

[11] 대통령후보로서 카터와 포드는 모두 제1차 텔레비전 토론에서 유태계 미국인들의 환심을 사기 위해 서로 자기가 더 이스라엘을 아낀다고 강변했는데, 이를 지켜본 이스라엘의 앨론(Yigal Allon) 외상은, "카터와 포드 중에 누가 이길지는 알 수 없지만, 이스라엘이 이긴 것만은 확실하다"고 말했다고 전해진다.

[12] 이것은 영국의 예비내각을 의미하는 shadow cabinet에서 따온 조어이다. Takano Hajime, "A Guide to the Japanese Membership," Holly Sklar, ed., *Trilateralism: The Trilateral Commission and Elite Planning for World Management* (Boston: South End Press, 1980), p.123.

[13] Stephen Gill, *American Hegemony and the Trilateral Commission* (New York, 1990), p.9.

로 록펠러가(家)의 오형제 중 막내였던 데이빗 록펠러(David Rockefeller)의 주도로 설립되었다. 형 넬슨 록펠러가 대통령후보 지명 가능성을 지닌 공화당 행정부의 부통령으로서 막강한 정치적 영향력을 지닌 인물이었다고 한다면, 동생 데이빗 록펠러는 이미 1960년 45세의 나이로 체이스 맨해턴 은행(Chase Manhattan Bank)의 총재로 임명되어 재계에서 막대한 영향력을 행사하고 있던 친민주계 성향의 인사였다. 1970년대 초반의 경제위기 상황에서 체이스 맨해턴의 정점에 서 있던 데이빗 록펠러가 뉴딜적 패러다임에 입각하여 미국경제 전체의 안정은 물론 세계경제 전체의 안정을 수호하는 것이 자신의 의무라고 생각했던 것은 어쩌면 지극히 당연한 일이었다.[14]

처음 데이빗 록펠러가 구상했던 삼각위원회는 항구적인 성격의 조직은 아니었다. 데이빗 록펠러는 이 모임의 운영기한을 76년 중반까지의 3년 동안으로 상정했다. 그러나 이 모임은 79년 중반까지 다시 3년간 활동기한을 연장할 만큼 성황을 이루었다. 후일 약 300명에 달하는

---

14) Peter Collier and David Horowitz, *The Rockefellers: An American Dynasty*(New York: Holt, Rinehart and Winston, 1976), pp.407-408. 1974년 초 데이빗 록펠러가 재무부장관 자리를 고사했을 당시, 체이스 맨해턴 은행을 통해 데이빗 록펠러가 깊숙이 간여하고 있던 일부 기업들의 면면을 보더라도 그의 영향력이 어느 정도였던가를 짐작할 수 있을 것이다. 그것은 록펠러가의 상징적 기업인 Standard Oil of New Jersey가 간판을 바꾸어 단 Exxon을 필두로 하여 Shell Oil, Standard Oil of Indiana, AT & T, Honeywell, CBS, Jersey Standard, Atlantic Richfield, United Airlines, IBM, Motorola, Safeway 등이었다. *Ibid.*, pp.407-408. 국가와 기업을 통괄하는 1976년의 총생산지수 지표로 볼 때, Exxon은 오스트리아(25위)나 덴마크(29위), 그리고 한국(42위)보다 앞서는 23위를 차지하고 있었고, Shell은 31위, IBM은 뉴질랜드(65위)보다 앞서는 53위를 차지했다. Holly Sklar, "Trilateralism: Managing Dependence and Democracy: An Overview," Holly Sklar, ed., *Trilateralism: The Trilateral Commission and Elite Planning for World Management*(Boston: South End Press, 1980), p.4.

회원수를 기록하기도 한 삼각위원회는 설립 당시 약 200명의 회원으로 시작되었다. 이들의 면면을 보면 미국, 캐나다를 묶은 북아메리카 지역에서 70여명, EC권(圈) 국가들과 노르웨이를 합친 유럽지역 및 일본에서 각각 60여명의 재계, 관계, 학계 지도자들이 참여하고 있었다.15)

처음에 데이빗 록펠러가 삼각위원회를 설립한 배경에는 원유를 헐값에 사들여 상품화하여 폭리를 취하는 이른바 '세븐 시스터즈'(Seven Sisters)16)에 대한 산유국들의 점증하는 반감과 연대에 공동 대처하자는 계산이 깔려 있었다. 비록 록펠러가(家)의 석유회사들은 원유파동의 와중에서 막대한 단기이익을 챙길 수 있었지만, 원유파동을 통해 막대한 이윤을 챙긴 것에 대한 사회적 지탄 또한 만만치 않았다. 무엇보다 데이빗 록펠러는 장기적인 경제불황이 자본주의체제 전반에 몰고올 위험성을 직시하고 있었다. 이러한 위험성을 극복하기 위해서는 일개 국가가 개별자본가들의 상충하는 이해관계를 초월하여 공존의 기반을 마련해 주는 '이상적 총자본가'(ideal collective capitalist)로 기능하듯이, 각 국가들간의 상충하는 이해관계를 초월하여 공존의 기반을 마련해 줄 수 있는 세계적 협력체가 요구되었다. 삼각위원회는 그와 같은 협력체의 필요성을 다음과 같이 강조하면서, 세계 전체의 안정에 긴요한 자본주의 삼각체제간의 긴밀한 협력과 조정의 역할을 자임했던 것이다. "대부분 국가들의 대중과 지도자들은 이미 존재하지도 않는 심정적 세계(mental universe), 즉 개별국가들로 구성된 세계 안에 살고 있고,

---

15) Holly Sklar, "Trilateralism: Managing Dependence and Democracy: An Overview," Holly Sklar, ed., *Trilateralism*, p.2; Holly Sklar and Ros Everdell, "Who's Who on the Trilateral Commission," Holly Sklar, ed., *Trilateralism*, pp.90-131.

16) 이에 관해서는 Anthony Sampson, *The Seven Sisters: The Great Oil Companies and the World They Made*(London: Hodder and Stoughton, 1975).

세계적 전망과 상호의존의 관점에서 사고하는 데 커다란 장애를 지니고 있다."17)

삼각위원회가 창설된 또 다른 배경에는 닉슨의 관세정책과 통상정책, 그리고 외교정책 일반이 빚어낸 EC권 국가들의 미국에 대한 의구심이 자리잡고 있었다. 전후 미국의 냉전정책은 대서양주의(Atlanticism)의 기치 아래 미국과 서유럽의 연대를 통해 범슬라브주의의 팽창을 봉쇄하는 것이었다. 그러나 닉슨-키신저 팀의 정책은 전통적인 우방들을 경시하고, 대신 소련과 중공에 밀착하는 것이 아닌가 하는 우려를 자아내고 있었다. 그리고 일본을 이 서유럽 우방의 개념에 포함시켰다. 삼각위원회의 핵심적 인물이었다가 백악관 안보보좌관에 임명된 즈비그뉴 브레진스키(Zbigniew Brzezinski)는 이러한 서방 동맹국들의 우려를 불식시키면서, "앞으로의 정책은 무엇보다 구(歐), 미, 일 삼각관계에 최우선 순위를 두어야 한다"고 말하면서, 그것은 바로 "이 세 지역이야말로 서로 이해하기 쉬운 같은 가치관을 가졌으며 상호 협조할 수 있는 정치적 요건을 갖추었기 때문"이라고 주장했다.

북미(미국, 캐나다)와 서유럽과 일본의 세 정점을 묶는 서방 부자나라들의 클럽이자 연구조직으로 등장한 삼각위원회의 대강을 마련한 인물이 데이빗 록펠러였다고 한다면, 브레진스키는 삼각위원회의 이론적 지주이자 운영 책임자(director)로서의 역할을 담당했다. 닉슨 치하에서 외교 제왕으로 군림했던 키신저가 형 넬슨 록펠러계의 사람이었다면, 브레진스키는 아우 데이빗 록펠러의 적극적인 후원을 받고 있었다. 즈비그(Zbig)라는 애칭으로 불리기도 했던 그는 삼각위원회에 참여할 미국측 인사들을 불러모으는 데 있어 핵심적 역할을 담당했다. 흔히 이 삼각위원회에서의 인연으로 인해 브레진스키가 카터행정부에

---

17) "Toward a Renovated International System," Trilateral Task Force Report(1977), Holly Sklar, ed., *Trilateralism*, p.3.

스카웃된 것으로 묘사되기도 하지만, 사실은 브레진스키에 의해 남부의 무명 주지사였던 카터가 동부 엘리트층들의 배타적 살롱으로 발탁(co-opt)된 측면이 없지 않았다.18)

삼각위원회의 관점에서 볼 때, 조지아 주지사이던 카터는 흑인문제에 온건노선을 취하는 등 남부 정치인치고는 좀 색다르게 눈에 띄는 존재였다. 매사에 적극적인 자세를 보였던 카터는 75년 5월의 일본 교토 회의까지 연속 4차례나 삼각위원회 모임에 참석하면서 교제범위를 넓혀 나갔다. 1975년 대통령선거를 겨냥해 출판된 저서에서 카터는, "복잡하고 중대한 대외정책에 대한 명쾌한 분석의 기회를 확보하기 위해 삼각위원회라고 알려진 조직이 가동(in operation)중"이라고 소개하면서, 이 삼각위원회의 멤버들이 자신을 돕고 있다고 밝혔다. 카터는 일본, 북미, 그리고 유럽의 지도적 인사들이 6개월에 한 번씩 모여서 세계금융체제, 빈국과 부국간의 경제관계, 세계무역, 에너지, 해양문제 등에 관해 논의하는 이 모임으로부터의 초대가 자신에게 탁월한 배움터를 제공해 주었다고 말하기도 했다.19) 대통령에 당선된 이후에도 지

---

18) 공화당과 민주당 양당에서 각각 한 명씩의 주지사를 영입하기로 했던 상황에서 브레진스키의 관심은 남부지역을 대표할 만한 두 명의 주지사에게 집중되었다. 처음 브레진스키는 카터보다 높은 전국적 지명도를 지니고 있었던 플로리다주의 뢰벤 아스큐(Reuben Askew)에게 보다 많은 관심을 보였으나, 조지아주의 경제문제 해결에 기여한 카터의 명성을 고려하여 세계경제 안정을 목적으로 하는 삼각위원회로의 초대장은 최종적으로 지미 카터에게 보내졌다. Lawrence X. Clifford, "An Examination of the Carter Administration's Selection of Secretary of State and National Security Adviser," Herbert D. Rosenbaum and Alexej Ugrinsky, eds., *The Presidency and Domestic Policies of Jimmy Carter*(Westport, Conn.: Greenwood Press, 1994), p.6.

19) Jimmy Carter, *Why Not the Best?: The First Fifty Years*(Fayetteville: University of Arkansas Press, 1996), p.127.

미 카터는, 1977년 1월에 열린 삼각위원회 도쿄회의에 친히 메시지를 보내 삼각위원회와 자신의 관계를 다음과 같이 공개적으로 천명했다. "나는 삼각위원회에 참여함으로써 훌륭한 경험도 얻고, 또 많은 지도적 인사를 알게 되는 기회를 가졌다."20) 삼각위원회의 멤버였던 버그스텐(C. Fred Bergsten) 역시 카터를 삼각위원회의 대변자(prophet)로 간주했다.21)

카터가 대통령 출마를 공식 선언한 이후 삼각위원회는 음으로 양으로 카터의 당선을 지원했다. 제랄드 포드가 데이빗 록펠러의 친형 넬슨 록펠러 대신에 밥 돌(Robert Dole)을 러닝메이트로 선택한 것은 데이빗 록펠러의 삼각위원회로 하여금 더욱 적극적으로 카터를 지원하게 하는 계기가 되었다. 삼각위원회와 지미 카터간의 밀접한 관계는 카터 행정부의 출범에 참여한 삼각위원회 멤버(Trilateralist)들의 면면을 통해서도 잘 드러나고 있다. 삼각위원회의 미국측 회원 70명 중 4분의 1에 해당되는 16명이 카터의 선거참모 내지 정권인수 준비요원으로 참여했던 것이다.

카터의 러닝메이트로서 부통령에 임명된 먼데일(Walter Modale)은 삼각위원회에서의 인연을 계기로 카터의 취약한 당내 기반을 보완해 주는 한편, 북부지역의 유권자들을 모아 주는 공로를 세웠다. 국무장관에 임명된 밴스(Cyrus Vance), 캘리포니아 공과대(CAL-tech) 학장을 역임하고 케네디 및 존슨행정부에서 요직을 거친 후 국방장관에 임명된 브라운(Harold Brown), 재무장관에 임명된 블루멘탈(Michael Blumenthal) 등 요직을 차지한 인사들도 모두 삼각위원회의 멤버들이었다. 특히 밴스의 국무부는 마치 삼각위원회의 분신을 방불케 했다. 국무부의 제2인자(Deputy Secretary of State)로 발탁된 크리스토퍼(Warren Christopher),

---

20) 趙世衡,『1980年代 韓國과 지미 카터』, pp.160-161.

21) Morris, *Jimmy Carter*, p.263.

경제담당 국무차관이 된 전(前) 예일대학 교수 쿠퍼(Richard Cooper), 안보담당 국무차관이 된 벤슨(Lucy Benson) 여사, 동아시아 및 태평양담당 국무차관보로 임명된 홀브룩(Richard Holbrooke), 흑인으로서 유엔주재 대사로 임명된 앤드류 영(Andrew Young), 주(駐)북경대표부 대사로 임명된 우드콕(Leonard Woodcock) 등이 모두 삼각위원회 멤버들이었다. 그리고 무기감축협상대표(Chief Disarmament Negotiator)라는 요직을 차지한 전(前) 국방차관 원키(Paul C. Warnke), 카터행정부의 대표적 치적으로 평가되는 파나마협상의 대표로 활약하게 되는 라이노위츠(Sol Linowitz), 컬럼비아대학 교수로 카터 선거전에 참여했다가 이탈리아 대사로 부임한 가드너(Richard Gardner), 닉슨행정부의 각료를 역임하다가 워터게이트에 반기를 들었던 해양법회의 대표 리차드슨(Elliot Richardson) 등이 모두 삼각위원회 멤버들이었다. 그 밖에 빼놓을 수 없는 인물들로 카터행정부 말기에 미연방은행(Federal Reserve Board)의 수장으로 발탁된 포커(Paul A. Volcker)와 국가안전회의(NSC)에 참여했고 후일 『문명충돌』이라는 저서를 통해 대서양 연대를 강조하게 되는 헌팅턴(Samuel P. Huntington) 등이 있었다.[22] 카터행정부에 들어온 10여명의 인사말고도 삼각위원회의 미국측 회원들로는 한창 카터의 인선 물망에 올랐던 전(前) 국무차관 조지 볼(George Ball)과 전(前) 국방차관 데이빗 패커드(David Packard), 미국은행(Bank of America)의 수장인 클로센(Alden Clausen), 하버드대학의 일본전문가인 라이샤워(Edwin Reischauer), CBS방송 사장 테일러(Arthur Taybor), 시어스 로벅 백화점(Sears Roebuck & Co.) 회장인 우드(Arthur Wood), 전 유엔대사 스크렌튼(William Scranton), <타임>지 편집주간 도노반(Hedley Donovan), 강철노동조합 위원장 아벨(I. W. Abel), 상원의원 컬버(John Culver)와 미네소타 출신의 하원의원으로서 '박동선사건'을 조사했던 프

---

22) Holly Sklar and Ros Everdell, "Who's Who on the Trilateral Commission," Holly Sklar, ed., *Trilateralism*, pp.91-92.

레이저(Donald Fraser) 등이 참여했다.23)

　닉슨과 포드로 이어지는 공화당 시절의 경우 대외관계평의회(CFR)에 간여하고 있던 인사들이 대외정책에 커다란 영향력을 발휘했다고 한다면, 카터 시대에는 단연 이들 삼각위원회에 참여했던 인사들이 대외정책을 주조했다. 대외관계평의회측 인사들이 자신의 입장을 대중화하기 위한 지면으로 즐겨 사용했던 것이 『포린 어페어즈』(Foreign Affairs)지였다고 한다면, 삼각위원회측 인사들은 『포린 폴리시』(Foreign Policy)지를 통해 정책적 입장을 개진했다. 삼각위원회 시절부터의 연고로 인해 밴스와 브레진스키가 미국의 대외정책을 담당할 양대 기둥이 될 것이라는 점은 명약관화했다. 그러나 카터와 브레진스키 간의 특별했던 관계로 인해 일찍이 안보보좌관이었던 키신저가 로저스 국무장관을 축출했던 것과 마찬가지로 브레진스키가 밴스를 대신해서 미국의 대외정책을 주도할 것이라고 예측되었다. 브레진스키는 카터가 중시하는 인본주의적 목표의 달성을 위한 선결조건으로 미국의 군사적 능력의 재건을 촉구했고, 이것은 브라운(Harold Brown) 국방장관의 강력한 지지를 받았다.24)

　삼각위원회와의 밀접한 관계는 카터행정부가 집권과 동시에 경기부양책을 채택했던 것과도 무관하지 않다. 경기확대정책은 실업률의 일시적 저하를 가져와 노사 양측에 이익을 가져다주었다. 그러나 곧 물가상승률이 증대함에 따라 달러가치가 하락하고 산유국들은 석유가치를 보전하기 위해 석유가격 인상을 단행하면서 제2차 석유위기가 발생했고, 1차산품 가격상승에 의한 비용상승 인플레이션이 급속히 진전되었다. 카터의 정책은 두자릿수의 인플레이션, 30%까지도 폭등할 수

---

23) Ibid., pp.99-109.
24) 제임스 E . 도거티, 로버트 L. 팔츠그라프, 『미국외교정책사』, 이수형 역(서울: 한울아카데미, 1997), p.413.

있는 고금리 상태, 고율의 실업, 경제성장의 정체와 낮은 투자수준, 생산성상승률의 둔화, 연방정부의 재정적자 누적, 그 결과로서 국채의 누적과 국채이자 지불증대 등의 인플레이션과 고금리 상태를 레이거노믹스(Reaganomics)를 위한 유산으로 남겨 놓았다. 삼각위원회와 카터행정부의 밀착된 관계를 증명해 주는 또 하나의 사례는 카터행정부 말기 이란 인질사태를 자초한 팔레비 이란국왕의 미국 입국 역시 삼각위원회와 관련을 맺고 있던 동부 엘리트층의 압력에 의해 이루어졌다는 점이다. 넬슨 록펠러와 데이빗 록펠러, 헨리 키신저 등이 과거의 친구에 대한 최소한의 예우를 베풀기를 원했고, 무엇보다 당대 이스턴 이스태블리시먼트의 대부라고까지 일컬어졌던 존 메클로이는 사이러스 밴스 국무장관을 통해 팔레비의 입국허가를 종용했다. 메클로이는 팔레비의 미국 내 이익을 대변하던 법률법인의 대표이기도 했다.[25]

## 3. 카터행정부의 외교정책과 동아시아

### 1) 봉쇄정책의 한계와 대안의 모색

1970년에 들어서 두드러지기 시작한 미국의 상대적 쇠퇴는 봉쇄적 대외개입과 그것을 뒷받침하는 군사 · 경제적 자원 사이에 균열을 야

---

25) Hamilton Jordan, *Crisis: The Last Year of the Carter Presidency*(New York: Putnam, 1982), pp.28, 30-31, 87, 163-164. 해밀턴 조단의 저작은 1979년 당시 이란 인질사태에 집중되어 있던 카터행정부의 모습을 일지 형식의 생생한 모습으로 재현해 주고 있다.

기했다. 이러한 균열을 메우기 위한 노력은 자원의 증대 혹은 개입의 축소를 지향하는 적응전략을 탄생시켰다.26) 이러한 적응전략은 한편으로 닉슨-포드로 이어지는 공화당행정부의 정치적 현실주의의 관점에서 이루어졌고, 다른 한편으로는 카터로 대표되는 민주당행정부의 자유주의적 국제주의의 관점에서 추진되었다. 닉슨독트린이든 카터의 인권정책이든 그것은 모두 변화의 원인이라기보다는 변화에 대한 적응이라는 사실을 정치적 수사로 은폐하는 경향이 있었다. 전자가 워터게이트사건으로 대표되는 과도한 정치적 현실주의로 인해 도덕적 기준에 있어서 발목을 잡히고 말았다면, 후자는 이란 인질사건과 소련의 아프가니스탄 침공으로 대표되는 정치적 현실의 벽을 넘지 못하고 스스로 정치적 현실주의로 회귀하는 자가당착의 길을 걸었다.

봉쇄론적 세계정책에 입각한 개입의 지속성과 자원의 한정성 간에 존재하는 불균형, 이른바 '리프만 갭'(Lippmann gap)이 감당할 수 없을 정도로 확대되면서 미국은 새로운 정책적 전환을 강요받았다.27) 공산진영의 군사력이 강화됨에 따라 2차대전 직후 미국이 구가하던 군사적 우위는 점차 상쇄되었고, '리프만 갭'은 더욱 심각한 문제로 대두되었다. 이러한 균열을 메우기 위한 노력은 자원의 증대 혹은 개입의 축소를 지향하는 적응전략을 탄생시켰다.28) 적응전략의 배경에는 무엇보다 베트남전쟁의 후유증이 자리잡고 있었다. 2차대전 당시의 일본군과 한국전쟁 당시의 공산군 이상으로 미군에게 악전고투를 강요하고

---

26) David Skidmore, *Reversing Course: Carter's Foreign Policy, Domestic Politics, and the Failure of Reform*(Nashville: Vanderbilt University Press, 1996), pp.3-4.

27) Samuel Huntington, "Coping with the Lippmann Gap," *Foreign Affairs*(1987~88, Vol.66, No.3), pp.453-477.

28) David Skidmore, *Reversing Course: Carter's Foreign Policy, Domestic Politics, and the Failure of Reform*(Nashville: Vanderbilt University Press, 1996), pp.3-4.

있었던 호지명 휘하의 군대는 봉쇄론적 세계정책을 뒷받침하고 있던 미국 내의 합의(consensus)에 균열을 야기시키고 말았다.29) 제2차 세계대전 이후 1970년대 이전까지 미국은 반공주의를 골간으로 하는 봉쇄정책에 입각하여 세계의 경찰을 자임해 왔다. 1940년대 트루만독트린, 마샬플랜, 베를린 공수, 북대서양조약 체결, 1950년대 한국전쟁 개입, 필리핀·한국·일본 등과의 상호방위조약 체결 및 시토(SEATO) 및 앤저스(ANZUS)의 결성, 1960년대 베트남전쟁 등은 모두 미국의 봉쇄론적 세계정책의 일환이었다. 그러나 1960년대 말에서 1970년대 초엽에 이르는 시기에 미국이 경험했던 베트남 신드롬은 미국정치에 일부 진보주의적인 외교이데올로기를 이끌어들이는 동시에 미국 엘리트들로 하여금 미국의 힘의 한계를 보다 실제적으로 인식하게 만들었다. 봉쇄론적 합의는 무너지고 있었고 미국 정책결정자들은 새로운 외교정책 패러다임을 모색하지 않을 수 없었던 것이다.

브루킹스연구소의 한 연구보고서는 봉쇄정책 전반에 대한 재검토를 요구했다. 봉쇄정책의 기반이 된 케난의 글이 트루만행정부 요인들의 주목을 끌었던 것과 마찬가지로, 케난의 글을 명백히 의식하고 쓰여진

---

29) 이에 관해서는 특히 Ole Holsti and James Rosenau, *American Leadership in World: Vietnam and the Breakdown of Consensus*(Boston: Allen & Unwin, 1984)의 pp.83-216을 참고. 그 밖에 전후 미국의 세계정책을 뒷받침하고 있던 합의의 붕괴를 다루고 있는 글들로는 James Chace, "Is a Foreign Policy Consensus Possible?," *Foreign Affairs* 57(Fall 1978), pp.1-16; Thomas Hughes, "The Crack Up: The Price of Collective Irresponsibility," *Foreign Policy*, No.40(Fall 1980), pp.33-60; George Quester, "Consensus Lost," *Foreign Policy*, No.40(Fall 1980), pp.18-32; Irving Kristol, "Consensus and Dissent in U.S. Foreign Policy," ed. by Anthony Lake, *The Vietnam Legacy: The War, American Society and the Future of American Foreign Policy*(New York: New York University Press[A Council on Foreign Relations Book], 1976), pp.80-101.

『미국과 동아시아의 안보』라는 제하의 이 보고서는 후일 카터행정부에 참여하게 될 인사들의 관심을 모았다. 랠프 클러프가 대표 집필한 이 연구보고서는 유럽에 처음 적용되었던 봉쇄정책이 동아시아지역에 적용되면서 '감정적' 성격을 띠게 되었다고 분석했다.30) 봉쇄정책의 수정을 의미하는 카터행정부의 적응전략은 다음과 같은 세 가지 정책기조로 표현되었다.

(1) 관계개선정책

중국과의 관계정상화 정책은 그 어떤 정책보다도 미국의 상대적 쇠퇴를 보완해 주고, 반대로 소련의 추락을 부추겼던 카터행정부 외교정책상의 쾌거였다. 이미 닉슨행정부하에서 새로운 미중관계가 적극적으로 모색되었지만, 그것이 구체적으로 실현된 것은 카터행정부하의 일이었다. 카터행정부는 "일본과의 관계에 비해서 미중관계의 중요성을 과장하지 않는" 한도 내에서 "중공과의 관계를 적절한 균형 속에서 유지"하고자 노력하는 관계개선정책을 추구했다.31) 1977년 6월 뉴욕에서 가진 외교정책협회(Foreign Policy Association)와의 회견에서 카터 대통령은 "중공과의 관계를 계속 증진시킬 것"임을 천명했다.32)

---

30) Ralph N. Clough, *East Asia and U.S. Security*(Washington: Brookings Institution, 1975). 이 책이 지닌 한국에 대한 중요성을 시사하듯, 즉각적으로 두 권의 한국어판이 출판되었다. 金源國 譯, 『美國과 東亞시아의 安全保障』(서울: 博英社, 1975); 趙在瓘 譯, 『東亞시아와 美國의 安保』(서울: 法文社, 1976). 이 논문에서는 원본과 함께 후자의 번역본을 참고했고, 번역본을 주로 인용했다. 랠프 N. 클러프, 『東亞시아와 美國의 安保』, pp.19, 29.

31) 랠프 N. 클러프, 『東亞시아와 美國의 安保』, p.190.

32) Kim Se-Jin, *Documents on Korean-American Relations: 1943~1976*(Seoul: Research Center for Peace and Unification, 1976), pp.358-361.

카터행정부의 '차이나카드' 정책에 의해 미·중관계는 급진전을 보게 되었고, 급기야 1979년 1월 1일 미·중 국교정상화라는 쾌거를 이룩하게 되었다. 이것은 '베트남에게 교훈을 주기' 위해 1979년 2월 베트남 국경을 넘어 제한적 군사행동을 개시하도록 한 중국의 결정을 도와주는 결과를 초래하기도 했다.[33] 반면 한반도와 관련해서 볼 때, 대중국 관계개선정책으로 인해 종전의 봉쇄론적 세계정책의 틀 내에서 지녔던 한반도의 전략적 가치는 크게 변화되었다. 한반도는 더 이상 '붉은 파도를 막아 주는 방파제'라기보다는 미국이 중국과의 관계개선을 통해 미·중·소 삼각관계에서 이익을 얻을 수 있는 가능성을 가로막는 장애물이 될 수도 있다는 인식이 가능해졌다. 주한미군의 철수는 중국과의 관계개선에 의해 뒷받침되는 동시에, 중국과의 전쟁발발 사유를 미연에 없애 버리는 의미를 지니는 것이었다.

미국의 대중국 관계개선정책은 동아시아지역에 있어서 소련의 군사력을 증대시키는 결과를 초래하고 있었다. 미국은 중국의 자원을 활용할 수 있게 된 반면, 소련은 중국과의 공산주의적 연대를 통해 누릴 수 있었던 전략적 우세를 상실하고 말았다. '리프만 갭' 현상은 미국보다는 오히려 소련에서 나타나고 있었던 것이다. 1978년 소련군의 일본 북방 에토로프에서의 기지 건설, 소련 신예 폭격기 백파이어의 극동배치 등은 모두 미·중·일의 제휴 강화에 따른 소련측의 군사적 대응이었는데, 이것은 모두 소련의 개입과 동원 가능한 자원간의 불균형을 심화시키는 것들이었다. 카터행정부의 정책에 대한 브레즈네프의 불신은 증대했고, 따라서 SALT II 협상의 진척도 어렵게 되었다. 예컨대 1977년 3월 카터행정부는 소련에 대해 1974년에 양국간에 합의

---

33) 1979년 1월 미국을 방문한 덩샤오핑 부수상은 베트남에 대한 징벌적 의미의 공격을 예고했다. Jimmy Carter, *Keeping Faith: Memoirs of a President*(New York: Bantam Books), p.206.

된 블라디보스톡 합의내용보다 더 혁신적인 제안을 내놓게 되는데, 브레즈네프는 '딥-컷'(deep-cut)이라고 불린 이 제안의 목표가 소련이 우위를 차지하고 있는 지상발사 미사일의 수를 줄이려는 저의를 갖고 있는 것이라고 생각했다.34)

카터행정부의 관계개선정책의 기조는 북한과의 관계에도 반영되었다. 북한과의 관계개선은 미국 내에 존재하던 주한미군철수 반대론자들의 논리적 기반을 전격적으로 약화시킬 수 있는 것이었다. 아울러 북한과의 관계개선은 여러 가지 측면에서 카터행정부에 부담을 주고 있던 박정희정부를 움직일 수 있는 지렛대의 성격을 지닌 것이기도 했다. 카터의 관계개선정책 기조가 북한에까지 적용될 수 있었던 계기는 카터의 주한미군철수안에 대해 상당한 기대를 걸고 있던 북한측에 의해 제공되었다. 1976년 11월 카터가 대통령선거전에서 승리한 직후, 김일성은 직접 접촉을 요청하는 내용의 친서를 파키스탄 대통령을 통해 아직 조지아주 플레인즈에 머물고 있던 카터 대통령당선자에게 보내는 등 미국과의 접촉을 시도했다. 또 77년 2월에는 허담 북한 외교부장이 파키스탄 주재 미국대사관을 통해 밴스 국무장관에게 메시지를 전달했다. 그후 김일성은 77년 5월 봉고 가봉 대통령, 77년 10월 티토 유고 대통령, 78년 4월 차우셰스쿠 루마니아 대통령 등을 통해 카터에게 메시지를 보냈다.35)

미북관계의 개선조짐은 1977년 7월 미군 헬기 격추사건의 사후처리

---

34) 딥-컷(deep-cut)의 내용은 탄도미사일의 수를 1천 8백 내지 2천기로 제한하고, MIRV미사일도 1천 1백 내지 1천 2백기로 하향 조정하자는 것이었다. 아울러 양국이 더 이상의 새로운 대륙간 탄도미사일 배치를 동결하자는 내용도 포함되어 있었다. 권용립,『미국 대외정책사』, pp.627-628.

35) Don Oberdorfer, *The Two Koreas: A Contemporary History*(Reading, Mass.: Addison-Wesley, 1997), p.95.

과정에서도 여실히 드러났다. 미군 헬기가 실수로 DMZ 북측 상공으로 넘어간 후, 북한군에 의해 격추되어 승무원 3명이 사망하고 1명은 생포된 이 사건에 대한 카터행정부의 반응은, 항시 자국민에 대한 공격에 민감한 반응을 보여 왔던 미국의 관례에 비추어 볼 때 놀라울 정도로 부드러운 것이었다. 카터는 미군측의 실수를 인정하면서 사건이 확대되는 것을 막았고, 북한측은 이에 화답하듯이 불과 3일 만에 생포된 미군 1명과 사망자의 시신들을 미군측에 송환했던 것이다.36) 북한측의 보다 깊숙한 접촉노력에 대해 카터행정부는 한국측을 배제한 북미간 직접접촉에 반대한다는 공식입장을 견지했지만, 대화창구를 유지하려는 제스처로서 77년 3월 미국인들의 북한여행 규제를 해제하고, 사상 처음으로 유엔주재 북한대표부 관리들을 미국의 공식 리셉션에 초대했다. 이어서 박정희정부와 카터행정부간의 긴장이 한창 고조되고 있던 79년 4월 미국은 평양에서 열린 세계 탁구선수권대회에 참가할 100여명의 선수·임원을 북한에 들여보냈다. 미국과 북한간의 거래는 79년 후반 북한이 하원 국제관계위원회의 레스터 울프, 스티븐 솔라즈 등 5명의 미 의회의원을 상대로 대거 초청장을 발송함으로써 절정에 달했다.37)

카터행정부가 견지했던 북한과의 관계개선정책 기조는 1979년 카터가 측근들로부터 한국을 방문해야 한다는 제안을 받고 내놓았던 역제안에 의해 절정에 달했다. 그것은 카터 자신이 한국을 방문하는 동안 평화의 발판을 마련하기 위해 비무장지대에서 카터와 박정희, 그리고 김일성이 함께 회동한다는 엄청난 구상이었다. 1978년 9월 카터는 이집트와 이스라엘의 지도자들을 캠프 데이비드로 초청해 아랍 진영과의 관계개선을 이룩하는 데 성공한 바 있었다. 그러나 이 구상은 측근

---

36) Ibid., p.95.
37) 李祥雨, 『美國이냐 米帝냐』, pp.324-325.

들의 반대에 부딪쳐 좌절되고 말았다. 글라이스틴 당시 주한미국대사도 이 구상에 "너무 놀라 의자에서 굴러 떨어질 뻔했다"고 회고했다.38)

카터는 79년 6월 남·북한 및 미국의 국가원수가 참가하는 3자회담을 개최한다는 자신의 웅대한 구상이 거부당하자, 참가자의 위상을 고위 외교관 수준으로 낮춘 3자회담을 재차 제안하는 등 관계개선을 통한 문제해결에 끝까지 집착하는 모습을 보여주었다. 놀라운 일은 한국 정부 내 모든 사람들이 3자회담에 강력히 반대하는 와중에 정작 박대통령이 그것을 긍정적으로 생각했다는 점이다. 박대통령은 3자회담 제안이 주한미군 철수계획을 중단시킬 수 있는 수단으로 활용될 수도 있다고 보았다. 박정희대통령은 이 제안을 수용할 것을 내각에 지시했다. 아마도 그는 그럼으로써 카터의 환심을 살 수 있는 데다 어차피 북한은 그 제안을 거부할 것이 틀림없다고 믿었던 것으로 보인다.39) 카터의 방한기간에 발표된 3자회담 제안은 예상대로 북한이 반대함에 따라 일단 사장되는 듯이 보였다가 80년대 이후 새로운 형태로 부활했다.

(2) 책무이전정책

카터행정부가 봉쇄정책에 대한 수정의 일환으로 추구한 두번째 정책기조는 책무이전정책이었다. 이는 새롭게 부상하는 다극체제하에서 동맹 내지 우방으로 간주되는 국가들에게 국제적 책임을 분담시키는 것을 의미하는 것이었다. 다극체제란 국제체제상에서 3개 이상의 극(pole)이 존재한다는 것을 말하는데, 미국은 다극체제에 부응하여 우방

---

38) Oberdorfer, op. cit., p.104.
39) Ibid., p.105.

과의 협력을 강화하고 적대진영을 분열시킴으로써 분담된 헤게모니 (shared hegemony)체제를 지향했다. 1969년부터 1976년까지 닉슨 대통령과 포드 대통령의 재임시에 미국의 외교정책을 담당했던 키신저의 외교정책이 바로 이러한 상황에 부응하는 것이었다. 키신저는 미·소·중공·서독·일본의 5개국으로 이루어진 다극체제하에서의 힘의 균형을 통해 미국의 헤게모니를 유지하고자 했던 것이다.

카터행정부는 닉슨-포드행정부의 이와 같은 구상에도 불구하고 서유럽과 일본에 대한 역할분담이 제대로 이루어지지 않고 있다고 보았다.[40] 카터행정부와 밀접한 관련을 맺고 있던 삼각위원회의 기본구상은 서유럽과 일본에 대해 '우정의 대가'(the price of friendship)를 요구하는 것이었다.[41] 이것은 자본주의적 발전을 이룩한 이들 두 지역이 기존의 무임승차(free ride)적 자세에서 벗어나 자본주의 세계질서의 유지에 드는 비용을 적극적으로 분담하는 것을 의미했다. 브레진스키는 카터 대통령을 위해 준비한 정책보고서들에서 흔히 첫머리를 차지했던 것은 바로 이들 주요 동맹국들(key partners)과의 정치·경제적 협력을 고양하는 문제였다고 회고하고 있다.[42]

카터행정부는 서유럽지역에 대해서는 매칭 펀드(matching fund)방식에 입각한 NATO의 강화, 무기감축협상에 있어서의 연대, 중동 및 중미(파나마)문제에 대한 의견교환 등을 통해 긴밀한 협력관계를 유지하고자 했다. 카터행정부는 1960년대 말 70년대 초반의 대서양관계가 서유

---

40) John Dumbrell, *American Foreign Policy: Carter to Clinton*(London: MacMillan, 1997), pp.25-28.

41) 이 표현은 브레진스키의 책에서 따온 것이다. Zbigniew Brzezinski, *Power and Principle: Memoirs of the National Security Adviser, 1977~1981*(New York: Farrar, Straus, Giroux, 1983), Ch. 8, "The Price of Friendship."

42) Brzezinski, *Power and Principle*, p.289.

럽의 경제적 발전, 베트남전과 워터게이트사건으로 인한 미국의 위신 손상, 산유국들의 위협, 그리고 동서문제에 대한 대처방식의 차이 등으로 인해 표류하고 있다고 보았다.[43] 슈미트 독일수상이 추구하는 동방정책과 브레진스키의 강경노선이 빚어내는 불협화음을 제외하면, 카터행정부 시대의 대서양관계는 비교적 순탄한 출발을 보였다. 영국의 캘라한(James Callaghan)내각이나 프랑스의 지스카르 데스탱(Valry Giscard d'Estaing)정부는 모두 카터행정부의 대서유럽정책에 순응적인 모습을 보였다. 그러나 영국의 캘라한 수상이나 이탈리아의 안드레오티(Giulio Andreotti) 수상이 카터행정부의 인권정책에 대해 지지를 보냈던 반면, 프랑스의 지스카르 대통령이나 서독의 슈미트 수상은 미국의 독선을 경계했다. 카터행정부하에서 대서양의 균열은 대체로 미봉될 수 있었지만, 서유럽은 점차 독자적인 목소리를 내고 있었고, 파리와 베를린이 이 독자적 노선의 양 축을 형성했다.[44]

일본에게 그의 경제적 성장에 걸맞는 정치적 지위를 보장하고 국제적 책임을 분담시킨다는 책무이전정책은 카터행정부의 등장을 지원했던 삼각위원회의 기본적 발상이기도 했다. 미일관계는 미중관계와 길항적 성격을 보였다. 미국과 중국의 관계가 원만하면 일본과의 관계에서는 돌출변수가 나타났고, 일본과의 사이가 가까워지면 중국과의 관계는 멀어졌다. 1970년대 이래로 미국과 중국의 관계가 개선되면서 일본과의 관계는 악화되었다. 카터행정부는 이러한 정책적 동요를 극복하고자 노력했다.

브루킹스연구소의 랠프 클러프는 이 점과 관련해서 다음과 같은 정

---

43) Ibid., p.311.

44) 브레진스키는 유럽의 지도국이 되고자 하는 프랑스의 야심과 이를 뒷받침하는 독일의 결합이 대서양관계의 균열을 가져왔다고 보았다. Ibid., pp.313-314.

책적 방향을 제안했고, 이것은 대부분 카터행정부에 의해 수용되었다. 그 골자는 차이나카드를 활용하여 대소경쟁에 필요한 자원의 부족을 해결하는 한편, 일본과의 관계를 더욱 공고히 하는 것이었다. 그것은 미일동맹관계에 있어서 일종의 격하라고 받아들여졌던 '닉슨쇼크'의 영향을 완화하고, 키신저의 세력균형정책으로 인해 야기된 "일본인들의 혼돈감을 미국이 적극적으로 제거"해 주는 것으로부터 출발하는 것이었다.45) 아울러 일본이 과중한 국방비를 부담하고 있는 미국 납세자의 비용으로 무임승차(free ride)하고 있다는 미국 내의 점증하는 여론을 감안하여 지역방위에 있어서 일정한 책임을 분담할 필요성이 강조되었다.46) 주한미군철수로 인한 일본의 군비증대는 미국의 군수수출을 증가시켜 미국과 일본간의 무역적자를 감소시키는 데도 기여할 수 있으리라고 기대되었던 것이다.

주한미군철수 문제를 다룸에 있어서도 카터는 직접 당사국인 한국정부보다는 일본정부와 협의하는 태도를 보여주었다. 1977년 1월 말 카터는 월터 먼데일 부통령을 도쿄에 보내 자신의 주한미군철수 결심을 일본정부에 알렸다. 그렇지만 정작 박정희 대통령은 1977년 2월 15일 카터의 서한을 통해 이 사실을 통보받았을 뿐이었다. 더욱이 이 서한에는 한국의 인권개선을 촉구하는 내용이 추가되어 있었다. 미국 관료의 시각에서 볼 때도 이것은 명백한 차별대우가 아닐 수 없었다. 먼데일의 방일(訪日)에 수행했던 모턴 에이브러모위츠(Morton Abramowitz) 국방부 부(副)차관보는 철군정책을 그토록 빨리 추진하는 것도 심각한 잘못이지만, 특히 먼데일이 일본까지 와서 서울을 방문해 한국 지도자들에게 그 충격적인 철군결정을 직접 전달하지 않은 것은 더욱 큰 잘못이라고 보았다.47)

---

45) 랠프 N. 클러프, 『東아시아와 美國의 安保』, pp.132, 147.
46) 위의 책, pp.150-151.

⑶ 개입감축정책

 카터행정부가 추구한 세번째 정책기조는 개입감축정책으로서, 이는 미·소냉전의 접경지역을 대상으로 한 것이었다. 특히 봉쇄정책적 패러다임에 기초해서 전초기지(outpost)로 간주되었던 국가들에 대한 개입의 감축이 중점적으로 논의되었다.48) 이것은 과거 반민주적 독재정권들을 무차별적으로 지원하고 때로는 군사적으로 개입하기도 했던 미국의 적극적 개입정책의 수정을 의미하는 것이었다. 카터가 그의 취임연설에서, "우리는 자유롭다. 바로 그 때문에 우리는 다른 곳에서의 자유의 운명에 대해 무관심할 수 없다"고 말한 것은 이러한 정책기조에 대한 의지의 표현이라고 볼 수 있는 것이었다. 카터는 이 연설에서 미국의 "도덕적 감각은 개인의 인권에 대한 존중심을 공유하는 사회들에 대해 명확한 선호(clear-cut preference)를 갖게 만든다"고 선언했다.49)

 미국 국력의 상대적 약화를 반영한 카터행정부의 개입감축정책은 한반도에 있어서 미지상군 철수정책의 본격화로 나타났다. 1953년 휴전협정 이후 미국은 한국에 지상군을 포함한 잔여 군대의 주둔을 유지해 왔다. 1970년대 중반까지 한국에 주둔하고 있던 미군의 수는 4만 2천명에 달했으며 이 중에서 3만 3천명은 육군이었고 나머지는 공중방어에 기여하는 미군의 일부였다. 62만 5천명에 이르는 한국군에 비

---

47) Oberdorfer, op. cit., p.87.
48) 전초기지론에 관해서는 Steven Hugh Lee, *Outposts of Empire: Korean Vietnam, and the Origins for the Cold War in Asia, 1949~1954* (Montreal: McGill-Queen's University Press, 1995).
49) Jimmy Carter, "Inaugural Address," *A Government as Good as Its People* (Fayetteville: The University of Arkansas Press, 1996), p.223.

해서는 적었지만 그와 같은 군사적 능력은 한반도 평화유지에 대한 미국의 확고한 공약의 실질적 증거를 제공하는 것이었다.50) 반면 주한 미지상군의 철수는 미국의 군비지출을 삭감할 수 있어 미국의 재정적 자를 메우는 데 도움이 될 수 있을 뿐만 아니라, 유사시 미국의 자동적이고 즉각적인 개입을 회피할 수 있게 되어 선택적 개입의 폭을 넓혀 주리라고 기대되었다. 개입감축정책은 미국 국력의 상대적 약화에 따른 현실주의적 적응전략을 펼쳤던 닉슨행정부의 정책을 계승·발전시킨 것이었다.51) 닉슨은 '아시아인에 의한 아시아'(Asia by the Asians) 정책을 주장하면서, "아시아 국가들은 대미의존도를 줄이고 그들의 안보문제를 독자적으로 해결하도록 노력하기를 바라며, 미국이 또 다시 월남전쟁과 같은 사태에 말려들지 않도록 협조해야 한다"고 주장했다.52)

카터행정부의 주한미군철수 안이 어디서 기원한 것이었는지는 아직 명확하지 않다. 이에 대해서는 후일 즈비그뉴 브레진스키도 철군론의 기원에 관해 '아직 풀리지 않은 수수께끼'(a mystery not yet unraveled)라고 말한 바 있다.53) 다만 주한미군을 철수시켜야겠다는 카터의 신념은 그의 대통령 당선 이전으로 거슬러올라가는 깊은 뿌리를 지니고 있었던 것만은 확실하다. 주한미군철수에 관한 카터의 생각에 지대한 영향

---

50) 도거티, 『미국 외교정책사』, p.442.
51) 1967년 후반 이미 닉슨은 Foreign Affairs지에 발표한 "베트남 이후의 아시아"라는 제목의 논문에서, "베트남의 유산 중 하나는 결코 미국이 똑같은 이유에서 유사한 개입에 휘말려서는 안된다"고 주장한 바 있었다. Richard M. Nixon, "Asia After Viet-Nam," Foreign Affairs(October 1967), pp.111-125; 미하원 국제관계위원회 국제기구소위원회, 『프레이저보고서』, 한미관계연구회 역(서울: 실천문학사, 1986), p.95; Kim Se-Jin, op. cit., pp.358-361.
52) 미하원 국제관계위원회 국제기구소위원회, 앞의 책, p.96.
53) Oberdorfer, op. cit., p.85.

을 미쳤던 것은 베트남전쟁의 추이였다. 1970년대 들어서 베트남전쟁에 대한 미국 내의 여론은 급격히 악화되고 있었으며, 그러한 와중에서 카터는 아시아 본토로부터 미지상군을 철수시킴으로써 미국이 원치 않는 전쟁에 휘말려드는 것을 막아야 한다는 생각을 굳혔던 것으로 보인다. 1975년 4월 사이공 함락 당시 실시된 해리스 여론조사에서 북한이 한국을 침공할 경우 미군의 참전에 찬성하겠다고 응답한 사람은 14%에 불과했고 65%가 반대했다. 카터는 이 여론조사결과를 알고 있었고 그것으로부터 깊은 영향을 받았다.[54] 카터는 후일 정책결정과정에 있어서 민중적 참여가 배제되어 왔음을 개탄하면서, 미국 민중의 높은 도덕성과 건전한 판단이 반영되기만 했다면 베트남의 비극을 막을 수 있었을 것이라고 주장하기도 했다.[55]

1974년 12월 12일 전국언론인클럽(National Press Club)에서 '왜 최선을 다하지 않으리?'(Why Not the Best?)라는 연설을 통해 민주당 대통령후보 지명전에 나설 의사가 있음을 발표한 이후,[56] 지미 카터는 75년 1월초 <워싱턴 포스트>지 사옥에서 동지의 논설위원들과 주한 미지상군 문제에 관해 논의했다. 이 자리에서 이미 카터는 대통령에 당선될 경우 바로 주한미군철수를 시작하겠고, 그 첫해엔 약 5천명의 지상군을 철수시키겠다고 발언했다. 또 그보다 전인 74년과 75년 초 카터는 라 로크 제독의 방위정보센터(Center for Defense Information)에도 주한미군에

---

54) *Ibid.*, p.87.

55) William F. Buckleym Jr., "Human Rights and Foreign Policy: A Proposal," *Foreign Affairs*(Spring 1980), p.780; Jimmy Carter, "My Name Is Jimmy Carter and I'm Running for President," Acceptance Speech, Democratic National Convention, New York, 15 July 1976, Reprinted in Jimmy Carter, *A Government as Good as Its People*(Fayetteville: The University of Arkansas Press, 1996), pp.106-107.

56) Carter, *A Government as Good as Its People*, pp.29-36.

관한 의견을 구한 바 있었다. 퇴역 제독인 라 로크(Gene La Rocgue)는 해군 특유의 해안거점방위를 중요시하면서 해외미군의 감축과 군사비 삭감을 열심히 주장하는 사람이었는데, 해군사관학교 출신의 카터는 라 로크와 많은 인식론적 공감대를 지니고 있었다. 카터의 문의를 받은 라 로크 소장은 다음과 같이 자신의 전략적 견해를 토로했다. "만일 다시 한번 남·북한이 미국을 전쟁에 휩쓸리게 하면(여론분열로 인해) 이 나라는 산산조각이 날 것이다. (중략) 미국은 유럽과 중동을 생각해야 하는데 이 지역의 중요성은 한국의 중요성에 비해 10대 1이다."57)

주한미군철수와 관련한 카터의 초기 발언들은 매번 미묘한 차이를 보이며 변화되었지만, 철수의 기본기조를 유지하면서 방법론적인 세련화를 기해 나갔다고 볼 수 있다. 1975년 5월 말 카터는 미국·유럽·일본의 삼각위원회 모임 참석차 도쿄를 방문했다. 다음날의 연설에서 카터는 지상군과 공군을 포함한 모든 주한미군을 약 5년에 걸쳐 철수할 계획이며, 이를 위해 한국의 공군력을 크게 증강시킬 계획이라고 밝혔다.58) 이후 1976년 2월 카터는 "한국에는 원칙적으로 미군이 주둔할 수 없다"면서 주한미군의 즉각적인 철수를 주장했다. 그러나 그의 발언은 예비선거기간 중 '핵무기의 즉시철수, 미지상군의 5년 내 점차적 철수'로 변경되었고, 그후 '한일 양국과의 협의에 따른 단계적 철수'로 재조정되었으며, 당선이 확정된 이후 12월 21일에는 '서서히 질서를 수립하며 철수'하겠다는 발언 등으로 변화되었다.

초기 카터의 주한미군 철수정책에 있어서 싱크탱크의 역할을 수행한 것은 워싱턴소재 브루킹스연구소였다. 어빙 크리스톨 등이 주도한 미국기업연구소(AEI: American Enterprise Institute)가 공화당계의 싱크탱크

---

57) 趙世衡, 『1980年代 韓國과 지미 카터』, p.163.

58) Oberdorfer, op. cit., pp.85-86.

였다고 한다면, 브루킹스연구소는 민주당계의 대표적인 싱크탱크였다.59) 카터가 브루킹스연구소를 처음 방문한 것은 그가 민주당 대통령 후보 지명전에 돌입한 지 불과 1개월 만인 1975년 1월 하순의 일이었다. 당시 7명의 브루킹스 학자들이 무려 4시간 동안이나 카터 후보와 주한미군문제 및 기타 외교·군사문제를 토론했다. 브루킹스측 학자로 참석한 블레크만(Barry Blechman)은 자신이 이렇게 말했다고 술회하고 있다. "미국은 한국에서 즉시 핵무기를 철수해야 하며, 지상군은 4년 내지 5년에 걸쳐 단계적으로 철수해야 한다. 왜 한국에서 미군을 철수시켜야 하는가? 그것은 다시 이곳에서 전쟁이 났을 때 미국이 자동적으로 말려들 위험이 있기 때문이다." 이때 카터를 수행했고 후일 백악관 보좌관에 임명된 아이젠스타트(Stuart Eizenstat)는 카터가 브루킹스연구원들의 말을 경청하면서 별반 자기 자신의 견해를 말하지 않았지만, 브루킹스 모임은 카터의 생각에 깊은 영향을 미쳤다고 회고했다.60)

브루킹스에는 동아시아정책 연구그룹이라는 것이 있었는데, 여기에서는 중국문제 전문가인 바네트(A. Doak Barnett), 국무부차관을 지낸 바 있는 번디(William Bundy), 주한미대사를 지냈던 그린(Marshall Green), 하버드 대학의 라이샤워와 헌팅톤(Samuel Huntington)과 톰슨(James Thomson), 〈뉴욕 타임스〉 한국특파원을 지낸 맥스 프랑켈, 반키신저파인 모톤 할퍼린, 그리고 랠프 클러프 등 27명의 아시아 전문가가 활동하고 있었다. 동아시아정책 연구그룹의 주된 관심사는 미국의 베트남개입 문제, 중국문

---

59) 제임스 A. 스미스, 『미국을 움직이는 두뇌집단들』(서울: 세종연구원, 1996), pp.258-259, 336; Donald T. Critchlow, *The Brookings Institution, 1916~1952: Expertise and the Public Interest in a Democratic Society*(De Kalb: Northern Illinois Univ. Press, 1985), *passim*.

60) 趙世衡, 『1980年代 韓國과 지미 카터』, p.162.

제, 그리고 일본문제 등이었으나 그와 같은 문제의식의 연장선상에서 주한미군문제도 폭넓게 논의되었고, 그 결과물의 형태로 산출된 것이 1975년 초 랠프 클러프가 대표 집필한 『동아시아와 미국의 안전보장』 (East Asia and U.S. Security)이라는 제하의 연구보고서였다.61)

1975년 4월 베트남 공산화를 거치고 클러프는 1975년 초에 발표했던 연구보고서를 토대로 주한미군의 철수문제를 중점적으로 다룬 "한반도에 있어서의 억지와 방위: 주한미군의 역할"(Deterrence and Defense in Korea: The Role of U.S. Forces)이라는 제하의 연구논문을 쓰게 된다. 1976년 1월에 완성된 이 논문은 주한미군이 철수되어야 할 논거와 아울러 세세한 방법론까지 제시함으로써 이후 카터행정부의 철군정책에 있어서 일종의 매뉴얼과 같은 역할을 담당하게 된다. 이 논문에서 랠프 클러프는 1978년부터 단계적으로 지상군을 철수하되 우선 소규모 보조부대부터 철수시킬 것과, 한국군에 충분한 무기를 제공할 것 등 후일 카터행정부의 미지상군 철수정책의 골격을 이미 확정해 놓고 있었다.62)

민주당 후보로서 대안적으로 제시할 정책수립에 분주했던 1976년 8월, 카터의 고향인 플레인즈에서 열렸던 정책회의에서 주한미군문제가

---

61) 랠프 N. 클러프, 趙在灌 譯, 『東아시아와 美國의 安保』, pp.47-49, 207, 231-233.

62) Ralph N. Clough, Deterrence and Defense in Korea: The Role of U.S. Forces (Washington: Brookings Institution, 1976). 클러프가 이 연구논문을 작성할 당시 그가 자문을 구했던 사람들은 유엔군 사령관을 역임했던 본스틸(Charles Bonsteel), 당시 국가안보회의의 일본 및 한국 담당관 마이클 아마코스트(Michael Armacost), 국방부의 동아시아담당 부차관보인 모튼 아브라모비츠, 캘리포니아대학 교수 스칼라피노(Robert Scalapino), 국무부의 하비브 차관 보좌역이자 전 한국과장 오더 노휴, 그리고 브루킹스측의 블레크만과 오웬(Henry Owen), 화이트(William White), 도크 바네트 등이었다.

하나의 의제로 등장했다. 이 회의에서는 이미 1975년 1월 지미 카터가 브루킹스연구소를 방문했을 당시 주한미군철수를 강력히 주장했던 브루킹스의 블레크만 연구원이 다시 한번 주한미군 철수정책을 공화당행정부와 차별적인 정책으로 내세울 것을 주장했다. 블레크만의 논리를 강력히 후원한 것은 홀브룩(Richard Holbrooke)이었다. 당시 『퍼린 폴리시』(Foreign Policy)지의 편집장이기도 했던 홀브룩은 후일 미군철수정책의 핵심적 담당자인 동아시아 및 태평양담당 국무차관보(Assistant Secretary of State for East Asian and Pacific Affairs)에 임명되어 카터의 주한미군 철수정책을 담당하게 된다.

카터 대통령은 취임 직후 '대통령 검토각서'(Presidential Review Memorandum: PRM)를 통해 합참본부에게 주한미군의 철수를 검토할 것을 지시했다. '대통령 검토각서'는 카터행정부하에서 새롭게 창안된 문서양식이었다.63) 이 지시에 따라 국방부를 비롯한 합참본부는 주한미군의 철수를 위한 전제조건을 제시했다. 그것은 주한미군을 철수하기 위해서는 ① 한국이 스스로 방위할 수 있도록 군사적·경제적 지원이 반드시 수반되어야 하며, ② 미국과 상호방위조약을 체결하고 있는 한국과 일본에 대해 미국의 안보공약은 계속된다는 점이 재확인되어야 하고, ③ 미국은 태평양국가로 계속 남아 있으며 미국의 능력 안에서 한국의 영토가 보장될 것임을 분명히 해야 한다는 것이었다.64)

카터행정부는 1977년 5월 5일 '대통령 검토각서 13호'를 통해 주한미지상군이 세 단계의 점진적 철군과정을 밟게 될 것이라는 안을 마련했다. 우선 1개 여단이 1978년 말까지 철수하고, 둘째로는 지원군이,

---

63) 趙世衡, 『1980年代 韓國과 지미 카터』, p.120.

64) Statement of Gen. Bernard W. Rogers, Chief of Stage of The U.S. Army, July 13, 1977, *Hearings to Withdraw U.S. Forces from Korea*, pp.77-80. 文昌克, 『한미갈등의 해부』, p.285에서 재인용.

그리고 세번째로 마지막 전투여단들과 미군사령부가 철수한다는 것이었다. 카터의 선거공약은 1980년까지 모든 지상군의 철수를 주장했지만, 이 각서는 1982년을 새로운 기한으로 설정하고 있었다.65) 이것은 선거운동 기간중에 밝혔던 카터의 철군계획이 일면 후퇴한 것이었다. 이와 같은 철수안이 발표된 지 약 3개월 후인 1977년 8월에 실시된 여론조사에서 미국인들은 찬성 45%, 반대 37%라는 다소 백중한 찬반론을 보여주었다. 그러나 1978년에 들어서 카터의 주한미군철수안은 여론의 보다 큰 지지를 획득했다. 1978년 2월 11일 AP통신과 NBC방송이 공동으로 실시한 여론조사에 의하면, 카터의 주한미지상군 철수정책에 대하여 미국민의 61%가 찬성의사를 밝혔고 반대의사를 밝힌 사람은 27%에 불과했다.66)

## 2) 카터행정부의 인권정책과 한반도

대통령에 당선되기 전 지미 카터가 지니고 있던 정치적 신념과 미래에 대한 청사진을 알게 해주는 한 권의 책은 카터 자신이 집필하여, 1975년에 출간한 『왜 최선을 다하지 않으리?』(Why Not the Best?)라는 저서이다.67) 진보적 신학자 니버(Reinhold Niebuhr)의 "정치의 슬픈 사명은 죄 많은 세상에서 정의를 실현하는 것이다"(The sad duty of politics is to establish justice in a sinful world)라는 말을 제사(題辭)로 삼은 이 책에서 카터는 미국 외교정책이 도덕적 원칙을 가져야 한다고 주장했다. 정치의 슬픈 운명이 죄 많은 세상에서 정의를 실현하는 것이듯이, 미국의

---

65) 미하원 국제관계위원회 국제기구소위원회, 앞의 책, p.113.
66) 李祥雨, 『美國이냐 米帝냐』, p.290.
67) Douglas Brinkley, "Introduction," Carter, Why Not the Best?, p.xi.

슬픈 운명은 죄 많은 국제관계에 도덕적 원칙을 적용하는 것이라고 보았던 것이다. 카터는 파키스탄, 칠레, 캄보디아, 그리고 베트남 등과 같은 지역에 대한 미국의 외교정책이 도덕적 원칙에 충실하지 못했다고 질타하면서, 한 국가의 국내외정책은 모두 그 국가를 구성하고 있는 개별 시민들이 지니고 있는 도덕과 윤리의 기준으로부터 도출되어야 한다고 말했다.[68] 아울러 그는 전세계 국가공동체에 있어서 진정한 지도력(true leadership)을 발휘할 수 있는 국가는 유일한데, 그것은 바로 미합중국이라고 주장했다.[69] 이와 같은 카터의 언급들은 인권정책에 대한 국내적 지지를 확보하고자 했던 노력의 일환이었다.

개디스 스미스는 카터행정부의 외교정책을 일찍이 프랭클린 루스벨트행정부가 국내정치에서 추구했던 뉴딜정책에 상응하는 것이라고 보고 있다.[70] 이러한 스미스의 지적은 뉴딜이 자본주의의 내적 모순을 능동적으로 해결함으로써 공산주의가 확산될 수 있는 가능성을 미연에 봉쇄했던 것과 마찬가지로, 카터의 인권정책이 미국 외교정책의 모순을 스스로 해결함으로써 소련의 외교적 공세에 보다 적극적으로 대처하려 한 것이라는 의미로 해석된다. 1970년대까지 미국은 국가이미지 관리에 있어서 소련에 비해 오히려 수세적인 입장에 처해 있었다. 소련은 자본주의진영 내의 하층민중, 특히 제3세계 피압박민중들의 수호자 내지 해방자로 행세하면서 미국에 압박을 가했고, 이 점에서 전세계 많은 좌파지식인들은 미국을 옹호하기보다는 소련의 손을 들어주었다. 미국은 군사·경제적 원조를 통해 좌파이데올로기의 침투와 확산을 봉쇄한다는 수동적 입장에 머물러 있을 뿐이었다.

---

[68] Carter, *Why Not the Best?*, p.123.
[69] *Ibid.*, p.124.
[70] Gaddis Smith, *Morality, Reason, and Power: American Diplomacy in the Carter Years*(New York: Hill and Wang, 1986), p.8.

이처럼 전세계 좌파진영으로부터 '미제국주의'라는 대명사로 불리었던 미국의 입장에서 볼 때, 소련진영 내부의 반체제인사들에 대한 카터의 인권론은 뼈아픈 반격의 무기로 등장한 셈이었다. 따라서 카터의 인권정책은 소련진영 내부의 비인간적인 측면을 적극적으로 폭로하고, 소련체제 내부의 인권운동을 국제적으로 지원한다는 측면에서 전임 행정부에서 유례를 찾아볼 수 없는 적극적인 공세의 성격을 지닌 것이었다. 이것은 트루만행정부하에서 케난의 봉쇄정책을 비판적으로 보완했던 폴 니체의 롤백정책과도 구별되는 것이었다. 폴 니체의 롤백정책이 군사력의 강화를 통한 영향력의 확대를 꾀했던 것이었다고 한다면, 카터의 인권정책은 철저하게 도덕적 기준(미국적 기준)의 국제적 실현에 중점을 두었다는 점에서 비군사적 롤백정책의 성격을 지닌 것이었다.71) 이것은 카터행정부에 대해 브레즈네프체제가 경직된 태도로 일관했던 이유이기도 하다. 예컨대 인권문제(안드레이 사하로프 문제)를 대소외교의 주요의제로 포함시킴으로써 결과적으로 브레즈네프로 하여금 미국이 소련의 내정에 간섭한다는 경고를 하게 만들었던 것이다.

카터행정부의 인권정책이 카터행정부가 지니는 도덕적 확신과 비군사적 롤백정책의 수준을 넘어서 전세계적 보편성을 획득하기 위해서는 다른 자유민주주의국가들의 지원을 필요로 했다. 이 점과 관련해서 워렌 크리스토퍼는 1978년 2월 인권을 위한 미국의 외교적 노력이 "다른 국가들이 미국과 미국의 세계적 역할에 대해 가지는 견해에 매우 긍정적 영향을 미치고 있다"고 평가했다.72) 그러나 실상은 미국

---

71) 폴 니체의 롤백정책에 관해서는 NSC, "United States Objectives and Programs for National Security," in Thomas H. Etzold and John Lewis Gaddis, *Containment: Documents on American Policy and Strategy, 1945~1950*(New York: Columbia University Press, 1978), pp.385-442.

혼자만이 인권의 수호자인 양 행동하는 정책집행이 많은 자유진영 국가들의 반감을 초래한 것도 사실이다. 카터의 인권정책은 남부 침례교적인 표준을 전세계의 보편적 기준으로 관철시키려는 의도를 지닌 것으로 비쳐졌다. 뿐만 아니라 서유럽국가들의 입장에서 볼 때, 소련 내 소수 반체제인사들을 겨냥한 카터의 인권정책보다는 동·서 양 진영간의 데탕트가 더욱 중요한 것이었으며, 이들은 소련진영 내의 반체제운동을 부추김으로써 동·서유럽간의 데탕트 기조가 흔들리는 것을 결코 바라지 않았다.

아울러 카터의 인권정책은 대상국에 따라 심한 편차를 보이면서 전개되었기 때문에 일관성을 결여했고, 이중적 잣대(double-standard)를 지닌 것이라는 비판도 제기되었다. 즉 미국의 사활적 이익이 걸려 있지 않거나 안보상 중요하지 않은 국가들에 대해서는 엄격한 기준을 사용하여 인권탄압을 규탄하고 원조중지 등의 극단적인 대응책도 불사한 반면에, 경험적 측면에서 미국에 불가결하거나 안보의 유지에 중요하다고 판단되는 국가들에 대해서는 상대적으로 유연성 있는 기준을 적용시키며 사실상 아무런 제재조치도 취하지 않았다. 미국의 이러한 약점을 가장 잘 드러냈던 것은 카터행정부가 '리프만 갭'의 축소를 위해 큰 기대를 걸었던 중국과의 관계에서였다. 클린턴행정부에 들어서서 많은 마찰을 빚고 있는 중국의 인권문제는 카터행정부하에서는 거의 거론되지 않았다.[73] 카터의 인권정책이 지니고 있던 이중적인 모습은, 킬링필드가 되었던 캄보디아에 대한 미온적 태도에서 극에 달했다. 이것은 다분히 캄보디아와 우호관계를 유지하고 있던 중국과의 관계개

---

72) W. David Clinton, *The Two Faces of National Interest*(Baton Rouge: Louisiana State University Press, 1994), p.217.

73) Susan L. Shink, "Human Rights: What About China?," *Foreign Policy*(1977~78 Winter), p.109.

선을 의식한 결과였다.74)

1970년대 한국 내의 인권상황은 주한미군의 철수를 부추기는 촉매제 역할을 담당했다. 특히 남부 침례교회의 대변자로서 인권정책을 기치로 내걸었던 카터행정부에 들어와서 미국의 대한정책은 한국 내의 인권상황과 직접적으로 연계되기 시작했다. 한국이 베트남전에서 미국의 편에서 피를 흘리면서 구축할 수 있었던 특수관계(special relationship)는 이미 1975년 4월 베트남전의 종결과 더불어 막을 내리고 있었다. 이런 상황하에서 카터행정부는 한국 내의 인권탄압과 그로 인한 반정부세력의 동향이 미국의 전략적 이익에 미칠 영향을 우려하지 않을 수 없었다. 미국은 한반도에 긴장상태가 발생할 경우, 주한미군과 한국에 배치되어 있는 전술핵병기가 위험하게 되리라고 보았던 것이다.

1974년 12월 14일 한국정부로부터 퇴거명령을 받고 강제추방된 미국인 조지 오글(George E. Ogle: 한국명 오명걸) 목사사건과 1975년 4월 25일 역시 미국인이었던 시노트 신부의 추방사건은 한국을 매우 저열한 인권탄압국가로 낙인찍히게 만들었다. 오글 목사와 시노트 신부는 한국에서 추방당한 이후 미국 내에서 활동하고 있던 반박정희체제 인사들과 일정한 연계를 지니면서 활동하게 된다. 당시 미국 내 한국인 사회에서 활동하고 있던 반정부세력의 본산은 '민주회복통일촉진국민회의'였다. 여기에 직·간접적으로 관계된 반한(박정희정권)인사로는 전 서울시장 김상돈, 목사 김재준, 전 외무부장관 최덕신, 전 해군참모총장 이용운, 예비역준장 최석남, 전 주유엔대사 임창영, 전 주워싱턴 공보과장 이재현, 전 경향신문 워싱턴특파원 문명자, 전 조선일보 기자 김운하 등이었다. 이들과 연계를 맺고 한국의 박정희정권과 유신체제를 적극적으로 비판하고 나선 미국인들은 오글 목사와 시노트 신부

---

74) Carl Lieberman, "The Reaction of the Carter Administration to Human Rights Violations in Cambodia," pp.272-273, 278.

이외에도 1970년에서 74년까지 국무부 한국과장을 지냈던 도널드 레이너드, 주한 미대사관 문정관을 지낸 바 있으며 『소용돌이의 정치』(The Politics of Vortex)라는 저서를 통해 중심 지향적인 한국의 정치계를 비판적으로 분석했던 그레고리 헨더슨, 그리고 월남전 반전단체인 SANE와 미의회와 언론계의 광범위한 진보세력 등이었다.75)

도널드 레이너드는 주한 미대사관에서 정치담당 참사관으로 있을 때부터 하비브 대사의 심복으로서 한국의 미국 내 로비활동에 대하여 국무부는 물론 CIA와 FBI에까지 정보를 제공했던 인물이다. 그는 1974년 한국과장직을 마지막으로 국무부에서 정년퇴직한 이후 국제정책연구소(Center for International Policy)의 소장에 취임하여 미국의 대한정책에 대해 계속적으로 비판을 가했다.76) 레이너드는 박대통령이 주한미군철수에 반대하는 이유가 안보적 우려에서 비롯된 것이 아니라 1971년의 대통령선거에 악영향을 미칠 것이라는 계산 때문이라고 분석했다. 당시 레이너드는 박정희가 주한미군 감축계획이 1971년 대통령선거와 겹치게 되고, 선거의 해에 미군이 DMZ에서 물러나게 되면 박정희 자신과 미국이 특별한 관계에 있다는 점이 의심받게 될 것을 우려하고 있다고 보았다.77)

1974년 전반기부터 미국 내의 이들 반한(反韓)인사들의 활동이 두드러지기 시작했다. 지한파(知韓派) 인권주의자임을 자처하는 사람들이 언론을 통해 한국의 인권현실을 비판하고 나선 것이다. 하버드대의 제롬 코

---

75) Ibid., p.271.
76) 金永熙, 『워싱턴을 움직인 韓國人: 朴東宣사건과 統一敎의 내막』(서울: 文音社, 1980), p.145.
77) 文昌克, 『한미갈등의 해부』, p.131. 레이너드와 한국의 밀접한 관계에 관해서는 Robert Boettcher, Gifts of Deceit: Sun Myung Moon, Tongsun Park, and the Korean Scandal(New York: Holt, Rinehart & Winston, 1980), pp.213-240.

헨(Jerome A. Cohen) 교수와 터프트대의 그레고리 헨더슨(Gregory Henderson) 교수는 <뉴욕타임즈>지에 "한국: 이제 경고의 호각을 불 때"라는 제목의 기고를 통해 한국의 인권현실에 대해 처음으로 공개적인 비판을 가했다.[78] 주일 미국대사를 지낸 바 있는 하버드대의 라이샤워(Edwin O. Reischauer) 교수도 <뉴욕타임즈>지에 기고한 글을 통해 한국의 인권상황을 비판하고 원조의 삭감과 주한미군의 철수를 시작해야 한다고 주장했다.[79] 이러한 비판과 함께 미국이 부패하고 억압적인 한국정부를 계속 지원한 것은 잘못이었다는 자기반성이 미의회와 여론을 중심으로 대두되기 시작했다.[80] 먼저 미의회가 한국 내의 상황에 관심을 가지기 시작했다. 하원 외교위의 국제기구소위는 유엔 회원국들의 인권신장을 돕기 위한 미국 외교정책에 대한 청문회를 1973년 8월부터 개최하여 칠레, 브라질, 서남아시아, 아프리카, 소련 등의 인권상황을 청취하고 있는 중이었다. 국제기구소위원회의 프레이저(Donald M. Fraser) 위원장은 당연히 한국 내의 인권문제도 다루어져야 한다고 보았다. 국제기구소위와 외교위원회 내의 아태소위(亞太小委)는 1974년 7월 30일 공동으로 한국의 인권문제에 대한 첫번째 청문회를 개최했다. 두 소위는 같은 해 8월 5일과 12월 20일에도 같은 주제로 청문회를 열었다.[81] 미국 전체가 대통령선거

---

78) *New York Times*, 28 May 1974.
79) *New York Times*, 14 June 1974.
80) Barry M. Rubin, "Carter, Human Rights, and U.S. Allies," in Barry M. Rubin and Elizabeth P. Spiro(eds.), *Human Rights and U.S. Foreign Policy*(Boulder: Westview Press, 1979), pp.109-111.
81) *Human Rights in South Korea: Implication for U.S. Policy*, Hearings before the Subcommittee on Asian and Pacific Affairs and on International Organizations and Movements of the Committee on Foreign Affairs, House of Representatives, 93rd Congress, 2nd Session, July 30, August 5, December 20, 1974(Washington: U.S. Government Printing Office, 1974). 文昌克, 『한미갈등의 해부』, pp.275-276에서

의 열기로 달아오르고 있던 1976년 3월 1일 한국의 명동성당에서는 윤보선, 함석헌, 김대중 등 20명이 서명한 민주구국선언이 발표되었고, 이로 인해 11명이 구속되는 사건이 발생했다. 한국 내의 이러한 움직임은 곧 미국으로 전해졌다. 크랜스톤(Alan Cranston) 상원의원(민주, 캘리포니아)은 11명이 구속된 데 대해, "자유로운 의사발표도 억제하고 선거도 없는 한국이 북한과 다를 것이 무엇이냐"면서 미국은 한국과의 동맹관계를 재고해야 하며 군사원조도 중단해야 한다고 목소리를 높였다. 미 상·하원의원 119명은 한국 내 인권상황과 관련해서 포드 대통령에게 보내는 공동서한에 서명했다.82)

한편 카터는 1976년 6월의 선거유세 동안 한·일 양국과의 협의를 거친 뒤에 결정될 시간대(time span)의 단계적 기조 위에 모든 지상군을 철수할 것을 주장하면서, 주한미군철수의 방정식 내에 한국의 인권문제를 삽입시키기 시작했다. 카터는 6월 23일 뉴욕의 월돌프 아스토리아 호텔의 연설에서 주한미군의 단계적 철수를 제시하면서, "한국정부의 탄압은 미국민들로 하여금 염증을 느끼게 만들고 있으며, 이는 미국의 한국에 대한 지원을 훼손시키게 하고 있다"고 인권문제를 거론했던 것이다.83) 카터는 한국정부와 일본정부와의 논의를 통해 한국에 주둔하고 있는 미지상군은 모두 일정기간 안에 철수시키는 것이 가능할 것으로 본다고 말하면서, 그의 철군계획은 미국민들이 한국정부가 그들 국민에게 행하고 있는 탄압에 대해 갖고 있는 혐오감의 표현일 수 있으며, 한국정부의 한국민들에 대한 탄압은 한국의 안보에 대한 미국민의 지지를 약화시킬 것이라고 지적했다.84) 친한적 인사였던 험

---

재인용.
82) *New York Times*, 14 March 1976.
83) Excerpts From Carter's Speech, *New York Times*, June 24, 1976.
84) Frank Gibney, "The Ripple Effect in Korea," *Foreign Affairs* (October 1977), p.

프리(Hubert Humphrey) 상원의원 역시 "미국과 동맹을 맺은 나라가 그들 국민에게 억압적인 조치를 취할 경우 이것이 미국의 국익에도 치명적인 타격을 가져온다"는 점에 동의하고 있었다.[85]

그러나 1976년 6월 지미 카터가 대통령후보로서 만일 자신이 대통령에 선출된다면 한국으로부터 미지상군을 철수시키겠다는 의도를 밝혔던 시기는 아직 미국 내의 대한여론이 최악의 상황에 다다랐던 때는 아니었다. 닉슨행정부로부터 유래된 주한미군 철수정책이 카터행정부에 들어서 보다 큰 추진력을 지닐 수 있었던 것은 이른바 코리아게이트(Korea-gate)로 인해 미국 내 대한여론이 급격히 악화된 사정을 반영하는 것이었다. 한미관계는 1970년대 중반 박동선, 김한조, 수지 박 톰슨(Suzi Park Thomson),[86] 통일교 등이 등장하는 이 사건으로 인해 크게 손상되었다. 몇 명의 미의회 의원들은 의회 내의 영향력을 구매(influence-buying)하고자 했던 한국정부의 로비대상이 되었던 것으로 드러나고 있었다.

카터의 당선 가능성이 점점 높아지고 있던 1976년 10월 24일 일요일자 <워싱턴 포스트>지는 1면 머릿기사에서 시작되어 10면의 간지까지 채우는 한국과 관련된 특집기사를 실었다. 기사의 내용은 박정희 대통령의 지시로 박동선과 한국의 중앙정보부 등이 미국 의원과 공직자들에게 의회 내에 친한 분위기를 조성하기 위해 1970년대 들어 매

---

160.

85) Hubert Humphrey, "Building on the Past: Lessons for a Future Foreign Policy," in Anthony Lake, *The Legacy of Vietnam*(New York: New York University Press, 1976), p.369.

86) 金永熙, 『워싱턴을 움직인 韓國人』, pp.72, 75-76; Claude A. Buss, *The United States and the Republic of Korea: Background for Policy*(Stanford, Calif.: Hoover Institution Press, Stanford University, 1982), p.127.

년 50만달러에서 1백만달러에 이르는 현금을 포함한 뇌물을 뿌렸다는 것이었다. 이 기사는 미법무부 및 정보관련 소식통을 인용하여 현재 20여명의 전·현직의원이 연방 조사기관의 조사대상에 올라 있으며 뇌물을 받은 것으로 확인된 3명의 전직의원(이 중 1명은 현직 루이지애나 주지사)과 한 명의 현직의원의 사진을 실었다.[87]

코리아게이트가 주한미군 철수문제를 둘러싸고 한국정부가 미국 내에서 영향력을 구입하려는 의도에서 출발했다고 한다면, 그 결과는 오히려 주한미군 철수여론을 부추기는 결과를 초래하고 말았다. 1977년 8월 미국 내에서 실시된 갤럽 여론조사에 따르면 71%가 이 사건을 알고 있었다.[88] 미국 언론계에서 코리아게이트를 주한미군 철수문제와 앞장서서 연결시켰던 사람은 유태계 칼럼니스트인 윌리엄 새파이어(William Safire)였다. 통일교의 미국 내 활동을 의혹에 찬 눈으로 바라보고 있던 새파이어는 김동조 전 주미대사의 미의회 증언 여부를 놓고 한미간에 줄다리기가 벌어지고 있던 1978년 7월 미국의 주요 신문들에 게재된 칼럼을 통해 "만약 김씨가 미국에 건너와서 증언을 하지 않을 경우 미국은 전체 주한미군과 한국에 있는 군사장비를 30일 내에 철수해야 한다"고까지 주장했다.[89] 미의회 내에서 코리아게이트와

---

[87] 코리아게이트로 명명되기 이전에도 박동선에 관한 미 언론의 보도는 간간이 계속되고 있었다.

[88] *New York Times*, 1 Sept 1977.

[89] *New York Times*, 20 July 1978. 윌리엄 새파이어는 닉슨의 연설문담당 보좌관으로 일하다가 워터게이트사건 이후 <뉴욕 타임즈>로 자리를 옮긴 인물이다. 그는 클린턴행정부 시대에 들어서 미국과 싱가포르간의 이른바 '캐닝(canning)사건'이 발생했을 때에도 <뉴욕 타임즈>지 사설을 통해 싱가포르산 제품에 대한 수입금지조치를 취할 것을 요구했다. '캐닝사건'이란 싱가포르를 여행중이던 미국 젊은이가 주차중이던 다수의 자동차에 스프레이로 낙서를 한 죄로 싱가포르 법에 따라 태형에 처해졌던 사건을 말한다. 클린

관련해서 가장 가혹한 보복안을 주창했던 사람은 역시 유태계 하원의원이었던 제이콥(Andy Jacobs) 의원이었다. 그는 코리아게이트와 관련하여 경제원조를 삭감하자는 캐푸토(Bruce F. Caputo) 의원의 수정안에서 한 발 더 나아가 군사원조까지도 유보하자는 안을 제출했다.90) 이것은 이스라엘이 미국-이스라엘공공문제위원회(AIPAC)라는 반공개적인 로비기구를 통해 1970년대 후반 5년 동안 약 1백억달러에 달하는 미국 원조자금을 향유했던 것과는 매우 대조적인 일이었다.

이러한 분위기 속에서 1977년 미국 대통령에 공식 취임한 카터는 같은 해 3월 9일 백악관을 예방한 박동진 외무장관과 만난 자리에서 한국의 인권문제를 공식적으로 제기했다.91) 아울러 1977년 미의회는 '국제안보원조와 무기수출에 관한 법령'(Act of International Security Assistance and Arms Export Control)을 통과시킴으로써, 안보원조를 인권과 관련시켜 수정 혹은 중단할 수 있는 근거를 마련했다.92) 이런 상황 속에서도 박정희정권은 국제여론을 악화시킬 수 있는 인권탄압을 계속 되풀이했다. 특히 기독교계에 대한 탄압은 NCC로 대표되는 교계 네트워크를 통해 해외로 전달되면서 박정권의 이미지를 추락시켰다. 1977년 4월 임대평 목사 구속사건, 1977년 5월 반공법위반으로 구속된 강희남 목사사건, 1977년 7월 조용술 목사의 설교 구속사건과 오충일 목사의 구속사건 등은 한국 기독교계와 박정권의 관계를 악화시켰을 뿐만 아니라, 박정권

---

턴정부는 친서를 보내 자국민에 대해 체형을 가하지 말 것을 싱가포르정부에 요구했으나, 싱가포르정부는 형의 강도를 경감하는 정도로만 응수를 했다.

90) *New York Times*, 9 Sept 1977.
91) 趙世衡, 『1980年代 韓國과 지미 카터』, p.179.
92) 國土統一院 政策企劃室, 『駐韓美軍의 段階的 撤收 論議와 日本의 立場』(서울: 國土統一院, 1977), p.14.

의 국제적 이미지에 악영향을 미쳤다.93) 1978년 6월 17일에는 또 한 사람의 외국인 선교사인 라벤더(Stephen V. Lavender)가 체류기간 연장불허 형식으로 박정희정부에 의해 강제 추방당하는 사건이 발생했다.94)

## 4. 카터행정부의 외교정책과 한미관계

### 1) 주한미군 철수안과 한국의 자주국방 노력

카터행정부의 주한미군 철수정책 집행으로 인해 한미관계는 2차대전 이후 최대의 위기상태로 접어들었다. 이러한 위기의 근원에는 박정희정권이 미국에 대해 지니고 있던 태생적인 적대감이 자리잡고 있었다. 그것은 박정희가 양미귀축(洋米鬼畜)을 내세운 대동아공영권(大東亞

---

93) 『1970年代 民主化運動(Ⅲ)』, pp.1061, 1072, 1096. 임대평 목사는 1977년 4월 17일 주일예배를 마친 후 신원을 밝히지 않은 사람들에게 연행되어 간 후 4월 21일 긴급조치9호 위반혐의로 구속되었다. 1977년 7월 21일 대한복음교회 총회장이며 NCC 실행위원인 조용술 목사는 '표리부동'이라는 제목으로 설교를 마친 후 귀가 도중, 충남 옥산지서 앞에서 곧바로 긴급조치9호 위반혐의로 구속 기소되었다. 조용술 목사의 충남노회에서의 설교내용을 보고한 오충일 목사(복음교사 총무)가 8월 28일 역시 긴급조치9호 위반혐의로 연행·구속되었다.

94) 『1970年代 民主化運動(Ⅱ)』, p.542. 라벤더(한국명 나병도) 선교사는 대한예수교장로회 총회의 초청으로 호주장로교(후에 호주연합교회로 되었다)에서 파송한 선교사. 1976년 6월 7일 한국에 도착한 이래로 영등포도시산업선교회에 적을 두고 노동자들의 권익보호를 위해 일했다.

共榮圈)의 정신적·군사적 지주였던 사범학교와 군사학교를 모두 거친 교육적 배경으로까지 거슬러올라갈 수 있을 것이다. 또한 박정희, 김종필 등 쿠데타 주동세력에 대한 사상적 의혹과 경계심에서 5·16을 뒤엎으려고 했던 미국의 태도에서도 이미 갈등의 씨앗은 배태되어 있었다. 그후 박정희 대통령은 한일국교정상화, 월남파병 등으로 미국이 추진하고 있던 냉전정책에 적극 부응함으로써 한때는 밀월관계가 형성되기도 했으나, 항상 긴장과 갈등이 그 바탕에 깔려 있었다. 동양식 문무교육을 받았던 박정희는 기본적으로 미국식 정치와는 거리가 있었다. 이것은 인권문제를 바라보는 박정희와 카터의 시각차이에도 반영되었다.

그러나 현실적 측면에서 한미간 갈등의 진폭을 결정했던 것은 미국이 한국의 안보문제와 관련해서 가지고 있던 두 가지 상반된 입장이었던 것으로 보인다. 하나는 한국이 급증하는 대북한 경제우위에도 불구하고 그에 상응하는 자주국방 노력을 기피하고 있는 것에 대한 불만이었고, 다른 하나는 정반대로 한국의 자주국방 노력이 미국의 통제 가능한 범위를 넘어서는 것에 대한 우려였다. 1979년 6월 한국을 방문한 카터는 박정희 대통령과의 요담에서 인권문제와 함께 전자의 입장을 강조해서 이야기했다. 그러나 다른 한편으로, 1970년대 말 한국을 방문한 미국 군사정책의 입안자나 국방 책임자들이 일반부대 시찰을 간단히 마치고, 방위군사 시설과 방위산업 시설에 대해서는 집중적인 관심을 갖고 둘러본 데는 한국측의 자주국방 의지를 일정수준 이하로 통제하려는 미국측의 의도가 깔려 있었다. 1978년 11월 해럴드 브라운 국방장관이 방한하여 방위산업을 시찰했을 때, 워싱턴의 일부 소식통들은 브라운 장관의 방한 시찰이 반드시 한국의 방위산업 육성을 위한 평가적 의미에만 국한되는 것이 아니고, 한국의 군수시설과 능력이 혹시 미국이 '통제하고 협조할' 단계를 넘어선 측면은 없는가를 확인

하려는 데도 목적이 있다고 전했다.[95]

이러한 미국정부의 이중적 입장 속에서 박정희 대통령은 1970년대 초반부터 추구해 왔던 자주국방 의지를 새롭게 다지고 있었다. 1975년 4월 23일 한국정부는 핵확산금지조약(NPT)에 가입한 바 있었다. 카터 행정부의 미군철수계획은 필연적으로 박정희정부의 자주국방 의지를 부추겼고, 이것이 핵개발정책으로 나아갈 개연성도 충분해 보였다. 미국은 표면적으로는 한국의 핵개발계획에 적극적으로 협력하는 한편, 대(對)한국 에너지관계의 형식과 내용 모두를 개선시켜 미국의 상업용 발전원자로를 판매하고자 노력했다. 무엇보다 미국측의 주요한 의도는 자주국방 문제와 관련된 박정희 대통령의 집념, 즉 독자적인 핵무기 개발을 억지하는 것이었다. 미국은 한국의 핵발전계획에 대해 당근과 채찍을 들고 나왔다. 한국이 민간 핵산업을 필요로 할 경우 미국의 후원 아래 재처리공장을 건설할 수 있다는 보장, 그리고 정식 과학기술 협정 아래 미국 기술의 추가제공 등이 한국이 미국의 입장에 순응할 경우 제공될 수 있다는 당근으로 상정되었다. 반대로 만일 한국이 핵확산에 대한 우려를 불식하지 않을 경우, 미의회의 협조를 얻어 한국의 야심적인 민간 핵발전소 건설계획의 다음 단계에 대한 미 수출입은행의 지원을 봉쇄하겠다는 채찍도 마련되었다.[96] 스나이더와 하비브에게는 미국이 한국을 상대로 한국전쟁 이후 휘둘러 본 적이 없는 가장 심각한 위협을 가하는 권한이 주어졌다. 한국정부가 핵무기 개발계

---

95) 앞의 책, p.342.

96) 미국은 상업용 발전원자로의 판매를 통해 한국의 핵개발을 억지하는 효과를 기대했다. "로버트 잉거솔 국무장관대행이 브렌트 스코우크로프트 대통령 안보보좌관에게 보낸 정책건의서," 1975년 7월 2일. 박두식, "최근 비밀해제된 미 외교문서에 나타난 박정희 핵개발 저지공작," 『월간조선』(1998년 11월), p.179에서 재인용.

획을 강행할 경우 양국의 안보관계가 전면 재검토될 것이라는 위협이었다. 결국 박대통령은 프랑스와의 계약을 취소하지 않을 수 없었다.97)

포드행정부하에서 일단락된 듯이 보였던 한국정부의 자주국방 노력과 관련한 한미간의 갈등은 카터행정부의 미군철수 계획에 따라 다시 한번 뜨겁게 달아올랐다. 자주국방과 더불어 박정희 대통령이 심혈을 기울였던 것은 핵탄두를 적재할 수도 있는 유도탄의 개발이었다. 이 유도탄 개발을 위해 한국정부는 프랑스의 기술을 도입했다. 나중에 이를 안 미국은 군사차관을 보류·삭감하는 등 압력을 가해 왔다. 미국은 일종의 타협책으로서 한국의 독자적인 유도탄 개발은 인정하되 성능을 제한하도록 요구해 왔다. 이같은 사정거리의 제한은 북한이 소유하고 있는 소련제 유도탄의 성능과 균형을 맞추려는 데 있었다. 박정희 대통령은 이같은 미국측의 타협안도 일축하고 유도탄의 독자개발을 위해 노력했다. 1978년 8월 26일 연구팀이 개발한 '백곰'이라는 이름의 중장거리 유도탄(사정거리 180km)이 시험발사에 성공했다. 1978년 9월 27일 한국정부는 나이키-허큐리스(Nike-Hercules)의 개량형인 최초의 한국산 지대지미사일의 실험에 성공했다고 발표했다. 한국은 세계에서 7번째의 유도탄 개발국이 되었으며 이 유도탄에는 핵탄두도 적재할 수 있었다.98) 이제 남은 것은 핵탄두의 개발이었다. 선우련(鮮于煉) 공보비서관은 1979년 1월 해안을 산책하던 중 박대통령이 자신에게 "81년 상반기중 핵무기 제조를 완료할 수 있다고 털어놓았다"고 말했다. 한편 강창성 전 보안사령관도 1978년 9월 박대통령이 자신에

---

97) Oberdorfer, op. cit., p.72.
98) Washington Post, 28 Sept. 1978. 이 개발에 대한 한국정부의 평가에 대해서는 Korea Herald, 28 Sept. 1978. 미하원 국제관계위원회 국제기구소위원회, 앞의 책, p.125.

게 핵무기 개발의 95%가 완료됐으며 81년 상반기부터는 핵무기 생산이 시작될 것이라고 말했다고 전했다.99) 1975년 주한미대사관 역시 "한국이 핵무기를 개발하는 데 필요한 시간은 10년이 훨씬 안 될 것"이라는 분석을 내린 바 있었다.100)

1978년 주한미군 철수문제를 둘러싸고 카터행정부와의 갈등이 증폭되는 상황에서 박정희정부는 프랑스와 플루토늄 제조용 재처리공장의 건설에 대한 협의를 재개했다. 그 동안 박대통령은 프랑스 재처리공장과 나중에 캐나다제 신형 중수로의 구입을 포기해야만 했지만 핵무기 개발계획을 완전히 포기한 것은 아니었다. 그는 비밀 핵무기 개발팀을 해산하지 않고 '한국핵연료개발공사'라는 조직에 흡수시킨 뒤 원자로에 쓸 핵연료봉 제조라는 새 임무를 맡겼다.101) 1976년 10월 '한국원자력기술공사'가 설립되었고 11월에는 '핵연료개발공단'이 창설되었다. 원자력 개발을 위한 표면상의 최대 이유는 원자력발전과 핵연료 국산화 및 방사선동위원소 이용기술 개발이었다. 한국정부는 1977년 무렵부터는 대덕연구단지 내에서 원자력기술 개발을 서두르고 있었다.102)

박대통령 개인의 대미감정은 이 무렵 극도로 악화되어 있었다. 당시 측근의 말에 의하면 박대통령의 이같이 악화된 대미감정을 우려하여, 미우나 고우나 우리는 미국을 등지고는 살 수 없다는 식으로 충고를

---

99) Oberdorfer, *The Two Koreas*, pp.73-74.
100) "스나이더 주한미대사가 국무부에 보낸 전문," 1975년 3월 12일. 박두식, "최근 비밀 해제된 미 외교문서에 나타난 박정희 핵개발 저지공작," 『월간조선』(1998년 11월), p.176에서 재인용.
101) *Ibid.*, p.73.
102) 李祥雨, 『美國이냐 米帝냐』, p.337. 박대통령 사망 후 1980년 한국원자력연구소와 한국핵연료개발공단은 한국에너지연구소로 통합·개편되었다.

할 것 같으면 박 대통령은 노골적으로 반발했다고 한다. 박정희 대통령은 대미관계에서 극히 중요한 문제를 논의할 때는 청와대 회의실이나 접견실을 피하고 밖으로 나와 뜰을 거닐면서 이야기를 나눌 정도였다. 미국이 한국의 청와대를 도청할 수도 있다는 사실은 1978년 4월 3일, 전 주미대사 포터가 CBS-TV의 대담프로에 출연, 미국은 박정희가 대통령에 취임한 후 한때 청와대에 도청기구를 장치했음을 확인함으로써 증폭되어 있었다.103)

포드행정부 이래로 미국은 한국이 미국 이외의 다른 국가와의 협력을 통해 핵개발을 추진하는지를 예의 주시해 오고 있었고, 박정희정부가 프랑스와 협상을 재개하자 이 협상을 저지하고자 갖가지 노력을 경주했다. 결국 이 협상은 지미 카터 대통령이 직접 나서서 발레리 지스카르 데스탱 당시 프랑스 대통령과의 담판을 통해 결말을 지었던 것으로 알려지고 있다.104) 결국 미국은 주한미군 철수정책을 통해 한국측에 미국의 방위부담을 떠넘기는 동시에 박정희정부의 국내정책에 대한 지렛대로 활용하고자 했다. 그러나 동시에 미국은 박정희정권의 자주국방 의지가 미국의 통제범위 밖으로 돌출하는 것을 우려하는 이중전략을 구사했던 것이다. 박정희정부는 미국의 이와 같은 이중전략을 잘 알고 있었고, 미국의 반대에도 불구하고 자주국방 노력을 계속해 나간다면, 미군철수에 따르는 공백을 메울 수 있을 뿐만 아니라, 미군철수 압력에 대한 한국측의 발언권을 증대시킬 수 있을 것이라고 보았다. 박정희정부가 핵무기개발을 통해 의도했던 것은 오원철이 술

---

103) 李祥雨, 『美國이냐 米帝냐』, pp.248, 336, 342.

104) Oberdorfer, The Two Koreas, p.73. 프레이저보고서가 발표된 지 3일 후인 1978년 11월 4일자 <로스엔젤레스 타임즈>(Los Angeles Times)는 박정권의 핵무기 개발계획을 미국이 어떻게 해서 탐지했고 어떻게 이를 포기토록 노력했는지에 관해 집중적인 보도기사를 실었다.

회한 바대로 '다른 나라와의 협상에 유리한 핵카드'를 갖는 것이었다.105)

 박정희정부의 이러한 의도는 미국 내에서 비교적 잘 관철되고 있었다. 1979년 1월 미상원 군사위원회의 특별반은 새로운 보고서를 내놓았다. '태평양지역 연구그룹'으로 알려진 이 특별반은 민주당 소속 샘 넌 의원을 반장으로 하여 79년 1월 초 한국과 중공 등지를 순방한 뒤 철군에 관한 보고서를 작성, 상원 군사위의 동의를 얻어 행정부에 제시했다. 보고서는 한반도 군사균형의 성격에 비추어 철군이 미국의 국가이익이나 동북아 안정에 기여하지 못한다는 전제 아래 주한미군의 철수를 반대하면서 반대 이유의 하나로 한국정부의 핵무기개발을 들었다. 이 보고서는 철군정책이 미국에 대한 한국의 신뢰도를 저하시키고 있다는 판단에 주목해야 한다고 전제한 다음 "이 정책(철군)은 한국으로 하여금 독자적인 핵무기개발을 서두르도록 촉발할 것이며 결과적으로 한반도 내에서 끝없는 무기경쟁을 불러일으킬 것"이라고 경고했다.106)

 한국의 핵무기 개발계획과 관련된 일련의 보고서 가운데 가장 포괄적인 것은 1979년 4월에 나온 브루킹스연구소의 한 보고서였다. "제3세계에서의 핵무장: 미국의 정책적 딜레마"라는 제하의 이 보고서는 브루킹스연구소의 외교정책 담당연구원이며 조지타운대학 교수였던 어니스트 레퍼버가 집필한 것이었다. 이 보고서에 따르면, "한국은 1985년에 가서 소규모의 방위용 핵군사력을, 2000년에는 보다 주목되는 핵군사력을 보유할 잠재력을 갖고" 있는 것으로 평가되었다. 이 보고서는, "한국의 핵군사력 유지는 한반도의 세력균형에 새로운 힘의

---

 105) Oberdorfer, *The Two Koreas*, p.69. 후일 오원철은 미사일 개발계획을 전면 중단시킨 전두환정권의 탄압에 시달려야 했다.
 106) 李祥雨, 『美國이냐 米帝냐』, p.339.

요소를 가미, 재래식 혹은 핵전쟁을 유발할지도 모른다"고 우려하면서, "아이러니컬하게도 한국의 핵장비 가능성은 주한미군 철수정책을 위협할 것이며 미국의 강력한 대한 방위공약을 유도할 것"이라는 점, 그리고 카터의 철군정책이 "한국으로 하여금 독자적인 핵방위능력을 강화하도록 촉발"했다는 점을 정확히 지적했다.107)

1979년 6월 28일자 <워싱턴 포스트>지에서 미국의 칼럼니스트 잭 앤더슨은 CIA보고서를 일부 인용하여, "한국은 지난날 핵무기를 독자적으로 개발할지도 모른다고 경고함으로써 미국이 한국에 대해 핵보호를 계속하도록 노력했으며, 현재도 이러한 방법을 쓰고 있는 것 같다"고 보도했다. 앤더슨은 그의 칼럼에서 한국이 산업분야의 핵개발을 위해 야심적인 계획을 추진하고 있음에 의심의 여지가 없다고 지적하면서, "우리의 군대와 우리의 핵무기를 한국에 유지하는 것이 핵보유국의 확산을 막을 수 있는 유일한 방법일 것 같다"고 결론지었다.108) 1979년 9월 12일, 주한미대사 글라이스틴(William Gleysteen)은 한국이 '과도한 정도의 자립'을 추구하지 않도록 하기 위해서도 한·미 양국 간의 신뢰회복은 중요한 일이라고 말하면서, "80년대의 효과적인 한미 안보관계란 한국으로 하여금 가능한 한 최대의 자립 방위부담을 지게 하는 동시에 한국이 제7함대의 압도적인 능력이나 미국의 핵우산과 같은 요소들을 대체할 수 있다고 생각하지 않게 하는 그런 것이 될 것이라고 믿는다"고 말했다.109) 이러한 미국 내의 반응들은 박정희정부의 군비확충 노력이, 미군철수안과 인권외교를 통해 박정권을 압박

---

107) 앞의 책, pp.339-340.
108) *Washington Post*, 28 June 1979.
109) 한국의 무역협회와 영국의 파이낸셜 타임즈가 공동으로 주최한 '80년대 한국 국제심포지엄'에서 글라이스틴이 행한 '1980년대에 한미간에 효율적 관계를 유지하려면'이라는 제목의 연설. 李祥雨, 『美國이냐 米帝냐』, p.343.

하고 있던 카터행정부에 대한 한국측의 대응카드로 기능하고 **있었음**을 보여주고 있다.

### 2) 표류하는 카터의 대한정책

카터행정부의 대한 외교채널이 보여주는 두드러진 특성 중의 **하나**는 밴스 장관을 제외하면 담당자들의 평균연령이 급격히 낮아졌다는 점이다.110) 이것은 냉전체제 수립 이후 한·미간에 쌓여 왔던 인적 **관**계가 약화되고 전혀 새로운 접근법을 요구하는 인적 네트워크가 **형성**되고 있음을 의미하는 것이기도 했다. 한국으로서는 새로운 **대화채널**을 만들 필요가 있었고, 어떤 면에서 박동선사건은 이러한 노력의 **일**환이었지만, 그것은 오히려 미국 내에서 한국의 입장을 옹호할 수 **있**는 사람들의 입지를 약화시키는 역효과를 내고 말았다. 미국무부와 **한**국정부간의 관계는 전례없이 경색되어 있었다. 이미 존슨행정부하에서 국방부차관과 베트남특사를 역임한 바 있던 사이러스 밴스, 닉슨행정부하에서 주한미국대사를 지내다가 동아시아담당 차관보로 승진했다가 카터행정부의 등장과 함께 국무부의 제3인자인 정치담당 차관(under secretary of state)의 자리를 차지했던 하비브, 2차대전 이후 가장 젊은 나이에 국무부 차관보에 오른 홀브룩 동아시아담당 차관보, 게다가 스나이더 대사까지 박정희정부에 대해 별로 호의적이지 않았다.

---

110) 워싱턴 주재 한국 외교관 중의 한 명은 다음과 같은 고백을 들려주고 있다. "밴스가 국무장관이 되었는데 프에블로사건 때 한국 왔다가 고생하고 간 게 마음에 좀 걸려요. 홀브룩이니 레이크니 카터 참모관에서 국무부로 직행한 젊은 패들이 실권을 단단히 움켜쥘 모양인데, 어디 우리 말이 잘 먹혀 들어갈 상대들이어야지요?" 趙世衡, 『1980年代 韓國과 지미 카터』, p.129.

미국무부가 대체로 반한적인 분위기에 의해 주도되고 있었고, 주한미군 철수안을 옹호하는 데 적극적이었던 것과는 대조적으로 미국의 국방 관계자들은 카터의 철군안에 대해 신중한 입장을 취하고 있었다. 1977년 2월 카터가 대통령으로 취임한 지 2주일 만에 개최된 미상원의 청문회에서 마틴 호프만 미육군장관과 버나드 로저스 미육군참모총장은 철군반대의 뜻을 분명히 했다. 그 누구보다 주한미군 참모장 싱글러브(Major General John K. Singlaub) 소장은 1977년 5월 미국방 관계자들이 카터의 주한미군 철수안에 대해 가지고 있던 반감을 직접적으로 표출했다. 이 발언은 군최고통수권자인 카터에 대한 항명으로 간주되었고 싱글러브는 미국으로 소환되고 말았다. 이 사건은 미국인들로 하여금 1951년 한국전쟁 당시 민주당 출신의 트루만 대통령이 친공화당적 이미지를 지녔던 맥아더 장군을 전격 해임했던 사실을 연상시켰다.111)

미국으로 소환된 이후 싱글러브는 일찍이 맥아더가 그랬던 것처럼 미의회에서 발언할 기회를 갖게 된다. 주한미군 철수정책을 검토하기 위한 하원(下院)의 공청회에서 싱글러브는 카터의 철군정책이 지닌 문제점들을 다음과 같이 지적했다. 먼저 그는 한반도에서 한국과 북한이 서로 군사적으로 대치하고 있는 상황에서 한국으로부터 모든 미지상군을 철수시킨다는 정책은 한국에 주둔하고 있는 미군이나 한국군 그리고 민간인들 모두 전쟁이 일어날지도 모른다는 우려를 갖게 했다고 지적했다. 전쟁이 일어날 가능성이 있다고 보는 근거로 그는 한반도의 DMZ지역에서 발견되고 있는 땅굴과 김일성이 계속적으로 떠들어 대고 있는 무력통일노선, 북한측의 월등하게 우세한 군사력 등을 열거했다. 싱글러브는 철군정책 발표 당시 정보자료가 주장하고 있는 바와는

---

111) <朝鮮日報>, 1977년 2월 9일; 鄭鎔碩, 『카터와 南北韓』(서울: 檀國大學校 出版部, 1979), pp.150-152.

달리 한국의 군사력이 미군이 철수하고 있는 5년 동안에 계속 현대화한다고 가정할 때에도 북한의 군사력에 미치지 못할 것이라고 증언했다.112) 당시 문제의 핵심은 과연 주한 미지상군의 철수에도 불구하고 북한이 전쟁을 도발하지 않을 것인가 하는 점이었다. 존 암스트롱이 주도한 정보분석 결과는 북한의 군사력이 과소평가되고 있음을 보여주었다. 암스트롱의 첫번째 정밀 검토보고서는 1975년 12월 완성되어 있었다. 이에 따르면 북한군의 탱크 전력(戰力)은 과거에 비해 약 80%나 증강되어 있었다. 그러나 카터행정부는 이 정보보고서가 철군 반대론자들의 시각에 의해 과장되어 있었다고 보았다.113)

결국 주한미군철수와 관련한 결정권은 의회로 넘어가는 형국이 연출되었다. 의회에서는 짐 라이트 민주당 원내총무, 존 스파크맨 상원 외교위원장, 레스터 울프 하원 아시아태평양문제소위원장, 존 스테니스 상원군사위위원장, 로버트 도울 상원의원, 그리고 하워드 베이커 상원의원 등이 미군철수에 대한 신중론을 개진한 바 있었다.114) 더욱이 국무부와 브레진스키, 그리고 국방 관계자들은 모두 철군이 이루어진다 하더라도 철군에 앞서 충분한 대한 군사원조가 전제되어야 한다는 점에 대해서는 의견의 일치를 보고 있었다. 따라서 대한 군사원조안이 의회에서 통과되지 못할 경우 추가적인 철군은 어려운 상황이었다. 그런데 당시 코리아게이트로 인해 빚어진 대한여론의 악화는 의원들 사이에서 대한 원조계획에 찬성표를 던질 경우 유권자들로부터 정치적으로 보복을 당하지 않을까 하는 우려를 낳고 있었다. 아울러 한

---

112) Major General Singlaub, Chief of Staff, U.S. Forces in Korea의 證言, "駐韓美軍撤收政策의 檢討를 위한 공청회 기록," pp.10-17. 崔熙峰, "카터 美大統領의 人權政策과 韓美關係," p.94에서 재인용.

113) Oberdorfer, op. cit., pp.101-102.

114) 鄭鎔碩, 『카터와 南北韓』, p.153.

국의 인권상황도 로비사건보다는 덜하지만 의원들의 원조안 지지를 가로막고 있었다. 당초 계획에 의하면 1977년 현재 한국군 현대화계획에 대한 지원이 이미 2년 전에 완료됐어야 함에도 불구하고 의회의 삭감조치로 인해 계획의 완료가 지연되고 있었다. 1977년만 해도 카터 행정부는 무상군사원조 1,100만달러, FMS차관 2억 7,500만달러를 요구했으나 반영된 것은 무상 260만달러, FMS차관 1억 5,240만달러에 불과했다.115)

주한미군철수의 타당성 여부에 대해 청문회와 함께 현지조사를 끝낸 하원국방위원회는 카터의 철군정책이 수정되어야 한다는 결론을 내렸다. 이 보고서는 카터의 철군결정이 미국방 관계자들의 조언에 반대되는 것이며 미국의 여론을 바탕으로 이루어진 것이 아님을 지적하면서 철군결정의 동기가 잘못되었다고 지적했다. 이 보고서는 특히 한국정부뿐 아니라 반체제 및 야당까지도 철군을 반대하고 있고, 적대국에 해당하는 중공까지도 미군의 철수를 반대하는 입장에 있으며, 주한미군을 미국으로 옮길 경우 그에 대한 경비가 한국에 주둔하는 것보다 더 많이 들며, 한국은 미군의 훈련장으로도 최적의 장소라는 사실 등을 열거하면서 대통령의 결정은 수정되어야 한다는 결론을 내렸다.116) 이에 앞서 상원외교위도 주한미군 철수문제는 이른바 코리아게이트와는 별개의 문제로 다루어져야 한다는 점과 함께 카터행정부가 미군을 철수할 경우 철수하는 각 단계마다 행정부는 의회에 철수가 타당하다는 근거를 제시할 것을 요구하는 보고서를 채택했다. 그리고

---

115) 미하원 국제관계위원회 국제기구소위원회, 앞의 책, pp.70-72.

116) *Review of the Policy Decision to Withdraw United States Ground Forces from Korea*, Report of the Investigations Subcommittee of the Committee on Armed Services House of Representatives, 95th Congress, 2nd Session, 26 Apr. 1978, pp.1-8. 文昌克,『한미갈등의 해부』, p.288에서 재인용.

4~5년 안에 단계적인 철수를 한다는 계획은 신중하게 집행되어야 하며 현재 남북한간의 힘의 불균형을 주의깊게 관찰해야 한다고 지적했다.117) 결국 상하원 모두가 주한미군의 감축은 위험스러운 것이라는 결론을 내린 것이다.

한편 1979년 이후 카터행정부는 자신의 인권정책이 지닌 선한 의향(good intentions)에도 불구하고 지나친 대가(high cost)를 강요당하고 있다고 느끼고 있었다.118) 반면 제3세계 민중들 속에서는 카터의 인권정책을 위선적 정책으로 파악하는 경향이 증대되었다. 아프가니스탄에서 공산주의자들이 집권한 사태(1978년 4월), 또 중국의 지원을 받은 크메르 루즈가 월남에 패배한 일(1978년 12월), 이란의 팔레비가 실각하고 반미적인 호메이니가 집권한 것(1979년), 그리고 그레나다와 니카라과에서 각각 쿠바와 소련파가 집권한 사실 등 전반적인 세계정세는 비둘기파인 밴스 쪽의 입지를 약화시키고 있었다. 중공과의 관계정상화 역시 중공 승인이 소련에 압박을 가해 소련을 더 유화적으로 만들 것이라고 본 브레진스키적 관점이 실현된 것이었다. 1979년의 캠프 데이비드협정(Camp David Accord)도 역설적으로 미국 내 강경파의 득세 요인이 되었다. 캠프 데이비드협정의 결과 아랍의 반이스라엘 동맹축이 붕괴되고, 특히 이 협상과정에서 소련이 소외된 사실을 두고 브레즈네프가 분개한 것은 미소관계를 악화시키는 요인으로 작용했다. 소련은 '이집트의 배신'을 만회하기 위해 아랍국들에게 반이스라엘 감정을 고취시키는 정책을 폈고, 이것이 다시 미국의 반소여론을 자극하는 악순환을 초래했던 것이다.

이란 주재 미국대사관 인질사건과 소련의 아프가니스탄 침공은 결정적으로 카터행정부의 외교정책을 현실주의적 방향으로 선회시키고

---

117) *New York Times*, 12 Feb. 1978.

118) Brzezinski, *Power and Principle*, pp.144-145.

있었다. 이란의 회교혁명은 국제 석유가를 배로 오르게 만들었고, 전 세계는 인플레와 경제적 혼란에 빠졌다. 아프가니스탄 침공은 1978년에 수립된 아프간 공산정권이 인종분쟁과 회교군의 저항으로 붕괴위기에 처하자 소련군이 개입한 것이었다. 아프가니스탄 침공 직후 카터는 전국에 중계된 텔레비전 인터뷰에서, "지난 2년 반 동안에 있어서 지난 한 주만큼 러시아인들에 대한 나의 견해를 급변시킨 적은 없었다"는 내용의 성명을 발표했다.119) 결국 카터는 이 사건을 계기로 밴스보다는 브레진스키의 견해 쪽으로 기울어졌고, '카터독트린'으로 표현되는 전례없는 강경한 대응책을 선택하기에 이르렀다. 카터는 1980년 1월 23일의 연두교서를 통해, "페르시아만 지역을 장악하려는 외부의 어떠한 시도도 미국의 사활적 이익에 대한 공격으로 간주될 것이며, 그러한 공격에 대해 미국은 군사력을 포함한 모든 수단을 동원해서 격퇴할 것"임을 천명했던 것이다. 카터독트린과 맥을 같이하는 또 하나의 조치는 1980년 여름의 '대통령 훈령 제59호'(Presidential Directive No.59: PD-59)였다. PD-59는 미국이 관여하는 전쟁의 성격과 목적에 따라 군사력을 신축성 있게 사용하며, 따라서 미국의 공격목표도 소련의 산업시설과 도시뿐만 아니라 미사일기지 및 지휘사령부 등으로 차별화시켰다. 요컨대 PD-59는 미국이 전면전뿐만 아니라 페르시아만과 같은 지역적인 이해관계를 위해서도 재래식 군사력 및 핵군사력을 사용할 수 있다는 사실을 시사하고 있었다.120)

 이러한 상황변화 속에서 카터의 철군정책에 대한 반대론자들의 기세는 더욱 강력해지고 있었다. 반대론자들의 입장에서 볼 때 카터의

---

119) *New York Times*, 20 Jan. 1980.

120) Robert A. Divine, *Since 1945: Politics and Diplomacy in Recent American History* (New York, 1985), pp.229-230. 권용립, 『미국 대외정책사』, pp.632-633에서 재인용.

주한 미지상군 철수정책이 지닌 문제점은 무엇보다 그것이 냉전의 상대진영에게 상응하는 대가(reciprocity)를 요구하지도 않은 채, 지극히 일방적인(unilateral) 방식으로 이루어졌다는 점이다. 이것은 카터가 중성자탄 배치를 취소하는 과정에서 소련으로부터 그에 상응하는 양보를 얻어내려는 노력을 경주하지 않은 것과 더불어 미의회로 하여금 카터가 '돈키호테 식으로 미 국력을 운영'(quixotic stewardship of American power)하고 있다는 우려를 갖게 만들었다.[121] 미국 내에서는 점차 봉쇄정책의 수정이 가져온 폐해를 지적하는 목소리가 높아 가고 있었고, 카터의 강경책은 일정 정도 그와 같은 여론이 반영된 결과였다.

1979년으로 접어들면서 미행정부 내에서 주한 미지상군의 철수를 주장하는 사람은 카터밖에 남지 않게 되었다. 1월 22일 카터의 측근들은 국무부 주도 아래 북한의 전투태세에 대한 새로운 평가를 포함한 한반도에 영향을 미치는 최근의 사태발전이라는 관점에서 대(對)한국정책을 새롭게 검토하는 것을 카터가 승인하도록 설득했다. 같은 해 봄 카터의 측근들은 여러 달 동안 논의돼 온 구상을 카터에게 제안했다. 그 해 6월 일본에서 열리는 서방 선진7개국(G7) 정상회담을 마친 후 카터가 한국을 방문한다는 제안이었다. 측근들은 카터의 방한(訪韓)을 철군계획의 추가수정에 목표를 둔 시나리오의 불가결한 요소로 보았다. 그 시나리오의 내용은 첫째로 (카터가) 북한군의 전투력증강에 관한 새로운 정보보고의 타당성을 인정하고, 둘째로 그 내용을 일본 및 한국 지도자들과 의논한 다음, 셋째로 미의회 지도부에 상황변화에 따른 정책변화의 필요성에 관해 설명한다는 것이었다.[122]

---

121) Joanna Spear, *Carter and Arms Sales: Implementing the Carter Administrations Arms Transfer Restraint Policy*(New York, N.Y.: St. Martin's Press[Southampton Studies in International Policy], 1995), p.178.

122) Oberdorfer, *op. cit.*, pp.103-104.

1979년 카터의 방한은 카터 외교정책의 전환을 시사하는 사건들 중의 하나였다. 1979년 6월 29일, 동경에서 개최된 서방 7개국 정상회담에 참석한 다음 카터 대통령은 귀로에 한국을 들를 것을 계획했다. 당시 한국으로서는 코리아게이트로 엉망이 된 한국의 이미지를 새로 고쳐 잡아 대미관계를 정상화시킬 계기였고, 카터에게는 한반도의 현실을 직접 눈으로 살필 수 있는 기회였다.123) 그러나 방한기간중에 카터가 보여준 모습은 그의 인권정책과 현실주의적 정책 사이에서 빚어지고 있던 딜레마를 그대로 노출시켰다. 한국정부에 비판적인 인사들에 대한 카터의 적극적인 접촉노력은 인권정책에 충실한 모습으로 비치기도 했으나, 국내정치에 간여하는 인상을 강하게 심어 놓았다. 특히 오리엔탈리즘적 편견이 엿보이는 카터의 전도활동은 유태계의 영향력으로 인해 종교적 편견에 관해 유달리 민감한 <뉴욕 타임즈>지의 예봉을 피해 갈 수 없었다. <뉴욕 타임즈>지는 "선교사로서의 대통령"이라는 제하의 사설에서 "카터 대통령이 한국을 방문했을 때, 박정희 대통령에게 기독교에 귀의할 것을 권유함으로써 외교에 있어서의 정교분리의 원칙을 깨뜨린 것같이 보이며, 이같은 카터 대통령의 전도활동은 동기가 순수하고 칭찬할 만하지만 미국이 한국의 종교적 신앙들을 도덕적으로 열등한 것으로 간주하고 있다는 인상을 줄 위험이 있을 뿐 아니라 다른 외교적 위험을 불러일으킬지도 모른다"고 비판했던 것이다.124)

1979년 6월의 방한 이후 카터 대통령은 한국 내에 있는 전술핵무기의 완전철거 방침을 철회한 데 이어, 1979년 7월 20일 브레진스키를 통해 "한반도의 군사적 균형이 만족할 만한 수준으로 회복되고 긴장이 완화될 때까지 주한미군 전투부대의 추가철수를 1981년까지 연기

---

123) 李祥雨, 『美國이냐 米帝냐』, p.305.
124) New York Times, 7 Aug. 1979.

한다"고 발표하기에 이르렀다.125) 2년 반에 걸친 철군 추진과정에서 실제로 철수한 미군전투병력은 지상군 1개 전투대대(674명)에 불과했다. 공군의 경우는 오히려 F-4전투기 12대와 조종사 등 모두 900명이 한국에 추가로 배치되었다. 그 밖에 처음부터 철수 예정에 들어 있던 비(非)전투요원들을 포함해 카터가 주한미군에서 철수시킨 총 병력규모는 약 3천명에 불과했다. 약 3만 7천명은 그대로 잔류한 것이다. 핵무기의 경우도 카터의 원래 목표는 모든 핵무기를 철수시킨다는 것이었지만 실제로는 원래의 약 700기에서 약 250기로 감축하여 군산 미공군기지로 집중 배치하는 데 그치고 말았다.126)

카터의 방한 이후에도 한미관계는 호전되지 않고, 오히려 악화일로를 치달았다. 무엇보다 YH사건과 김영삼 제명사건이 악재로 작용했다. 결국 1979년 10월 6일 호딩 카터 국무부 대변인은 "글라이스틴 주한 미대사를 김총재 제명 및 한국의 최근 정치사태에 관한 협의차 본국으로 소환했다"고 발표하기에 이르렀다. 미국대사의 소환은 자유당 말기 이승만정권 당시인 1958년, 이른바 보안법파동 때 불만의 표시로 당시의 주한미국대사 월터 다울링을 소환한 이래 21년 만에 처음 있는 일이었다. 다울링 대사의 소환이 있은 지 1년 4개월 만에 한국에서는 4·19학생혁명이 터졌고, 미국측의 강력한 영향력 행사에 의해 이승만 대통령은 12년간 누려 오던 권좌에서 물러났다.127) 한·미 행정부 간의 계속적인 갈등은 박정희정부의 위상을 약화시키는 의도되지 않은 결과를 초래했다. 그리고 그런 위상 약화의 결과는 곧 나타났다. 글라이스틴은 김재규의 과격한 행동(암살)이 일종의 광기에서 비롯된 것으로 확신하면서도 미국의 반(反)박정희 분위기가 김재규의 그런 행

---

125) *New York Times*, 21 July 1979.
126) Oberdorfer, *op. cit.*, p.108.
127) 李祥雨, 『美國이냐 米帝냐』, p.320.

동을 부추겼을 가능성도 인정했다.128)

### 3) 반미의식의 확산과 반미운동의 분출

남부 민중주의적 전통에 뿌리를 두고 있던 카터의 이상주의적 노선과 삼각위원회적 색채가 반영된 카터의 현실주의적 노선은 한국에서 모두 실패를 겪고 말았다. 카터의 현실주의적 주한미군 철수정책은 수정·연기되었으며, 그의 이상주의적인 노력과는 달리 한국에서의 인권신장이라는 외교적 목표도 달성하지 못하고 말았다. 이러한 카터의 딜레마는 1980년 전두환 대통령의 권력찬탈에 분노한 의회가 4억 5천만 달러에 달하는 수출입은행의 대한차관을 연기시키려 할 때, 카터 대통령이 "안보가 인권에 앞선다"는 밴스 국무장관의 발언을 지지함으로써 더욱 극적으로 표현되었다.129) 미국의 진의를 의심하는 민주인사들의 발언에 힘이 실리기 시작했으며, 이것은 한국전쟁 이후 찾아볼 수 없었던 새로운 차원의 힘이 향후 한미관계에 있어서 새 주요변수로 등장함을 의미하는 것이었다.

인권정책을 표방했던 카터행정부에 대한 한국 민주화운동 세력의 실망감은 1980년 5월 광주에서 발생한 민주화운동과 그 진압과정에서 보여준 미국의 태도에 의해 급속히 증대되었다. 이와 같은 실망감은 '혈맹이요 후원자로서의 미국'에서 '누구의 혈맹이요 후원자로서의 미국인가'라는 전환적 문제제기로 이어졌다. 미 항공모함 출동소식에 대해 "미국이 아마 우리를 도우러 오는가 보다"라고 순진한 생각을

---

128) Oberdorfer, op. cit., p.115.
129) Claude A. Buss, *The United States and the Republic of Korea: Background for Policy*(Stanfore: Hoover Institute Press, 1982), p.136.

가지기도 했던 광주시민들은 점차 미국의 동의에 기초한 진압이 확실해져 옴에 따라 미군 전용택시를 방화하면서 '미제국주의자를 추방하자', '양키들은 군대이동 승인을 철회하라'고 외치면서 반미의식을 고양시켜 나갔다. 광주시민들의 민주화요구에 대한 계엄군의 진압이 있은 직후인 6월경 정확한 필자와 날짜 미상의 자료 "광주시민의거의 진상"이라는 글에서는 이미 미국에 대해 다음과 같이 달라진 시각이 엿보이고 있었다. "이제 우리는 미국을 바라보는 눈이 달라져야 한다. 우리가 미국은 참으로 오랫동안 혈맹의 우방으로 생각해 왔고 신뢰해 왔다. (중략) 그런데 이번 광주사건을 비롯한 10·26 이후의 일련의 미국 태도에 대하여 우리는 종전과 같은 눈으로 더 계속 바라볼 수 없게 되었다. 한·미 협의하에 실시되는 국군의 작전이 어떻게 동족을 대량 살육하는 데 이용되었으며, 미국은 이에 동의할 수 있었을까."[130] "자유민주주의 우방으로서 미국에 걸었던 국민들의 기대를 배신한" 미국의 처사는 반미운동 조직의 맹아가 싹트는 자리를 만들어 주었다.

광주민주화운동은 이미 팔레비 이란왕조의 정권전복으로 인해 막심한 국익의 손실을 경험하고 있던 카터행정부로 하여금 급격히 현실주의적 대한정책을 채택하도록 부채질했던 것으로 보인다. 카터행정부는 신속하게 전두환체제에 경제적 원조를 제공했으며 이러한 차관 형식의 원조는 미국기업들의 비지니스를 돕는 성격을 띠고 있었다. 광주학살이 있은 지 1주일이 채 되기도 전에 카터 대통령은 미국수출입은행 총재인 존 무어(John Moore)를 서울에 파견했으며, 무어는 한국 군부에 대한 미국의 경제지원이 계속될 것임을 다짐했다.[131] 한편 카터의 등장을 후원했던 삼각위원회의 창설자 데이빗 록펠러와 시티뱅크 총재

---

130) 김성보, "80년대 반미자주화운동의 전개과정," 박영호·김광식 외, 『한미관계사』, p.67.
131) *New York Times*, 3 June 1980.

윌리엄 스펜서도 서울을 직접 방문하여 "전두환 장군이 그의 행정부를 확고히 다지면 투자와 차관 등에 필수적인 안정이 회복될 것이다"고 발언했다.132) 카터행정부와 주한 미대사관측은 전두환의 '권력찬탈'(power grab. 글라이스틴이 사석에서 사용한 표현)을 원상태로 복구하려는 시도를 일체 하지 않았다.133) 1980년 1월말 글라이스틴 대사는 워싱턴에 보낸 전문에서, "만일 우리가 충분한 조치를 취하지 않는다면 위험한 상황이 발생할 수 있다. 그러나 우리가 지나친 조치를 취한다면 강력한 국수주의적 반발을 초래할 수도 있다"고 당시 미국이 처한 딜레마에 관해 기술했다.134)

1980년 8월 7일 전두환이 전역을 준비하기 위해 스스로 대장으로 진급한 다음날 전두환의 정치적 위상은 존 위컴 주한 미사령관의 발언으로 크게 격상되었다. <로스앤젤레스 타임스>지의 샘 제임슨 및 AP통신의 테리 앤더슨 기자 등과 가진 인터뷰에서 위컴은 전두환이 곧 대통령이 될지도 모른다면서, "한국 각계각층의 사람들이 마치 레밍(쥐처럼 생긴 설치류의 일종) 떼처럼 전두환의 뒤에 줄을 서고 있다"고 말했다. 위컴은 또 전두환이 합법적으로 집권하고 광범한 지지기반이 있음을 증명할 뿐 아니라 한반도의 안보상황을 위태롭게 만들지 않는다면, 미국은 전두환의 대통령 취임을 지지할 것이라고 말했다. 그는 또 "정치 자유화보다는 국가안보와 내부 안정이 우선한다. 나는 한국인들이 내가 아는 바대로의 민주주의를 실시할 준비가 돼 있는지 잘 모르겠다"고 지적했다.135) 이와 같은 위컴의 발언에 대해 당시 미국 대통령 선거전에 무소속후보로 출마했던 존 앤더슨조차도 카터가

---

132) *New York Times*, 22 Sept. 1980.
133) Oberdorfer, *op. cit.*, p.122.
134) *Ibid.*, p.123.
135) *Ibid.*, pp.132-133; *New York Times*, 13 Aug. 1980.

그러한 위컴의 발언을 시정하지 않고 있는 데 대해 비판을 가할 정도였다. 그러나 카터는 위컴을 제재하기는커녕 그 자신이 "한국인들은 그들 자신의 판단에 의하더라도 (중략) 민주주의를 할 준비가 되어 있지 않다"고 주장함으로써 위컴의 발언을 추인해 주었다.[136)]

그러나 광주민주화운동 이후 한국의 민주화세력 속에서 싹트고 있던 반미의식은 미국방장관 브라운의 방한에 즈음한 1980년 12월 9일 밤, '광주 미문화원 방화투쟁'이라는 형태로 분출하고 있었다. 이것은 한국전쟁 이후 북한의 사주를 받지 않은 최초의 자생적이고 조직적인 반미 테러적 성격을 지닌 것이었다. 광주 미문화원 방화사건 주동자들은 법정에서 그들의 행동동기에 대해 "광주민주항쟁 당시 미국이 전두환 군부정권을 지원한 것은 자유민주주의의 우방으로서 미국에 걸었던 국민들의 기대를 배신한 것이기 때문에, 이에 대한 항의로서 브라운 미국방장관의 방한에 즈음하여 방화했다"고 밝혔다. 아울러 이들은 "대등하고 올바른 한미관계를 수립하기 위한 충정에서 반미가 아닌 친미로써, 그리고 방화가 아닌 봉화로써 미문화원에 불을 질렀다"고 진술했다.[137)] 당시 한국정부는 사회적 파급효과를 우려하여 방화가 아닌 전기누전으로 사건을 은폐시키고자 했지만, 이들의 행동양식은 곧 부산 미문화원 방화사건(1982년 3월 18일)으로 이어짐으로써 1980년대 한미관계의 급변을 예고하고 있었다.[138)]

---

136) *New York Times*, 18 Sept. 1980. 이삼성, "광주민중봉기와 미국의 역할," 박영호·김광식 외, 『한미관계사』, p.68. 후일 위컴은 레이건행정부하에서 미 육군참모총장에 임명되었다.
137) 김성보, "80년대 반미자주화운동의 전개과정," p.398.
138) 김범찬, "8·15이후 반외세자주화투쟁사," p.387.

## 5. 결 론

　닉슨-포드행정부를 뒤이은 카터행정부는 더 이상 미국이 서방진영의 보호자 역할을 담당할 수 없다는 점을 잘 인식하고 있었다. 대신 워싱턴의 정책결정자들 사이에서는 서유럽의 안정과 발전을 위해서라도 새롭게 부상한 일본을 포괄하는 삼각적 관계에서 세계문제를 조망하지 않으면 안 된다는 의식이 팽배하고 있었다. 워싱턴의 정책결정자들은 일본과 서유럽은 미국과 함께 세계질서의 미래를 결정할 수 있는 자본, 인적 자원, 기술, 정치행정 기술을 보유하고 있다고 보았다. 이와 같은 카터행정부의 삼자주의(trilateralism)적 입장은 서유럽과의 대서양동맹을 강화하는 한편, 동아시아지역에 있어서 일본의 역할증대를 추구하는 정책으로 표출되었다.

　삼자주의적 세계관리를 추구하는 카터행정부 역시 우선적 관심은 서유럽지역에 두고 있었다. 이 지역에 대한 미국 대외정책의 우선적 관심에는 큰 변화가 없었다. 카터행정부의 정책결정자들은 1974~75년간의 석유파동 이후 미국이 페르시아만에 대해 보다 많은 관심을 기울이는 대신, 서유럽은 독자적인 방위에 보다 많은 관심을 기울여야 한다고 보았다. 그것은 구체적으로 서유럽국가들에 대해 보다 많은 방위책임을 분담해 줄 것을 요구하는 한편, 대소련 연합전선을 구축하는 데 있어서 서유럽국가들이 보다 적극적인 협력을 해줄 것을 요구하는 형태로 나타났다. 이와 같은 서유럽에 대한 카터행정부의 요구는 서유럽국가들의 방위비 증액을 통해 관철되기도 했지만, 서유럽 내의 반미

여론을 부채질하는 결과를 초래하기도 했다. 특히 미국의 군사비지출을 줄이기 위한 목적에서 추진된 중성자탄 배치계획은 격렬한 반핵·반미시위를 조장했다. 전반적으로 1970년대 후반 대서양 양안관계는 카터행정부의 삼각주의에도 불구하고 70년대 초반 닉슨행정부의 일방주의적 외교로 인해 생겨난 틈새가 더욱 벌어지는 양상을 보이고 말았다.

카터행정부가 서유럽과 함께 세계질서를 유지·발전시켜 나가야 할 또 하나의 축으로 간주한 것은 일본이었다. 70년대 후반 국민총생산을 기준으로 했을 때, 일본은 미국과 소련에 이어서 세번째 경제대국의 자리를 확고히 하고 있었다. 1977년 미국은 730억달러의 대일무역적자를 기록했고, 유럽공동체는 일본에 대해 450억달러의 무역적자를 기록했다. 카터행정부의 정책결정자들은 일본에 대해 무역수지불균형을 시정하기 위한 노력을 기울여 줄 것을 강하게 요구하는 한편, 일본이 동아시아지역에 있어서 보다 지도적인 역할을 수행해 줄 것을 기대했다. 그것은 미·일간 무역수지불균형이 일본의 미흡한 방위비부담에 따른 것이라는 인식에 의해서 뒷받침되고 있었다.

카터행정부는 미국이 봉쇄정책에 입각하여 방위를 공약한 공간과 실제적 역량간의 차이(리프만 갭)를 극복하기 위하여 관계개선정책, 책무이전정책, 개입감축정책 등을 펼쳤는데, 주한 미지상군 철수계획은 이 세 가지 정책기조를 모두 반영하고 있었다. 즉 주한 미지상군 철수계획은 중국과의 관계개선과 일본에 대한 책무이전, 그리고 위험지역에 대한 개입감축이라는 정책적 기조의 발로였던 것이다. 카터행정부의 주한 미지상군 철수계획은 미국 내의 이상주의적 여론에 기반하면서 소련 등을 포함한 타국의 인권문제에 대해 보다 적극적으로 개입하겠다는 카터행정부의 인권정책에 의해 더욱 증폭되었다. 즉 코리아게이트로 인해 미국 여론에 투영된 한국의 이미지가 극히 악화되어 있는 상황에서, 지상군 철수계획은 박정희정권의 국내정책에 대한 주요한 지렛대이기도 했던 것이다.

  결론적으로 1970년대 후반 한미관계는 변화된 미·소 냉전체제와 카터의 인권정책이 빚어 낸 '긴장된 동맹'(strained alliance)의 시기였다. 긴장의 직접적 계기는 카터행정부의 미지상군 철수계획과 박정희정부의 인권탄압이었다. 그러나 이 긴장의 배경에는 카터행정부의 삼자주의가 표방하고 있는 바와 같이 당시 냉전체제가 겪고 있던 다극화현상, 그리고 이에 부응하여 카터행정부에 의해 추진된 봉쇄정책의 수정 노력과 남부 민중주의적 전통을 계승한 카터의 인권사상이 깔려 있었다. 카터행정부가 등장하기 이전 남한은 반미운동의 무풍지대였다. 인권정책과 주한미군철수를 표방했던 카터행정부 시대에 들어서 남한에서 강력한 반미운동이 등장하기 시작했던 것은 한미관계사가 보여준 하나의 역설이었다.

## 참고문헌

&lt;총류&gt;

한국국제교류재단, 『미국내 한국관련기록 및 서류목록(영문편)』, 서울: 한국국제교류재단, 1991.

Degregorio, William A., *The Complete Book of U.S. Presidents*, New York: Barricade Books, 1993.

Findling, John E., *Dictionary of American Diplomatic History*, 2nd ed., New York: Greenwood, 1989.

Jimmy Carter Library, National Archives and Records Administration, *Historical Materials in the Jimmy Carter Library*, 1st ed., 1992.

Shavit, David, *The United States in Asia: A Historical Dictionary*, New York: Greenwood Press, 1990.

*Yearbook on International Communist Affairs, 1976*, Stanford: Hoover Institution Press, 1976.

<1차자료>

國會圖書館 立法調査局 編, 『美國議會議員略歷: 聯邦議會』 第95回, 서울: 國會圖書館, 1977.

미하원 국제관계위원회 국제기구소위원회 편, 『프레이저보고서』, 한미관계연구회 역, 서울: 실천문학사, 1986.

『박정희대통령 연설문집』 제14집(1977년 1월~12월)』, 서울: 대통령비서실, 1978.

박두식, "최근 비밀해제된 미 외교문서에 나타난 박정희 핵개발 저지공작", 『월간조선』(1998년 11월), pp.166-185.

中央情報部 編, 『美國의 對韓關係 資料集: 學界編』, 서울: 中央情報部, 1976.

한국기독교교회협의회 인권위원회, 『1970年代 民主化運動 Ⅰ~Ⅴ』, 서울: 한국기독교교회협의회, 1987.

韓美關係調査實務委員會, 『韓美關係諸問題의 背景과 眞相: 美下院 國際關係委員會 國際機構小委의 '韓美關係調査報告書'에 對한 檢討』, 서울: 韓美關係調査實務委員會, 1978.

Clough, Ralph N., *Deterrence and Defense in Korea: The Role of U.S. Forces*, Washington: Brookings Institution, 1976.

_____, *East Asia and U.S. Security*, Washington: Brookings Institution, 1974, 1975(趙在瓘 譯, 『東아시아와 美國의 安保』, 서울: 法文社, 1976).

_____, *The United States, China, and Arms Control*, Washington: Brookings Institution, 1975.

Etzold, Thomas H. and John Lewis Gaddis, *Containment: Documents on American Policy and Strategy, 1945~1950*, New York: Columbia University Press,

1978.

Kim Se-Jin, *Documents on Korean-American Relations: 1943~1976*(Seoul: Research Center for Peace and Unification, 1976).

*Public Papers of the Presidents of the United States: Jimmy Carter*, Washington, D.C.: United States Printing Office, 1977~81.

The Asia Foundation, *The President's Review, 1976*, San Francisco: The Asia Foundation, 1976.

*The Japan-United States Trade Study Group*, Tokyo: American Embassy, 1978.

*The Limitation of Strategic Offensive Arms(SALT II Treaty)*, Washington: U.S. Government Printing Office, 1979.

The World Bank, *The World Bank Atlas, 1979*, Washington, D.C.: The World Bank, 1979.

U.S. Congress, Budget Office, *The Costs of Defense Manpower: Issues For 1977*, Washington, D.C.: Congressional Budget Office, 1977.01.

_____, Joint Economic Committee, *U.S. Economic Growth from 1976 to 1986: Prospects, Problems, and Patterns, Volume 6-Forecasts of Long-run Economic Growth*, Washington: U.S. Government Printing Office, 1976.

_____, Joint Economic Committee, *Stagflation*, Washington: U.S. G.P.O., 1979.

_____, Joint Economic Committee, *U.S. Economic Growth From 1976 to 1986: Prospects, Problems, and Patterns, Volume 8-Capital for Nation: An Alternative View*, Washington: U.S. Government Printing Office, 1976.

_____, Joint Economic Committee, *U.S. Economic Growth From 1976 to 1986: Prospects, Problems, and Patterns, Volume 7-The Limits to Growth*, Washington: U.S. Government Printing Office, 1976.

U.S. House, Committee of Conference, *International Security Assistance Act of 1978*, Washington: U.S. Government Printing Office, 1978.

_____, Committee on Appropriations, *Foreign Assistance and Related Agencies Appropriations for 1979*, Washington: U.S. Government Printing Office,

1978.

_____, Committee on Appropriations, *Foreign Assistance and Related Agencies Appropriations for 1978*, Washington: U.S. Government Printing Office, 1977.

_____, Committee on Armed Services, *Report of the Delegation to the Far East*, Washington: U.S. Government Printing Office, 1979.

_____, Committee on Foreign Affairs, *Congress and Foreign Policy-1978*, Washington: U.S. Government Printing Office, 1979.

_____, Committee on Foreign Affairs, *General Huyser's Mission to Iran*, January 1979, Washington: U.S. Government Printing Office, 1981.

_____, Committee on Foreign Affairs, *International Security Assistance Act of 1979*, Washington: U.S. Government Printing Office, 1979.

_____, Committee on Foreign Affairs, *Security and Stability in Asia: 1979*, Washington: U.S. Government Printing Office, 1979.

_____, Committee on Foreign Affairs, *The Search for Peace in the Middle East, Document & Statements, 1967~79*, Washington: U.S. Government Printing Office, 1979.

_____, Committee on Foreign Affairs, *U.S. Policy toward Iran, January 1979*, Washington: U.S. Government Printing Office, 1979.

_____, Committee on Foreign Affairs, *United States Policy and United States-Soviet Relations, 1979*, Washington: U.S. Government Printing Office, 1979.

_____, Committee on Foreign Relations, *Analysis of Arms Control Impact Statements Submitted in Connection with the Fiscal Year 1978 Budget Request*, Washington: U.S. Government Printing Office, 1977.

_____, Committee on Foreign Relations, *U.S. Troop Withdrawal from the Republic of Korea: An Update, 1979*, Washington: U.S. Government Printing Office, 1979.

_____, Committee on International Relations, *Fiscal Year 1979 Arms Control Impact Statements*, Washington: U.S. Government Printing Office, 1978.

_____, Committee on International Relations, *Foreign Relations Authorization for Fiscal Year 1979*, Washington: U.S. Government Printing Office, 1978.

_____, Committee on International Relations, *International Security Assistance Act of 1978*, Washington: U.S. Government Printing Office, 1978.

_____, Committee on International Relations, *Review Of Developments in the Middle East, 1978*, Washington: U.S. Government Printing Office, 1978.

_____, Committee on International Relations, *Review of Recent Developments in Europe, 1978*, Washington: U.S. Government Printing Office, 1978.

_____, Committee on International Relations, *Strategic Arms Limitation Talks*, Washington: U.S. Government Printing Office, 1979.

_____, Committee on International Relations, *The Arms Control and Disarmament Agency Authorization for Fiscal Year 1979*, Washington: U.S. Government Printing Office, 1978.

_____, Committee on International Relations, *Western Europe in 1977: Security, Economic, and Political Issues*, Washington: U.S. Government Printing Office, 1977.

_____, Committee on International Relations, *Western Europe in 1978: Political Trends and U.S. Policy*, Washington: U.S. Government Printing Office, 1978.

_____, Committee on Science and Technology, *Analyses of President Carter's Initiatives in Industrial Innovation and Economic Revitalization*, Washington: U.S. Government Printing Office, 1980.

_____, Finance and Urban Affairs Committee on Banking, *The Eurocurrency Market Control Act of 1979*, Washington: U.S. Government Printing Office, 1979.

_____, Select Committee on Intelligence, *Iran: Evaluation of U.S. Intelligence Performance Prior to November 1978*, Washington: U.S. Government Printing Office, 1979.

_____, U.S. Arms Control and Disarmament Agency 1979 Annual Report,

Washington: U.S. Government Printing Office, 1980.

U.S. Senate, Committee on Appropriations, *Legislative Branch Appropriations for Fiscal Year 1979*, Washington: U.S. Government Printing Office, 1978.

_____, Committee on Armed Services, *Summary of Activities During 1977*, Washington: U.S. Government Printing Office, 1978.

_____, Committee on Finance, *Trade Agreements Act of 1979*, Washington: U.S. Government Printing Office, 1979.

_____, Committee on Foreign Relations, *Foreign Service Act of 1979*, Washington: U.S. Government Printing Office, 1979.

_____, Committee on Foreign Relations, *International Development Assistance Act of 1979*, Washington: U.S. Government Printing Office, 1979.

_____, Committee on Foreign Relations, *The Peace Corps Act Amendments of 1979*, Washington: U.S. Government Printing Office, 1979.

_____, Committee on Governmental Affairs, *International Development Assistance Act of 1979*, Washington: U.S. Government Printing Office, 1979.

<준1차자료: 회고록류 및 신문자료>

김재홍, 『박정희 살해사건 비공개진술 全녹음』 상·하, 서울: 東亞日報社, 1994.

김정렴, 『아, 박정희: 김정렴 정치회고록』, 서울: 중앙M&B, 1997.

金琡, 『靑瓦臺비서실: 육성으로 들어본 朴正熙시대의 政治權力 秘史』, 서울: 중앙일보사, 1992.

金炯旭·朴思越, 『金炯旭 회고록, Ⅰ~Ⅲ』, 서울: 아침, 1985.

朴普熙, 『나는 자랑스러운 한국인: 朴普熙씨의 美議會 證言』, 서울: 成和社, 1978.

이동원, 『대통령을 그리며』, 서울: 고려원, 1992.

Brzezinski, Zbigniew, *Power and Principle: Memoirs of the National Security Adviser, 1977-1981*, New York: Farrar, Straus, Giroux, 1983.

Carter, Jimmy, 『지미 카터 自敍傳』, 曺圭昌 譯, 서울: 亞細亞開發社, 1977.

Carter, Jimmy, 『카터 回顧錄』 上·下, 中央日報社 論說委員室 譯, 서울: 中央日報社, 1983.

Carter, Jimmy, *A Government as Good as Its People*, Fayetteville: The University of Arkansas Press, 1996.

Carter, Jimmy, *Keeping Faith: Memoirs of a President*, New York: Bantam Books, 1982.

Carter, Jimmy, with an introduction by Douglas Brinkley, *Why Not the Best?: The First Fifty Years*, Fayetteville: University of Arkansas Press, 1996.

Jordan, Hamilton, *Crisis: The Last Year of the Carter Presidency*, New York: Putnam, 1982.

Kissinger, Henry A., 『데탕트의 虛實: 美國의 外交戰略』, 呂永茂 譯, 서울: 金蘭出版社, 1976.

Oberdorfer, Don, *The Two Koreas: A Contemporary History*, Reading, Mass.: Addison-Wesley, 1997.

Wooten, James, *Dasher: The Roots of the Rising of Jimmy Carter*, New York: Summit Books, 1978.

*New York Times*.

*Washington Post*.


<2차자료>

1) 단행본

강성철, 『주한미군』, 서울: 일송정, 1988.

具永祿 外, 『韓國과 美國: 過去・現在・未來』, 서울: 博英社, 1983.

권용립, 『미국 대외정책사』, 서울: 민음사, 1997.

國防大學院 安保問題硏究所, 『安保問題硏究, 1972, 1974~1977』, 서울: 국방대학원 안보문제연구소, 1975.

國土統一院 政策企劃室, 『駐韓美地上軍撤收 以後의 韓美關係 展望』, 서울: 國土統一院, 1978.

_____, 『中共의 臺灣政策 分析 및 中共・臺灣 關係展望』, 서울: 國土統一院, 1979.

_____ 편, 『(周邊環境 與件) 카터行政府의 道德外交政策과 그것

이 韓國에 미치는 影響』, 서울: 國土統一院 政策企劃室, 1977.
기호열, 『CIA 박정희 암살공작: 작전명 0012』, 서울: 청맥, 1996.
金永熙, 『워싱턴을 움직인 韓國人: 朴東宣사건과 統一敎의 내막』, 서울: 文音社, 1980.
金裕南, 『蘇聯의 第三世界戰略과 東北亞』, 第1, 2部, 서울: 外交安保研究院, 1979.
金辰雄, 『韓國人의 反美感情』, 서울: 一潮閣, 1992.
동아일보 특별취재반 편, 『주한미군』, 서울: 東亞日報社, 1990.
柳永益 外, 『한국인의 대미인식: 역사적으로 본 형성과정』, 서울: 민음사, 1994.
李祥雨, 『秘錄 朴正熙時代 1~3』, 서울: 중원문화사, 1986.
李祥雨, 『美國이냐 米帝냐: 5·16에서 10·26까지』, 서울: 중원문화사, 1987.
李承憲, 『亞細亞太平洋 協調體制論: ASPAC을 中心한 研究』, 서울: 新新文化社, 1975.
李昊宰, 『冷戰時代의 克服』, 서울: 東亞日報社, 1982.
文昌克, 『한미갈등의 해부』, 서울: 나남, 1994.
박영호, 김광식 외, 『한미관계사』, 서울: 실천문학사, 1990.
朴雄鎭, 『冷戰史』, 서울: 博英社, 1979.
朴在圭, 『美國의 對아시아 政策』, 서울: 法文社, 1976.
서울新聞社, 『駐韓美軍 30年: 1945~1978年』, 서울: 杏林出版社, 1979.
선우학원, 『한미관계 50년사: 알려지지 않은 이야기』, 서울: 일월서각, 1997.
魚秀永, 『1978年 11月 美國中間選擧와 對韓關係』, 서울: 外交安保研究院, 1978.
外務部 外交安保研究院, 『美國外交政策의 決定過程』, 서울: 外交安保研究院, 1978.
_____, 『戰後 日本의 對美, 對中共外交의 戰略的 特徵: 二重外交의 構造를 중심으로』, 서울: 外交安保研究院, 1979.
_____, 『中越戰爭의 意義分析』, 서울: 外交安保研究院, 1979.
外務部 編, 『美國의 新規大戰略으로서의 海洋同盟體制에 關한 構想(案)』, 서울: 外交安保研究院, 1978.
_____, 『韓國外交 30年: 1948~1978』, 서울: 外務部, 1979.
柳錫烈, 『美·北韓 關係와 韓國의 安保』, 서울: 外交安保研究院, 1978.
李基鐸, 『韓半島와 國際政治: 理論과 實際』, 서울: 日新社, 1990.

이상우,『박정희, 파멸의 정치공작』, 서울: 동아일보사, 1993.
李泳禧,『轉換時代의 論理: 아시아·中國·韓國』, 서울: 創作과 批評社, 1979.
李鍾律,『轉換期의 世界와 韓國: 現代政治의 視角』, 서울: 塔出版社, 1979.
鄭鎔碩,『美國의 對韓政策: 1845~1980』, 서울: 一潮閣, 1993.
_____,『카터와 南北韓』, 서울: 檀國大學校出版部, 1979.
趙世衡,『1980年代 韓國과 지미 카터』, 서울: 民音社, 1977.
조진경 외,『한국사회의 성격과 운동』, 서울: 공동체, 1987.
한국기독교사회문제연구원,『1970년대 민주화운동과 기독교』, 서울: 한국기독교사회문제연구원, 1983.
한국민주노동자연합 편,『한국노동운동사: 1970년대 이후』, 서울: 동녘, 1994.
韓明華,『韓美關係의 政治經濟: 同盟이냐 從屬이냐』, 서울: 평민사, 1986.
岸田純之助, 關寬治, 武者小路公秀 共編,『70年代의 國際關係: 多極化時代のシステム·アプロ-チ』, 東京: ぺりかん社, 1970.
Abernathy, M. Glenn and Dilys M. Hill, Phil Williams, *The Carter Years*, New York: St. Martin's Press, 1984.
Ambrose, Stephen E.,『국제질서와 세계주의』, 권만학 역, 서울: 을유문화사, 1996.
Ampbell, Colin, *Managing the Presidency: Carter, Reagan, and the Search for Executive Harmony*, Pittsburgh, PA: University of Pittsburgh Press, 1986.
Andrew, Christopher, *For the President's Eyes Only: Secret Intelligence and the American Presidency from Washington to Bush*, New York: Harper & Collins, 1995.
Balaam, David and Michael Veseth, *Introduction to International Political Economy*, Upper Saddle River, N.J.: Prentice Hall, 1996.
Bernstein, Carl and Bob Woodward, *All the President's Men*, New York: Warner Books, [1976].
Boettcher, Robert, *Gifts of Deceit: Sun Myung Moon, Tongsun Park, and the Korean Scandal*, New York: Holt, Rinehart & Winston, 1980.
Brauer, Carl M., *Presidential Transitions: Eisenhower through Reagan*, New York: Oxford University Press, 1986.
Brown, Leslie H. and Charles A. Sorrele,『美國의 아시아 安保政策과 通常戰力』, 權

文術·金光石·金鍾輝 共譯, 서울: 國防大學院 安保問題硏究所, 1979.
Brzezinski, Zbigniew, 『國際政治의 新論理: 브레진스키의 政治哲學』, 朴在圭 譯, 서울: 博英社, 1977.
Brzezinski, Zbigniew, 『美國이 본 東北亞』, 申河澈·李成圭 共譯, 서울: 물결, 1977.
Buss, Claude A., *The United States and the Republic of Korea: Background for Policy*, Stanford, Calif.: Hoover Institution Press, Stanford University, 1982.
Campagna, Anthony S., *Economic Policy in the Carter Administration*, Westport, Conn.: Greenwood Press, 1995.
Carpenter, William A., et al., 『美國의 對東北亞戰略』, 權文術 外 譯, 서울: 國防大學院 安保問題硏究所, 1979.
Clare, Michael T., *American Arms Supermarket*, University of Texas Press, 1984.
Clinton, W. David, *The Two Faces of National Interest*, Baton Rouge: Louisiana State University Press, 1994.
Collier, Peter and David Horowitz, *The Rockefellers: An American Dynasty*, New York: Holt, Rinehart and Winston, 1976.
Critchlow, Donald T., *The Brookings Institution, 1916~1952: Expertise and the Public Interest in a Democratic Society*, De Kalb: Northern Illinois Univ. Press, 1985.
Dolbeare, Kenneth M. Patricia Dolbeare, *American Ideologies: The Competing Political Beliefs of the 1970s*, Chicago: Markham Pub., 1971.
Donaldson, Robert H., *The Soviet-Indian Alignment: Quest for Influence*, Washington, D.C.: U.S. Department of Commerce, 1979.
Dougherty, James E. and Robert Louis Pfaltzgraf, Jr, 『미국외교정책사』, 이수형 역, 서울: 한울아카데미, 1997.
Dumbrell, John, *American Foreign Policy: Carter to Clinton*, London: MacMillan, 1997.
Duner, Bertil, *Military Intervention in Civil Wars: the 1970s*, New York: St. Martin's Press, 1985.
Hasan, Parvez, *Korea: Problems and Issues in a Rapidly Growing Economy*, Baltimore:

The World Bank, 1976.
Holsti, Ole and Randolph Siverson, Alexander George eds., *Change in the International System*, Boulder, Colo.: Westview, 1980.
Howe, Russell Warren and Sarah Trott, *The Power Peddlers: How Lobbyists Mold America's Foreign Policy*, New York: Doubleday, 1977.
Hurst, Steven, *The Carter Administration and Vietnam*, London: Macmillan Press, 1996.
Jones, Charles O., *The Trusteeship Presidency: Jimmy Carter and the United States Congress*, Baton Rouge: Louisiana State University Press, 1988.
Kellerman, Barbara, *The Political Presidency: Practice of Leadership*, New York: Oxford University Press, 1984.
Lake, Anthony, *The Vietnam Legacy: The War, American Society and the Future of American Foreign Policy*, New York: New York University Press(A Council on Foreign Relations Book), 1976.
Lieberthal, Kenneth G., 『中蘇對立의 戰略的 評價』, 서울: 國防大學院 安保問題硏究所, 1980.
Martel, Gordon, 『미국외교정책, 1890~1993』, 정진위 편역, 서울: 博英社, 1996.
Morris, Kenneth E, Jimmy Carter, *American Moralist*, Athens: University of Georgia Press, 1996.
Muravchik, Joshua, *The Uncertain Crusade: Jimmy Carter and the Dilemmas of Human Rights Policy*, Lanham: Hamilton Press, 1986.
Neustadt, Richard E., *Presidential Power: The Politics of Leadership from FDR to Carter*, New York: Wiley, 1980.
Orman, John, *Comparing Presidential Behavior: Carter, Reagan, and the Macho Presidential Style*, New York: Greenwood, 1987.
Oye, Kenneth A. Donald Rothchild, Robert J. Lieber, eds., *Eagle Entangled: U.S. Foreign Policy in a Complex World*, New York: Longman, 1979.
Pechman, Joseph A., *Setting National Priorities: The 1979 Budget*, Washington, D.C.: The Brookings Institution, 1978.

Ranney, Austin, *The American Elections of 1980*, Washington, D.C.: American Enterprise Institute for Public Policy Research, 1981.

Robertson, Myles L. C., *Soviet Policy towards Japan: An Analysis of Trends in the 1970s and 1980s*, Cambridge: Cambridge University Press, 1988.

Rosenbaum, Herbert D. and Alexej Ugrinsky, eds., *Jimmy Carter: Foreign Policy and Post-Presidential Years*, Westport, Conn.: Greenwood Press, 1994.

Rosenbaum, Herbert D. and Alexej Ugrinsky, *The Presidency and Domestic Policies of Jimmy Carter*, Westport, Conn.: Greenwood Press, 1994.

Ross, Robert S., *The Indochina Tangle: China's Vietnam Policy, 1975~1979*, New York: Columbia University Press, 1988.

Rourke, John T. and Ralph G., Carter and Mark A. Boyer, *Making American Foreign Policy*, Guilford :The Dushkin Pub.,1994.

Rozell, Mark J., *The Press and the Carter Presidency*, Boulder: J. C. B. Mohr, 1989.

Sampson, Anthony, *The Seven Sisters: The Great Oil Companies and the World They Made*, London: Hodder and Stoughton, 1975.

Shen, Lyushun, *Peking's Policy toward Taiwan in the 1970s: A Study from the Strategic Perspective*, Ann Arbor: University of Pennsylvania Press, 1981.

Shoup, Laurence H., *The Carter Presidency and beyond: Power And Politics in the 1980s*, Palo Alto: Ramparts Press, 1980.

Skidmore, David, *Reversing Course: Carter's Foreign Policy, Domestic Politics, and the Failure of Reform*, Nashville: Vanderbilt University Press, 1996.

Sklar, Holly ed., *Trilateralism: The Trilateral Commission and Elite Planning for World Management*, Boston: South End Press, 1980.

Smith, Gaddis, *Morality, Reason, and Power: American Diplomacy in the Carter Years*, New York: Hill and Wang, 1986.

Spear, Joanna, *Carter and Arms Sales: Implementing the Carter Administrations Arms Transfer Restraint Policy*, New York, N.Y.: St. Martin's Press(Southampton Studies in International Policy), 1995.

Strumpel, Burkhard, *Industrial Societies after the Stagnation of the 1970s :Taking Stock*

>from An Interdisciplinary Perspective, Berlin: Walter de Gruyter, 1989.
Westing, Arthur H., Global Resources and International Conflict: Environmental Factors in Strategic Policy and Action, New York: Oxford University Press, 1986.
Wheeler, Leslie, Jimmy who?: An Examination of Presidential Candidate Jimmy Carter: The Man, His Career, His Stands on the Issues, Woodbury, N.Y.: Barrons Educational Series, 1976.

2) 학위논문

김용철, "박정희의 정치적 리더십연구: 리더십의 경직화와 그 요인을 중심으로," 연세대 정치학과 석사학위논문, 1984.

崔熙峰, "카터 美大統領의 人權政策과 韓·美關係," 서울대 정치학과 석사학위논문, 1983.

Ok, Tae Hwan, "President Carter's Korean Withdrawal Policy," Ann Arbor: U.M.I., 1990.

## 1970년대 후반기의 경제정책과 산업구조의 변화
── 중화학공업화를 중심으로 ──

이 재 희

## 1. 머 리 말

　이 논문의 목적은 1970년대 후반기 경제정책의 내용을 밝히고 그와 관련하여 이 시기 산업구조의 변화를 분석하려는 것이다.
　1970년대 후반기의 경제정책은 중화학공업화정책으로 집약될 수 있다. 1970년대 후반기처럼 단일한 경제정책목표에 정책적 역량과 국민경제적 자원이 집중적으로 투입된 것은 해방 후 지금까지의 한국경제 발전과정에서 그 유례를 찾아보기 어렵다. 1970년대 후반 중화학공업화정책은 그만큼 큰 경제구조의 변화를 야기했으며 이 시기를 전후한 한국경제의 성격을 단절적으로 보이도록 만들었다. 따라서 1970년대 후반기에 전개된 중화학공업화의 성격을 이해하는 것은 이 시기 한국경제의 성격을 파악하는 데 핵심일 뿐만 아니라, 그 이후 한국경제의 성격변화를 파악하는 출발점이 될 수 있다.

이 논문에서는 선행 연구성과들을 정리하고, 몇 가지 쟁점에 대해서는 실증적인 검토를 부가함으로써 1970년대 후반기의 중화학공업화정책과 그에 따른 경제변동의 성격을 해명해 보고자 한다.

다른 시기의 한국 현대경제사에 관한 연구에서도 그러하듯이, 1970년대 후반기에 대한 기존 연구들은 대체로 신고전학파이론과 민족경제론이라는 두 가지 상이한 시각에서 접근했다. 신고전학파이론의 맥락에서 중화학공업화에 관한 체계적인 연구성과의 하나는 일본학자 와타나베 도시오[1])에 의해 제시되었고, 민족경제론의 맥락에서는 박현채의 연구[2])가 많은 영향을 미쳤다. 이들간에는 많은 논점의 차이가 있지만 가장 큰 쟁점은 중화학공업화의 추진결과 나타난 산업구조의 내용을 어떻게 평가할 것인가에 있었다. 와타나베는 중화학공업화 진전에 따라 한국경제의 재생산구조는 가공무역형 구조에서 자립형 구조로 전환되었으며, 일본과의 국제분업도 그 내용이 일방적 의존관계에서 상호 의존관계로 전환하게 되었다고 평가했다. 반면 박현채는 중화학공업화가 국내분업관련을 높이고 민족자본을 육성한 자립적 정책체계가 아니라 국민경제의 대외의존성을 심화시킨 비자립적 정책체계라고 평가했다.

자립성에 관한 이러한 초기의 쟁점에 부가하여 1980년대 말부터 중화학공업화정책의 효율성에 관한 쟁점이 새롭게 등장했다. 국가가 국민경제적 역량을 결집하여 추진한 중화학공업화는 1979년대 말에 이

---

1) 渡辺利夫, 『現代韓國經濟分析』, 유풍출판사, 1982.
2) 박현채, "한국자본주의론," 『역사와 인간』(서울: 두레, 1982). 박현채, 『민족경제론의 기초이론』(서울, 돌베개, 1989).

르러 부실화에 따른 일련의 투자조정과정을 거치게 되었다. 따라서 그 간의 논의에서는 대체로 1970년대의 중화학공업화가 비효율적이었고 국민경제의 여건상 무리한 측면을 내포한 정책체계로 평가하는 경향이 있었다. 그런데 1980년대 말부터 신고전학파 시장주의와 소위 수정주의 사이에 한국을 비롯한 후발국의 경제개발과정에서 국가의 역할에 관한 논쟁이 전개되었는데, 미국 학자 앰스던[3])은 종래의 부정적 평가에 의문을 제기하고 1970년대 한국의 중화학공업화 과정에서의 정부의 성공적인 정책운용 측면을 강조했다. 반면 1993년에 발표된 세계은행 보고서[4])는 다시금 국가주도적 산업정책의 효율성에 의문을 표시했고, 그 예로 한국의 중화학공업화정책을 지적했다.

이 논문에서는 기존의 연구에서 나타난 두 가지 쟁점, 즉 자립성과 효율성에 관한 쟁점을 염두에 두고 다음과 같이 논의를 전개하고자 한다. 먼저 제2절에서는 중화학공업화정책이 성립된 배경과 이 정책의 주요 내용을 분석함으로써 1970년대 후반기 경제정책체계의 기본성격을 규명한다. 그리고 제3절에서는 중화학공업화정책의 추진에 따라 1970년대 후반기 한국 산업구조의 변화를 대내적인 생산구조와 대외적인 무역구조, 그리고 산업조직의 변동으로 나누어 분석한다. 제4절에서는 1970년대 말에 행해진 중화학공업 투자조정정책에 대해 그 배경과 성과를 분석한다. 끝으로 제5절에서는 본 논의를 정리하여 1970년대 후반기의 경제정책과 산업구조변화에 대한 결론을 맺고자 한다.

---

3) Amsden, A. H., *Asia's Next Giant: South Korea and Late Industrialization*, Oxford University Press, 1989(이근달 역, 『아시아의 다음 거인』, 시사영어사, 1991).

4) World Bank, *The East Asian Miracle: Economic Growth and Public Policy*, New York, Oxford University Press, 1993.

## 2. 1970년대 후반기의 중화학공업화정책

### 1) 중화학공업화정책의 형성배경

일반적으로 경제조정기능의 대부분을 시장기구에 위임하고 있는 선진국과는 달리, 시장기구의 작동이 미흡한 후발국에서는 국가가 경제조정기능의 상당부분을 맡아 수행하면서 경제개발을 주도하는 경우가 많다. 한국의 경우도 1960년대 초에 경제개발이 시작된 이후 1970년대 말까지 국가는 적극적인 경제개입을 통해 사적 자본의 축적을 주도하는 지위에 있었다. 이 기간 동안 국가는 사적 자본을 대신해서 직접 노동통제를 수행하고, 은행 등 금융기관을 소유하면서 조성한 정책금융을 사적 자본에 공급했다.

한국에서 소위 민간주도경제로의 전환이 시작하는 1980년대를 목전에 둔 1970년대 후반기는 국가주도성이 그 정점에 달한 시점이다. 1970년대 후반기에 국가의 경제개입은 사적 자본축적의 모든 측면에서 매우 포괄적으로 이루어졌지만, 그 기본적인 내용은 중화학공업화의 추진에 있었다.

한국자본주의의 전개과정에서 중화학공업이 정책의 중심으로 되기 시작한 것은 1970년대 전반기부터였다. 구체적으로 소위 유신체제가 수립된 직후인 1973년 초에 정부가 대대적인 중화학공업 육성계획을 발표하면서였다.

물론 중화학공업화는 1960년대에도 경제개발계획의 주요목표로 제시되어 있었다. 제1차 경제개발5개년계획(1962~66년)에서는 '시멘트, 비료,

정유 등 기간산업의 건설'이, 제2차 경제개발5개년계획(1967~71년)에서는 "화학, 철강, 기계공업을 건설하여 공업고도화의 기틀을 마련함"이 경제개발의 주요목표로 제시되었다. 그리고 이러한 목표와 관련하여 각종의 중화학공업 육성체계가 법적으로 정비된 것도 1960년대부터였다. 기계공업진흥법(1967년, 법률 제1,933호), 조선공업육성법(1967년, 법률 제1,937호), 전자공업진흥법(1969년, 법률 제2,098호), 철강공업육성법(1970년, 법률 제2,181호), 석유화학공업육성법(1970년, 법률 제2,182호), 비철금속제련사업법(1971년, 법률 제2,304호) 등 개별적인 중화학공업육성법들이 1960년대 말에서 1970년대 초에 걸쳐 제정되어 있었다.5)

그러나 1960년대에는 섬유산업을 비롯한 경공업육성을 통한 수출대체산업화6)가 국가정책의 기조로 되어 있었다. 실제로 1973년 이전에는 정유, 비료, 시멘트 등의 화학공업과 철강 등 일부 중공업에서 부분적인 수입대체가 이루어졌을 뿐, 중화학공업 전반에 걸친 본격적인 육성과 개발은 전개되지 않았다.

중화학공업화가 국가정책의 기조로 된 것은 제3차 경제개발5개년계획(1972~76년) 기간부터였다. 제3차계획에서는 '중화학공업을 건설하여 공업구조의 고도화를 기함'이 기본목표로 설정되었다. 이러한 정책기

---

5) 이들 6개 개별 법률은 1986년 공업발전법(법률 제3,806호)으로 흡수·통합되었다.

6) 한국의 경우 제1차 경제개발5개년계획이 시작되기 이전인 1961년의 수출품 구성을 보면 1차산품이 78.0%(광산물 42.0%)를 차지하고 있으나, 제2차 경제개발5개년계획이 끝난 1971년에는 공산품이 86.3%(섬유류 45.6%)로 그것을 대체함으로써, 이 기간 동안 전형적인 경공업수출대체 현상이 나타났다(한국무역협회, 『무역연감』, 각년도). 수출대체(export substitution)는 본래 1차산품수출을 공산품수출로 대체하는 것을 의미하는 개념이지만, 넓게는 공산품 내부의, 예컨대 경공업제품의 중화학공업제품으로의 대체를 포괄하는 개념으로도 사용된다.

조는 "산업구조의 고도화를 통한 자력 성장구조의 실현"이 기본목표로 설정된 1970년대 후반기의 제4차 경제개발계획 기간(1977~81년)에 이르러 확고하게 되었다.

그러면 1970년대에 중화학공업화로 정책기조가 전환된 배경을 검토해 보기로 하자. 이 점은 내부적 필요성과 더불어 그것을 가능하게 만든 외부적 여건으로 나누어 살펴볼 수 있다.

첫째, 내부적 필요성으로서 중요하게 지적될 수 있는 것은 기존 국민경제 생산구조의 위기상황이다. 즉 종래의 경공업 수출산업화정책으로는 한국경제의 추가적인 성장이 곤란해졌기 때문에, 중화학공업화정책이 불가피하게 추진된 것으로 볼 수 있다.

〈표 1〉 1970년대 섬유류제품에 대한 주요 국별 수입규제 추이

| 규제국 | 시기 | 품목 | 규제방식 |
|---|---|---|---|
| 미국 | 1971 | 섬유류 | 쌍무쿼터 |
| 프랑스 | 1974 | 견직물 | 일방적 쿼터 |
| 캐나다 | 1974 | 폴리에스터, 모직물 | 쌍무쿼터 |
| | 1975 | 견직물, 아크릴사 | 총량쿼터 |
| 호주 | 1974 | 섬유류 | 쌍무쿼터 |
| 스웨덴 | 1974 | 섬유류 | 쌍무쿼터 |
| 일본 | 1796 | 견직물 | 자율규제 |
| EC | 1978 | 섬유류 | 쌍무쿼터 |

출처: 한국무역협회, 『주요선진국의 수입규제 총람』, 각년도. 대한무역진흥공사, 『주요품목별 수입규제 동향』, 1976. 대한무역진흥공사, 『선진국의 대한수입규제 사례조사』, 1986.

그것의 첫번째 측면은 1970년대 전반기부터 경공업제품에 대해 미국 등 선진국의 수입규제가 시작되었고 경공업제품의 수출시장을 둘러싸고 다른 후발국과의 경쟁이 심화됨에 따라, 경공업제품의 지속적

인 수출증대가 곤란해지게 되었다는 점이다. 경공업의 대표적인 수출품목인 섬유류의 경우를 보면 미국은 1971년부터, 다른 선진국들도 1974년경부터 수입규제에 착수했다(<표 1>). 이에 따라 섬유류 총수출액 중 규제하의 수출액 비중은 1973년에 33.1%, 1974년에 44.3% 등으로 점차 높아졌고, 신발류 등 다른 수출품목의 경우도 사정은 유사했다(<표 2>).

〈표 2〉 1970년대 수입규제품목의 수출비율    (단위: 억달러, %)

|      | 전업종 | 섬유류 | 신발류 | 전자제품 (텔레비전) |
|------|------|------|------|------|
| 1973 | 15.1 | 33.1 | 35.6 | 0.1 |
| 1974 | 18.3 | 44.3 | 39.5 | 0.3 |
| 1975 | 21.4 | 48.0 | 37.3 | 0.3 |
| 1976 | 22.0 | 49.8 | 26.5 | 0.3 |
| 1977 | 23.0 |      |      |     |
| 1978 | 25.8 | 49.5 | 56.6 | - (12.3) |
| 1979 | 25.2 | 51.8 | 51.9 | - (14.8) |
| 1980 | 24.2 | 50.3 | 64.7 | - (18.1) |

주: 업종별 피규제품목의 수출액/업종별 총수출액의 비율임.
출처: 한국무역협회, 『무역연감』, 각년도. 한국무역협회, 『무역편람』, 각년도.

기존 정책의 위기를 초래한 두번째 측면은 소비재인 경공업제품의 생산과 수출이 증대함에 따라 그것의 생산재인 중화학공업제품의 수입이 증대했고, 특히 후자가 전자를 능가함으로써 무역수지적자가 누증되어 외부로부터의 생산재의 원활한 조달을 제약했다는 점이다. 경공업 수출산업화가 본격화된 1965년 이후 1972년까지의 8년간 총수출액은 55.95억달러인 데 비해 총수입액은 112.09억달러에 달해 55.13억달러의 무역수지적자가 누증되었고, 이와 관련하여 1970년과 1972년에는 강력한 수입억제조치가 실시되기에 이르렀다.

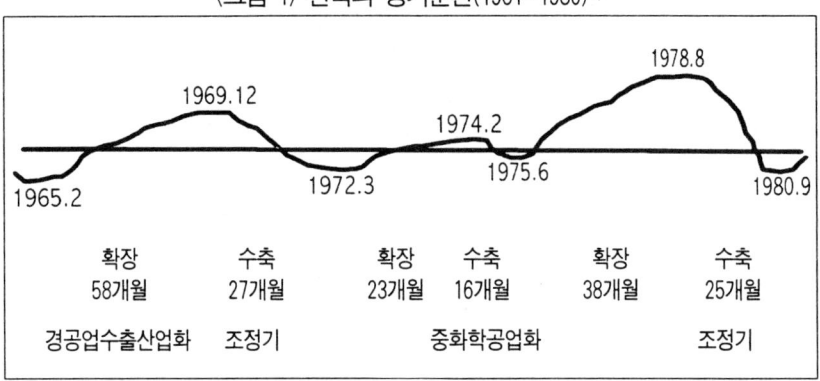

〈그림 1〉 한국의 경기순환(1961~1980)[7]

이러한 양면적인 요인, 즉 경공업제품의 판매과정과 생산재조달과정에서의 양면적인 곤란은 1970년대 초의 공황과 그에 이은 불황으로 표면화되었다(<그림 1>참조). 기존 수출경공업 재생산구조의 위기는 그것의 보완을 불가피하게 하는 것이고, 이것이 곧 1970년대 중화학공업화로의 정책전환의 내부적 배경이 된다.[8]

---

7) 경제기획원, 『개발년대의 경제정책 ─ 경제기획원 20년사』, 1982, p.30.

8) <그림 1>에서 보는 바와 같이 1960년대 초 이후 1970년대 말까지 한국경제의 경기순환은 최저점을 기준으로 볼 때 4회 존재했다. 제1순환은 1961년 8월~1965년 2월, 제2순환은 1965년 2월~1972년 3월, 제3순환은 1972년 3월~1975년 6월, 제4순환은 1975년 6월~1980년 9월이다. 일반적으로 경기순환의 후기국면인 공황 및 불황국면에서 기존 재생산구조의 위기가 표출되며, 그에 따른 재생산구조의 조정이 이루어지게 된다. 한국의 경우 석유파동이라는 외적 충격에서 비롯된 제3순환의 불황을 제외한 나머지 제1, 2, 4순환의 불황은 기존 재생산구조가 지닌 내부적 한계를 드러낸 것이었고, 기존 재생산구조의 조정을 위한 국가개입과 새로운 정책기조로의 전환이 이루어

기존 생산구조의 문제점은, 첫째로 중화학공업의 수출증대를 통해 경공업이 직면한 수출한계를 돌파하고, 둘째로 중화학공업육성을 통해 기존 경공업생산에 필요한 생산재의 국내조달을 증대시킴으로써 해소될 수 있는 것이었다. 따라서 중화학공업화를 추진하게 되면 경공업의 수출대체와 중화학공업의 수입대체를 동시에 달성할 수 있고, 이 점이 1970년대 중화학공업화 정책추진의 계기가 되었다.[9]

둘째, 1970년대에 중화학공업화로 정책기조의 전환을 가능케 한 외부적 여건으로는 국제분업의 단계변화를 들 수 있다. 경공업수출산업화의 한계가 중화학공업화의 불가피한 필요조건이었다면, 이것을 가능하게 한 충분조건은 선진국과 후발국간에 전개된 국제분업의 단계적 변화였다.

종래의 전형적인 국제분업은 선진국의 중화학공업과 후발국의 경공업간의 분업이었으나, 1960년대 이후 선진국의 노동력부족에 따른 임금상승 등으로 말미암아 선진국의 중화학공업 가운데 비교적 노동집약적인 분야인 조립가공산업이 후발국으로 이전되게 되었다. 이에 따

---

    졌다. 즉 제1순환의 불황국면에 대응해 1960년대 중반에 기존의 수입대체정책 대신 (경공업)수출산업화정책이 등장했고, 제2순환의 불황국면에 대응해 1970년대 전반에 중화학공업화정책이 등장했다. 그리고 제4순환의 불황국면에 대응해서는 1980년대 전반에 부품산업화정책이 새롭게 추진되었다.

9) 경공업 수출대체와 중화학공업 수입대체라는 중화학공업화전략의 양면적인 목표는 정부의 문제의식에도 잘 나타나 있다. 정부는 중화학공업 건설의 필요성으로 "경공업발달만으로는 수출의 확대와 자립경제의 성취에 한계점이 있다는 인식" 위에서, "첫째, 중화학공업은 100억불 수출목표달성에 있어 중추적인 역할을 담당하지 않으면 안 될 부문이며, (중략) 둘째, 우리나라 공업의 해외의존성을 탈피하고 공업의 자립기반을 확립하기 위해서는 중화학공업육성을 통한 시설재 및 중간재의 자급이 시급한 과제이기 때문"이라고 지적했다(국무총리 기획조정실, 『중화학공업의 오늘과 내일』, 1973, pp.5-6).

라 선진국의 기술·지식집약형 중화학공업과 후발국의 조립가공형 중화학공업간의 새로운 형태의 국제분업이 등장하게 되었다.10) 한국과 같은 후발국도 전자, 조선, 자동차와 같은 조립가공형 중화학공업을 국내로 이식·활용하여 발전시킬 수 있는 여건이 형성된 것이다. 당시 한국정부가 계획한 중화학공업화는 선진국에서 사양화하고 있는 노동집약적인 분야, 즉 조립가공산업을 중심으로 한 것이었고,11) 따라서 1970년대 후반의 중화학공업화는 새로운 국제분업 논리 위에서 그것을 활용하여 전개된 공업화전략이었다고 할 수 있다.

1970년대 후반의 중화학공업화는 지금까지 살펴본 바와 같은 경제적 배경 위에서 추진된 것이지만, 그 밖에 군수산업 육성이라는 군사적 요구와 국가권력의 정당성 확보라는 이데올로기적 요구도 그 속에 담겨 있었다.

당시 정부는 중화학공업화를 추진하는 이유의 하나로 '자주국방의 기반확립'을 적시하고 있다. 즉 군수산업은 중화학공업의 발전을 토대로 육성될 수 있기 때문에, 자주국방을 확립하기 위해서는 중화학공업

---

10) 프뢰벨 등은 이러한 국제분업을 신국제분업으로 개념화했는데, 이들은 신국제분업이 가능해지게 된 조건으로 잠재적 노동력이 주변국에 존재하고 있고, 기술의 발달로 복잡한 생산과정이 단순한 것으로 해체되어 이들 비숙련노동자들이 쉽게 생산과정에 투입될 수 있으며, 근대적 수송체계 등의 발달로 생산지의 지역적 분산이 큰 문제로 되지 않게 된 점을 들었다(Fröbel, F., et. al. *Die neue internationale Arbeitsteilung*, Rowohlt Taschenbuch Verlag, 1977(*The New International Division of Labour*, Cambridge University Press, 1980, pp.33-37).

11) 정부는 중화학공업화의 가능성으로서 "선진국에 있어서는 노동력부족과 중노동 분야의 취업기피, 고임금 등으로 애로에 봉착하고 있지만 우리는 저노임의 양질의 노동력을 충분히 보유하고 있고, (중략) 특히 자본 및 기술집약도가 비교적 낮고 노동집약도가 비교적 높은 중화학분야는 선진국이 점차 사양화 추세에 있으므로 이들 분야에 대한 진출 가능성이 크다"는 점을 들고 있다(국무총리 기회조정실, 앞의 책, p.8).

화가 시급하다는 것이다.

또한 1970년대 초의 경제불황은 정치위기로 전환되어 표출되었고, 이에 대한 대응책으로서 정부는 1971년 국가비상사태를 선포하고, 곧 이어 1972년 말에는 이른바 유신체제를 성립시켰다. 유신체제의 수립과 더불어 고도경제성장의 청사진을 제시함으로써 정치불안을 해소하고 유신체제의 정당성을 확보하고자 했다.12) 이것은 구체적으로 1980년대 초 수출 100억불 달성, 1인당국민소득 1,000불 달성이라는 '10월유신의 중간목표'의 설정으로 나타났고, 이 목표를 달성하기 위한 수단으로 내세운 정책이 중화학공업화였다.13) 1970년대 중화학공업화정책은 유신체제의 성립과 관련된 정치적 불만을 경제적 측면에서 보상하고 국가권력의 정당성을 획득하고자 한 이데올로기적 요구를 반영한 것이었다. 경제적 배경 외에 이러한 이데올로기적 배경이 아울러 주목되는 이유는 후자가 중화학공업화정책의 추진방식과 그 성과에 영향을 미쳤기 때문이다. 1970년대 중화학공업화 추진과정에서 경제적 합리성보다는 정치적 요구가 크게 작용했고 단기간에 가시적인 성과를 얻기 위한 목표달성 위주로 정책이 추진되었는데, 이것은 중화학공업에 대한 과잉중복투자와 1970년대 말의 경제위기를 가져온 한 요인이었다.

### 2) 중화학공업화정책의 내용

후발국에서 자본축적에 대한 국가의 개입은 두 가지 방식으로 이루어진다. 첫째는 국가자본(국유기업)을 창설하여 국가 스스로 자본축적의 주체가 되는 것이고, 둘째는 사적 자본을 축적주체로 삼는 대신 각

---

12) 전국경제인연합회, 『전경련 20년사』, 1983, p.267.
13) 국무총리 기획조정실, 앞의 책, p.6.

종 지원과 규제정책을 통해서 그것의 축적을 조절하는 것이다.

경제개발 초기단계에서는 한국에서도 국가가 사적 자본을 대신하여 스스로 자본축적을 담당하는 주체의 역할을 수행했다. 예컨대 1960년대 초반부터 1970년대 초반까지 유공(1962년), 영남화학(1965년), 진해화학(1965년), 포항종합제철(1968년), 한양화학(1989년), 한국카프로락탐(1969년), 한국에탄올(1973년) 등 실물부문의 많은 기업이 국유기업 형태로 신설되었다. 같은 기간중에 대한조선공사(1968년) 등 국유기업의 사유화도 부분적으로 진행되기는 했으나, 전체적으로 볼 때 실물부문의 국유기업은 양적으로 증가했다.14)

그러나 1970년대 후반에 이르면 국유기업의 신설추세는 둔화된 반면 기존 국유기업의 사유화가 진전되었다. 이 결과 제조업부문의 국유기업수는 1970년 49개에서 1981년에는 17개로 대폭 줄어들었다. 따라서 1970년대 후반기는 실물부문에서 자본축적의 직접적인 주체로서 지닌 국가의 의의는 축소되고 대신 사적 자본이 축적의 주체로 확립되는 시기로 볼 수 있다.

1970년대 후반에 들어 국유기업의 신설을 통해 국가가 자본축적의 주체로 나서는 경우는 크게 줄어든 대신 각종 정책수단을 통해 사적 자본의 축적에 대해 이전보다 훨씬 포괄적으로 개입했다. 즉 1970년대 후반기의 중화학공업화 과정에서 자본축적의 주체가 된 것은 국가자본이 아닌 사적 자본이었지만, 사적 자본의 축적속도는 국가에 의해 좌우되었다.

---

14) 제조업부문 국유기업수는 1960년의 11개에서 1970년에는 49개로 증가했다 (L. P. Jones, *Public Enterprise and Economic Development: the Korean Case*, KDI, 1975; 경제기획원, 『공기업백서』, 1988). 이 시기 국유기업수의 증가는 대개 신설에 의한 것이지만 부분적으로는 기존 사적 자본의 국유화에 따른 것도 있었다. 인천제철(1969년), 한국철강공업(1969년) 등이 그 예이다.

사적 자본의 축적에 대한 국가의 개입은 노동통제와 자본육성이라는 두 측면에서 포괄적으로 이루어졌다. 이 시기 국가는 중화학공업화를 추진하기 위해 강력한 노동통제를 통해 임금상승을 억제하고 사적 자본축적의 기초조건을 확보해 주는 한편, 금융 및 세제상의 지원 등 거의 모든 정책수단을 동원하여 중화학공업에서 사적 자본이 성장할 수 있도록 유인했다.

먼저 1970년대 후반 노동통제정책의 성격에 관해 살펴보기로 하자. 1960년대 이후 한국자본주의의 발전에 따라 노동자계급도 양적으로 성장했으나 1970년대 초까지는 노사관계에 관한 국가개입이나 노동통제는 1970년대 후반에 비해서는 상대적으로 적었다. 그러나 1970년대 초부터 노동자계급의 조직화가 진전되고 노동운동도 활성화될 조짐을 보이기 시작했다. 1971년 노동조합조직률은 제조업의 경우 14.8%였으며 노동조합원수도 12.5만명에 달했다. 또한 1970년대 초의 불황과 관련하여 노동조건이 크게 악화됨에 따라, 노사분규가 1971년의 경우 1,656건으로 증가하여 향후 노동운동의 급격한 활성화를 예고했다. 특히 그 동안의 노사분규는 주로 해고나 부당노동행위 등을 둘러싼 분규였으나, 1971년에는 저임금과 관련된 분규가 전체의 61.2%인 1,014건이었다.[15] 노동운동의 활성화에 따른 저임금 기반의 동요에 대응하여 1970년대 전반에 국가는 억압적 노동통제장치를 구비하기 시작했다. 먼저 국가는 1971년 국가보위에 관한 특별조치법(법률 제2,312호)을 제정했다. 이 법은 1981년에 폐지될 때까지 한국의 노사관계를 규율하는 기본장치가 되었다. 이 법 제5조 1항에서 노동자의 단체교섭권 또는 단체행동권 행사시에는 미리 주무관청에 조정을 신청해야 하고 그 조정결정에 따라야 한다고 규정했고, 2항에서 대통령은 국가기관 또는

---

15) 한국노동조합총연맹, 『사업보고』, 각년도.

지방자치단체, 국영기업체, 공익사업, 국민경제에 중대한 영향을 미치는 사업체 등에 종사하는 노동자의 단체행동을 규제하기 위하여 특별한 조치를 취할 수 있다고 규정했다.16) 또한 국가는 1972년 헌법개정(유신헌법)에서 대통령간선제를 도입함으로써 노동자계급의 정부 선택권을 제한하고 공개적 독재체제를 수립했고, 노동3권을 헌법에 보장하는 대신 법률로 유보했다. 이어 1973~74년에 걸쳐 각종 노동관계법의 개정(노동조합법, 법률 제2,510호, 노동쟁의조정법, 법률 제2,608호, 노동위원회법, 법률 제2,609호, 근로기준법, 법률 제2,708호)이 이루어졌다. 여기서 국가는 노동자의 단결권 그 자체에 대한 법적 통제를 가하지는 않았지만 노동자의 단체행동권과 단체교섭권을 제한함으로써 노동조합활동을 사실상 무력화시켰고, 그 대신 협조적 노사관계를 지향하는 노사협의회의 기능을 강화시켰다.17) 1970년대 전반에 구비된 이들 노동통제장치들은 1970년대 후반 중화학공업화 기간에 그대로 유지되고, 노동운동의 활성화를 차단함으로써 저임금기반을 존속시키는 기능을 담당했다.

---

16) 1972년 유신체제의 성립 이후에도 이 특별조치법은 존속했지만, 제9조 2항의 내용은 1972년의 헌법개정에 의해 헌법 29조에 편입되었다.

17) 실제에 있어서도 노동조합의 단체교섭권 행사가 사실상 무력해지도록 노동행정당국이 조정결정을 기피하는 경우가 많았는데, 예를 들어 1973년의 경우 조정신청된 557건 가운데 6건만 조정·합의토록 처리되었다(한국기독교사회문제연구원, 『70년대 노동현장과 증언』, 1984). 노동조합활동이 억압된 결과 단체교섭을 통한 임금 등 노동조건 결정이 줄어든 반면 자본가의 결정이나 자본가가 사실상 주도하는 노사협의회에서의 결정은 늘어났다. 1973년에 행해진 기업의 임금결정방식에 관한 한 실태조사에 따르면, 국가보위에 관한 특별조치법 실시 이후 단체교섭에서 자본가 혹은 노사협의회로 임금결정방식이 변화한 기업은 종업원수 2,000명 이상 대기업의 경우 30.6%에 달했다(김형기, 『한국의 독점자본과 임노동』, 서울: 까치, 1988, pp.307-308).

⟨표 3⟩ 노사분규 발생 현황    (단위: 건)

|  | 1975 | 1976 | 1977 | 1978 | 1979 | 1980 |
|---|---|---|---|---|---|---|
| 전체 건수 | 133 | 110 | 96 | 102 | 105 | 407(2,168) |
| 임금관련 건수 | 74 | 64 | 66 | 74 | 67 | 325 |

주: 1980년의 괄호 안의 수치는 한국노동조합총연맹의 조사결과임.
출처: 노동부, 『노동통계연보』, 각년도. 한국노동조합총연맹, 『사업보고』, 1981.

   1970년대 후반에도 노동자의 조직화 그 자체는 꾸준하게 진전되어 제조업의 경우 조직노동자의 수가 1975년의 26.8만명에서 1979년에는 43.1만명으로 증가했고 조직률도 18.9%에서 21.4%로 증가했다.[18] 그러나 이들 조직의 실질적인 활동은 미미했고, 특히 조직의 상층부인 한국노동조합총연맹과 17개 산별노조는 이른바 노사협조주의를 수용하여 정치투쟁은 말할 것도 없고 경제투쟁에서조차 소극적이었다.[19] 이 결과 노사분규 발생현황에서 볼 수 있듯이 열악한 노동조건에도 불구하고 1970년대 후반 내내 노동운동은 정체되어 있었다(<표 3>). 특히 중화학공업 대기업의 경우 1974~79년에 걸쳐 노사분규가 4건 정도에 불과할 정도로 철저하게 비활성화되어 있었다.[20]

---

18) 조직률은 노동조합원수/제조업전체종업원수의 비율이고, 조합원수는 섬유노련, 금속노련, 화학노련 소속 조합원수의 합계임(한국노동조합총연맹, 『사업보고』, 각년도; 경제기획원, 『광공업통계조사보고서』, 각년도).
19) 한국기독교사회문제연구원, 『70년대 노동현장과 증언』, 1984, p.446.
20) 경공업 대기업의 경우 1975년 동양맥주, 1976년 해태제과, 1977년 롯데제과, 제일제당, 방림방적을 비롯한 많은 노동쟁의 사례가 알려져 있지만, 중화학공업 대기업의 경우는 1974년의 현대중공업, 1975년의 동부제강, 아남산업, 1979년의 한국타이어 정도에 불과하다. 정치적 격변으로 국가의 노동통제가 일시적으로 이완된 1980년에는 중화학공업 대기업에서도 노동운동이 크게 활성화되는데 동부제강, 서통, 통일, 금성통신을 비롯한 많은 기업에서

이처럼 억압적 성격의 노동통제를 통해 자본축적의 일반적 여건을 정비하는 한편 정부는 자본육성을 위한 국가개입 체계로서 중화학공업화정책을 1973년부터 추진했다.

1973년 초에 발표된 중화학공업 육성계획21)에서는 1973~81년간 2조 9,800억원(1970년 불변가격 기준)을 투자하여, 1972년 8,340억원인 중화학공업생산을 1981년에는 4조 8,810억원으로 5.9배 늘리고, 1972년에 3.97억달러인 중화학공업제품의 수출을 1981년에는 66.67억달러로 16.8배 늘리도록 했다. 설정된 목표를 달성하는 데 소요될 총자금은 13조 1,200억원으로 그 가운데 88%인 11조 5,520억원은 내자로 조달할 계획이었다. 또한 육성대상은 화학, 철강, 비철금속, 기계, 전자, 조선 등 6개 중화학공업분야로 하되 각 분야별로 공업단지를 조성하도록 하고 있다. 이와 함께 정부는 중화학공업화를 추진하기 위한 별도의 기구를 신설했다. 1973년에 설치된 '중화학공업추진위원회'와 산하기구인 '기획단'이 그것인데, 이들 기구는 1980년 해체될 때까지 1970년대 후반의 중화학공업화를 총괄적으로 조정하고 추진하는 역할을 담당했다.

정부가 처음으로 중화학공업화를 정책기조로 선언한 1973년경 국내 사적 자본은 이에 회의적인 시각을 지니고 있었고, 참여에 소극적 내지 유보적인 태도를 취했다.

1970년대 초에 이르기까지 국내 사적 자본은 중화학공업화로 정책기조를 전환할 것을 요구하지 않았다. 이 당시 경공업부문을 중심으로

---

노조민주화(소위 어용노조 퇴진)가 노동쟁의과정에서 주요 이슈가 되었다(한국기독교사회문제연구원, 앞의 책, 1984; 한국노동조합총연맹, 전국섬유노동조합연맹, 전국금속노동조합연맹, 전국화학노동조합연맹의 『사업보고』 및 『활동보고』, 각년도; <매일경제신문>, <한국경제신문> 참조).

21) 경제기획원, 『우리경제의 장기전망 1972~81』, 1973; 국무총리 기획조정실, 『중화학공업의 오늘과 내일』, 1973.

편성된 사적 자본은 한국에서 중화학공업화는 일정기간의 준비단계를 거친 다음에야 비로소 추진될 수 있는 것으로 보았고, 오히려 기존의 국가주도적 경제개발을 민간주도로 전환하는 데 더 큰 관심을 나타냈다.[22] 1970년대 초반의 불황에 직면하여 전국경제인연합회에서는 그것이 그간의 국가주도적 경제개발전략에 기인한 것으로 평가하고 국유기업의 사유화(민영화)와 함께 경제운용방식을 민간주도로 수정할 것을 요구했다. 국가는 이러한 사적 자본의 요구를 수용하여 1970년대 들어 상당수의 국유기업을 사유화했다. 국가의 직접적인 소유를 통한 국가개입은 크게 축소된 것이다. 그러나 국민경제의 자본축적 주체를 사적 자본으로 전환하는 대신 그 축적과정에 적극적으로 개입함으로써 경제운용방식에서는 더욱 강력한 국가주도성을 관철시켰다.

1970년대 전반기의 초기 중화학공업화 추진과정에서 대기업의 자발적인 참여는 매우 저조했다. 예를 들어 창원의 기계공업기지 분양 첫해인 1974년에 입주를 신청한 기업 중에 대기업은 금성사(소형 모터공장) 외에는 없었다.[23] 국가주도의 중화학공업화 자체에 사기업들은 회의적인 평가를 하고 있었을 뿐 아니라 당시 밀어닥친 석유파동으로 사기업들은 재무구조가 크게 나빠져 기업의 참여능력과 의욕이 거의 상실되었기 때문이다. 이에 따라 중화학공업화는 초기단계인 1970년대 전반기에는 계획대로 추진되지 못하고 답보상태에 있었다.

중화학공업화정책이 본격적으로 추진되고 이 분야에 사적 자본의 참여가 활성화된 것은 1970년대 후반기의 일이었다. 석유파동에 따른 불황으로 말미암아 축소 조정되었던 초기의 중화학공업화계획은 다시 제4

---

22) 전국경제인연합회, 『전경련 20년사』, 1982. 기술축적이 낮고 회임기간이 길고 시장전망이 불투명한 점 등으로 이 시기 대기업은 중화학공업화에 대해 회의적이었다.
23) 창원기계공업공단, 『창원기지 5년사』, 1979 참조.

차 경제개발5개년계획에서 1977~81년간 중화학공업에 3조 2,731억원 (1975년 불변가격기준)을 투자하는 것으로 확대 조정되었다.[24] 이러한 계획이 집행됨에 따라 중화학공업에 대한 투자가 연차적으로 증대되어 1973년에 그 투자비중이 제조업 전체의 49.3%에 불과하던 것이 1979년에 이르면 68.9%로 증대되었다(<표 4>). 그리고 시설투자 면에서 보더라도 중화학공업의 제조업 전체에 대한 비중은 1973년에 60.7%에서 1976년, 1979년에 각각 74.3%, 80.0%로 제고되었다.[25] 그런데 중화학공업에 대한 투자내역을 보면, 중공업에 대한 투자는 1974~79년에 51.3~65.9%를 차지하고 있는 반면 화학공업에 대한 투자는 13.6~24.1%를 차지하여 상대적으로 저조했다. 이같이 1970년대 후반기의 중화학공업화가 사실상 중공업화로 편향된 것은, 중공업은 화학공업과 마찬가지로 경공업 생산재의 수입대체산업이면서도 그것과는 달리 수출대체산업으로 성장할 가능성이 높다는 점[26]과 신국제분업 체제에서 성장할 수 있는 산업은 소재산업이 아니라 조선과 전자 등 조립가공산업이었다는 점에 기인하는 것이었다. 여기서 1970년대 중화학공업화가 기존 생산구조의 위기해소를 위한 것이면서 또한 신국제분업의 논리에 바탕을 두고 있었던 것임을 확인할 수 있다.

---

24) 1973년의 장기계획에서의 중화학공업 투자계획액은 제조업 전체 투자계획액 4조 6,610억원의 63.9%였으며, 제4차 경제개발5개년계획에서의 중화학공업 투자계획액은 제조업 전체 투자계획액 5조 878억원의 64.3%에 해당된다 (대한상공회의소, 『중화학공업 건설과 자본동원』, 1975, p.18; 대한민국 정부 『제4차 경제개발5개년계획(1977~1981)』, 1976, p.171).

25) 한국개발연구원, 『제5차 5개년계획 작성을 위한 경제사회정책 협의회 토의자료 및 내용』, 1980, p.257.

26) 예컨대 화학공업과 중공업의 수출비율(수출액/생산액)을 비교해 보면, 1973년 현재 전자가 11.2%, 후자는 22.6%로 후자가 두 배 가량 높다(한국은행, 『산업연관표』, 1973).

〈표 4〉 중화학공업 투자의 비중    (단위: %)

|  | 1974 | 1975 | 1976 | 1977 | 1978 | 1979 |
|---|---|---|---|---|---|---|
| 제조업 | 100.0 | 100.0 | 100.0 | 100.0 | 100.0 | 100.0 |
| 경공업 | 48.7 | 40.2 | 37.2 | 36.8 | 35.5 | 31.1 |
| 중화학공업 | 51.3 | 59.8 | 62.8 | 63.3 | 64.5 | 65.9 |
| 화학공업 | 23.0 | 24.1 | 17.4 | 21.9 | 17.1 | 13.6 |
| 중공업 | 28.3 | 35.7 | 45.4 | 41.4 | 47.4 | 52.3 |

출처: 한국개발연구원, 『국가예산과 정책목표』, 1981.

이러한 정부의 적극적인 정책에 유인되어 1970년대 후반이 되면 그동안 유보적인 태도를 취하던 국내 사적 자본들이 중화학공업에 적극적으로 참여하기 시작했다. 대기업들은 점차 중화학공업이 재계의 주도권을 결정하는 사업영역이 될 것으로 기대하게 되었고, 1976년부터 1978년까지 중화학공업부문에 대한 투자를 경쟁적으로 확대했다. 대기업의 참여가 본격화됨으로써 1970년대 후반 중화학공업화의 시대가 열리게 되었다. 그러면 당시 국내 사적 자본의 축적과 관련하여 중화학공업화 정책체계의 내용을 구체적으로 검토해 보기로 하자.

(1) 입지지원

자본주의경제에서 국가는 국가자본(국유기업)의 가치잠식(dévalorisation)을 통해 사적 자본의 축적을 촉진할 수 있다. 국가가 생산한 제품을 가치 이하의 낮은 가격으로 사적 자본에 제공함으로써 사적 자본의 불변자본을 저렴화하고 그 이윤율을 상승시킬 수 있는 것이다. 한국의 경제개발과정에서도 국가는 전력, 공업용수, 원재료 등 국유기업 생산물을 저렴한 가격으로 제공함으로써 사기업의 직접생산비를 절감시키고 이윤형성을 촉진했다. 그러나 1970년대 후반기에 이르러 실물부문에서 국유기업의 비중이 낮아졌기 때문에, 특히 원재료 조달과정에서 국가지원을 통한 생산비저렴화 효과는 그다지 크지 않았다.[27] 대신 1970년대 후반 사적 자본의 불변자본 저렴화와 관련한 국가의 역할 중 보다 중요한 측면은 대기업의 간접생산비를 국가가 부담한 측면일 것이다.

국가는 1973년에 산업기지개발촉진법(법률 제2657호)을 제정하고 이 법에 의거하여 산업기지개발공사를 설치했다. 그리고 1974년부터 창원(기계), 여천(석유화학), 온산(비철금속), 옥포와 죽도(조선) 등지를 산업기지로 지정하여 대단위 공업단지로 개발했고 기존의 공업단지인 포항(철강), 구미(전자) 등에 대해서도 추가적인 개발을 실시했다.

산업기지를 건설하는 과정에서 국가는 항만, 공업용수, 도로 등 각종 공업단지 지원시설을 국가예산으로 건설했고, 공업단지 내 도로, 배수, 전기시설 등만 입주기업이 부담하도록 했다. 이에 따라 국가는 1970년대 후반에 건설된 중화학공업 주요 산업기지에 대해 1981년까지 항만 2,013억원, 공업용수 669억원, 도로 275억원 등 총 2,958억원(계획치 포함)을 투입하여 각종 지원시설을 조성했다.[28]

---

[27] 다만 포항종합제철의 경우는 예외적이다. 소재산업의 국유기업인 포항종합제철의 사적 자본축적에 대한 역할은 서울대 사회과학연구소, 『포항종합제철의 국민경제 기여 및 기업문화 연구』, 1987 참조.

[28] 포항의 철강, 창원의 기계, 여천의 석유화학, 온산의 비철금속, 옥포의 조선, 북평의 시멘트 등 6개 산업기지임. 이들 산업기지에 입주한 기업에 대해서는 별도로 국민투자기금을 지원했다. 예를 들어 창원산업기지에 입주한 기업에 대해 대지매입자금의 경우 총소요자금의 70%, 기계설비·건물자금의 경우 총소요자금 중 내자의 90%, 운전자금의 경우 1회 운전자금의 50%까지를 국민투자기금에서 지원했다. 이 결과 창원기지 입주기업이 입주와 관련하여 대출받은 국민투자기금은 1979년 300.7억원에 달했다. 이러한 금융상의 지원과 함께 입주기업에 대해서는 직접감면, 투자준비금 손금산입, 특별감가

(2) 금융지원과 조세지원

국가는 1970년대 후반 중화학공업화에 소요될 막대한 투자재원을 조달하기 위하여 외자를 적극적으로 유치하는 한편, 내자동원을 극대화하기 위한 일련의 조치를 취했다.29)

이 시기 외자조달과 관련해서 특징적인 것은 국가의 외자에 대한 지원이 외국인 직접투자 중심으로 전환되었다는 점이다. 이것은 중화학공업 건설을 국내 사적 자본에 위임하면서 이들의 낮은 생산력을 선진국 다국적기업의 보다 높은 생산력으로 보완할 필요가 있었기 때문이다. 국가는 1973년 '외자도입법'을 개정하고 '외국인투자에 관한 일반지침'을 제정하여 기술·경영 면에서 국내기업만으로 운영하기 어려운 대규모 장치산업, 전자·기계·금속산업 등을 외국인 직접투자 적격사업으로 지정하고 세제와 노사관계상의 각종 우대조치를 도입했다. 이러한 정책적 유인에 따라 1979년까지 조립가공산업에 대해 4.8억달러의 외국인 직접투자가 이루어졌는데 이는 제조업 전체 투자의

---

상각 등 세제상의 지원도 별도로 제공했다(한국공단연구소, 『한국공단총람』, 1980, 1984; 중화학공업추진위원회 기획단, 『중화학공업 추진현황』, 1979).

29) 이 시기 투자재원의 자립도 제고가 중요한 정책과제로 제기되고 있었으나, 중화학공업화를 추진하는 데는 선진국의 생산력이 필요했기 때문에 이러한 과제를 충족시킬 수 없었다. 1973년에 발표된 국가의 중화학공업 육성계획에 의하면, 1973~81년 사이에 총 투자재원 가운데 외자의 비중은 12%로 계획되어 있었지만 철강, 비철금속, 조선, 전자, 기계, 화학 등 6대 중화학공업의 투자재원 가운데 외자의 비중은 40.1%로 높게 설정되었다(국무총리 기획조정실, 앞의 책, p.12; 사공일 외 『중화학공업 추진을 위한 국가지주회사의 활용방안』, 한국개발연구원, 1974, p.77). 그리고 제4차 경제개발5개년계획에서도 총투자재원의 외자의존도는 25.4%로 책정되었으나 중화학공업 투자재원의 외자의존도는 44.1%로 높게 책정되었다(대한민국 정부, 『제4차 경제개발5개년계획(1977~1981)』, pp.162-163).

76.8%에 해당되는 것이었다.

그렇지만 국가가 이전보다 적극적으로 외국인투자를 유치한 것으로부터 이 시기 국가정책의 '신식민주의'30)적 성격을 지적하는 것은 일면적인 평가에서 나온 것이다. 1970년대 후반기 국가가 주도한 중화학공업화에서 육성대상이 된 것은 외국자본이 아니라 국내 사적 자본이었다. 국내 사적 자본과 외국자본의 합작은 허용되었지만 100% 외국인투자는 일반적으로 허용되지 않았다. 또한 합작의 경우 심사를 통해 해외 파트너가 자금, 기술, 원재료 등의 공급처와 생산물의 판매처 역할을 담당할 수 있는 경우에 허용했고, 50% 이상의 외국인투자는 특별한 경우(독점적 기술 보유, 전량 수출)에 한해 예외적으로 허용했다. 또한 총투자에서 외국인 직접투자가 차지하는 비중은 1970년대 전반기에 비해 오히려 낮아졌고,31) 고용 등 외국인 투자기업의 국민경제적 비중 역시 높아지지 않았다. 그러므로 이 시기 국가의 외자정책의 변화는 전적으로 국내 사적 자본축적의 필요를 고려한 것이고, 그 결과도 남미를 비롯한 다른 후발국들과 비교해 볼 때 '민족주의적' 성격이 강한 것으로 볼 수 있다.

외자조달전략의 변경과 함께 국가는 중화학공업화에 필요한 국내재원을 조달하기 위하여 1973년에 장기 내자동원계획을 수립하고, 한편

---

30) 후발국가의 국가개입 체계는 친(親)외국자본적인 신식민주의(neocolonial)체계, 친(親)국내자본적인 민족주의(nationalist)체계, 친(親)노동적인 민중주의(populist) 체계 등으로 유형화되어 왔다. 그러나 세번째 유형인 민중주의체계는 '자본주의국가'의 본질과 양립될 수 없기 때문에 역사적으로 일부 후발국에서 과도기적으로만 존재한 불안정한 체계이다.

31) 제조업 총자본형성의 자금원천 중 외국인투자가 차지하는 비중은 1970년대 전반에는 1972년 14.9%, 1973년 17.0%, 1974년 15.7% 등이었으나 1970년대 후반에는 1976년 7.1%, 1977년 5.4%, 1978년 3.0%, 1979년 2.8% 등으로 낮아졌다(경제기획원, 『외국인투자백서』, 1981, p.52).

으로는 사적 자본의 기업공개 촉진을 포함한 일련의 자본시장 육성정책을 추진했고,[32] 다른 한편으로는 국민투자기금법을 제정[33]하고 한국산업은행법을 개정[34]하여 형성된 자금(국민투자기금과 산업은행자금)을

---

32) 1972년 기업공개촉진법(법률 제2,420호)이 제정되었으나 그 실적이 미미하여 1974년 대통령 특별지시(5·29조치), 1975년 기업공개 보완시책(8·8조치) 등을 통해 보다 강력한 기업공개 조치를 취했다. 이들 일련의 조치는 그 성격이 유도적인 것이라기보다는 명령적인 것(사공일, Jones, L. P., 『경제개발과 정부 및 기업가의 역할』, 1981, pp.155-157)으로서, 중화학공업 분야의 대기업들은 모두 대상으로 되어 있었다. 한편 1974년 11월에 경제기획원은 중화학공업기업의 공개원칙을 발표했는데, 그것은 중화학공업기업은 주식을 공개하여 소유와 경영을 분리함으로써 범국민적 참여를 기하면서 내자조달을 극대화하도록 하는 것이었다. 이에 따르면 향후 추진될 중화학공업기업은 모집설립 또는 공모증자에 의해 건설됨을 원칙으로 하고, 실수요자 선정에서 주식공모의 비율이 높을수록 우선 배정키로 했다(한국개발연구원, 『한국경제반세기 정책자료집』, 1995).

33) 국민투자기금법(1973년, 법률 제2,635호)에서의 국민투자기금은 중요산업에 대한 투융자자금 확보를 위한 것으로 재무부장관이 운영·관리하도록 되어 있다. 지원대상인 중요산업에는 6개 중화학업종 외에 전기업, 광업, 식량증산사업, 새마을공장사업, 농민소득증대 특별사업, 농산물 증양식업 및 연근해어업이 포함되어 있다. 그러나 국민투자기금의 주된 설립목적은 중화학공업화에 필요한 재정융자기금을 조달하기 위한 것으로서, 이 시기 재정융자기금 조성 면에서 국민투자기금의 비중은 매우 높았다. 즉 1974~79년 사이에 조성된 재정융자기금 1조 8,336억원 가운데 86.7%인 1조 5,895억원이 국민투자기금으로 구성되었다(재무부, 『재정투융자백서』, 1982, pp.80-81). 이 기금은 국민투자채권을 발행하여 금융기관을 통해 이루어진 가계저축의 일부를 중화학공업 등에 대한 장기투자로 연결시키려는 의도를 지닌 것이었다.

34) 한국산업은행법 5차개정(1974년, 법률 2,734호)에서 자본금을 1,500억원에서 3,000억원으로 늘리고 대외지급보증한도를 확대했다. 산업은행 자금대출의 주대상인 중요산업에는 1974년 현재 철강, 조선, 전자(반도체) 등 중공업 외

중화학공업에 집중 지원했다.

국가의 자본시장 육성정책에 따라 1970년대 중반에 상장회사수가 증가하여 1976년에 274개로 되었고, 자본시장을 통한 자금조달 규모도 1976년에 2,288억원으로 증가했다.[35] 그러나 기업공개를 통해 중화학공업자본의 소유와 경영을 분리하고 국민기업화하려는 정부의 의도는 1970년대 후반기의 중화학공업화 추진과정에서 그대로 관철되지는 못했고 대부분의 기업은 개인기업(재벌)의 형태를 유지하면서 참여했다.

〈표 5〉 국민투자기금의 조달과 운용(1974~1979, 경상가격)  (단위: 억원, %)

| 조 달 | | | 운 용 | | |
|---|---|---|---|---|---|
| 국민투자채권 | 12,053 | (76.9) | 중화학공업 | 8,182 | (61.0) |
| 발행 및 예탁 국민저축 | 1,147 | (7.3) | 일반 | 6,018 | (46.4) |
| 금융기관 | 7,504 | (47.9) | 국산기계 | 1,233 | (8.6) |
| (저축성예금) | 6,672 | (42.5) | 계획조선 | 881 | (6.1) |
| 보험회사 | 222 | (7.8) | 연불수출 | 1,081 | (7.1) |
| 공공기금 | 2,180 | (13.9) | 전기업 | 3,422 | (23.8) |
| 대하금 회수 | 2,108 | (13.4) | 기타 | 1,154 | (8.0) |
| 전년도이월 | 1,527 | (9.7) | | | |
| 합계 | 15,682 | (100.0) | 합계 | 14,385 | (100.0) |

출처: 한국은행, 『우리나라의 금융제도』, 1975.
한국은행, 『한국의 금융제도』, 1986.

1970년대 후반 중화학공업에 참여한 사적 자본들의 투자원천은 주로 자본시장을 통해 조달된 것이 아니라 국민투자기금과 산업은행자금 등 정부가 조성한 정책자금 차입을 통해 조달되었다.

---

에 전기업, 석탄광업이 포함되어 있다.

[35] 한국은행, "우리나라 자본시장 육성정책의 전개과정," 『조사월보』, 1977년 2월, pp.26-27.

<표 6> 한국산업은행의 중화학공업부문 대출현황(경상가격)  (단위: 억원, %)

|  | 1974 | 1975 | 1976 | 1977 | 1978 | 1979 | 1974~79 |
|---|---|---|---|---|---|---|---|
| 시설자금 | 237.07 | 547.88 | 827.22 | 1,389.61 | 2,035.37 | 3,145.14 | 8,062.27 |
|  | (80.9) | (91.7) | (91.5) | (91.0) | (94.1) | (87.1) | (89.9) |
| 운영자금 | 230.89 | 182.56 | 303.98 | 403.99 | 380.03 | 1,474.83 | 2,949.28 |
|  | (79.4) | (70.9) | (88.4) | (83.3) | (81.3) | (84.5) | (82.9) |
| 합  계 | 440.92 | 730.44 | 1,131.20 | 1,673.60 | 2,415.40 | 4,619.99 | 11,011.55 |
|  | (80.2) | (85.4) | (90.7) | (89.0) | (91.8) | (85.2) | (87.9) |

주: 괄호 안은 중화학공업대출/제조업총대출의 비율을 나타냄.
출처: 한국산업은행, 『한국산업은행 30년사』, 1984.

　국민투자기금은 1974~79년간에 총 1조 5,652억원이 조성되어 1조 4,385억원이 대출되었는데, 총대출액의 61.0%인 8,782억원이 중화학공업에 지원되었다(<표 5>). 중화학공업 외에 전력사업에 23.8%인 3,422억원이 배분·지원되어 양자를 합치면 전체의 83.8%에 해당된다. 전력사업은 중화학공업 육성에 따르는 에너지수요를 충족하기 위한 것으로 볼 수 있어 1970년대 후반기 국민투자기금은 대부분 중화학공업화와 관련되어 운용된 것으로 볼 수 있다.36) 그리고 산업은행자금의 대출에서도 1974~79년간의 제조업 총대출액 1조 2,521억원 중 87.9%인 1조 1,012억원이 중화학공업에 지원되었다(<표 6>). 이 결과 1978년 현재 국민투자기금, 산업은행자금, 산업합리화자금 등을 합친 정책자금은 중화학공업에 1조 177억원이 배분되었는데 이것은 제조업 전체의 92.8%에 해당되는 것이었다.37)

　1970년대 후반기에 국가는 중화학공업화에 필요한 외자 및 내자조달체제를 정비하여 중화학공업에 금융상의 지원을 집중하는 한편 각종 세제상의 지원도 강화했다.

---

36) 재무부, 『재정투융자백서』, 1982, p.95.
37) 한국개발연구원, 『산업정책의 기본과제와 지원시책의 개편방안』, 1982, p.48.

중화학공업에 대한 세제상의 지원과 관련된 법적 근거로는 조세감면규제법과 관세법이 있다. 국가는 1974년 위의 6개 중화학업종을 비롯한 10개 업종을 중요산업으로 지정하여 조제를 감면하고(조세감면규제법 제4조 8항), 6개 중화학업종과 방위산업을 포함하는 14개 업종을 중요산업으로 지정하여 수입시설재의 관세를 감면하는 조치를 취했다(관세법 제28조 1항).

그 결과 1978년 현재 중화학공업기업의 법인세감면율은 40.1%로 경공업의 8.0%보다 월등히 높으며, 법인세감면액은 904.3억원으로 제조업 전체 감면액 966.6억원의 93.6%를 차지하게 되었다.[38] 또한 중화학공업기업에 대한 관세감면액은 1978년 현재 화학공업 84억원 중공업 865.3억원 등 모두 949.3억원으로 전체 산업지원 관세감면액 1219.9억원의 74.2%를 차지했다.[39]

(3) 시장지원

자본주의국가는 사적 자본의 제품판매과정에 개입하여 가치의 실현을 촉진할 수 있다. 1970년대 후반기에 국가는 중화학공업 사적 자본에 대해 국내시장에서 경쟁을 배제하고 독과점적 지위를 부여하는 한편 국가수요를 창출하여 사적 자본의 주된 수요자로서의 기능도 담당했다.

1970년대 후반기에 국가는 중화학공업 분야에 참여할 기업(실수요자)을 직접 선정했고, 다른 기업, 특히 외국 경쟁기업의 국내시장 진입을 차단함으로써 국내 사적 자본의 독과점적 지위를 정책적으로 유지시켰다.[40] 그 결과 중화학공업의 거의 모든 분야에서 처음부터 소수의

---

38) 한국개발연구원, 앞의 책, p.49.
39) 재무부, 『관세통계 및 자료집』, 1983.
40) 국가주도의 법적 근거는 석유화학공업육성법을 비롯한 중화학공업 각 업종

기업이 국내시장을 독점적으로 지배할 수 있게 되었다. 예컨대 화학공업의 경우 에틸렌은 유공과 호남에틸렌, 폴리염화비닐(PVC)은 럭키와 한국플라스틱, 저밀도폴리에틸렌(LDPE)은 한양화학, 고밀도폴리에틸렌(HPDE)과 폴리프로필렌(PP)은 호남석유화학과 대한유화공업, 텔레프탈산(TPA)은 삼성석유화학을 각각 실수요자로 선정하고 다른 기업의 추가적인 진입을 일체 허용하지 않았다.

이와 함께 중화학공업 독과점기업의 국내시장을 대외경쟁으로부터 보호하기 위해 강력한 수입제한조치를 실시했다. 수출입 기별공고상의 수입자유화율을 보면 1974~77년에는 49.5~53.8% 정도로 비교적 낮은 수준을 유지했으나, 1978년에 경상수지흑자가 실현됨에 따라 수입자유화정책이 도입되기 시작하면서 수입자유화율이 점차 상승하여 1981년에는 74.7%에 달하게 되었다. 그러나 이러한 전반적인 수입자유화 추세에도 불구하고 중화학공업을 중심으로 한 독과점품목들은 대부분 수입자유화 대상에서 제외되어 있었고, 1980년대 초까지도 이들 품목의 수입자유화율은 매우 낮아 1981년의 경우 35.7%에 불과했다(<표 7>). 1970년대 후반 국가는 수입에 의존하던 중화학공업 생산물의 국내생산이 개시되면 곧 수입제한조치를 취하여 생산에 참여한 대기업에 독점적 판로를 확보해 주었고, 국내수요를 충족시키지 못하는 중화학공업 생산물에 대해서만 일시적·부분적으로 수입을 자유화했다. 이

---

별 육성법이었다. 이들 법률에서는 국가가 각 업종별로 매년 육성기본계획을 수립하고 사적 기업을 참여시켜 그것을 추진토록 하고 있으며, 참여기업에 대해서는 지원에 상응하는 강력한 규제를 병행하도록 하고 있다. 예를 들어 석유화학공업기업이 국가의 사업합리화 지시를 어기거나 제품가격에 대해 국가의 승인을 얻지 않는 경우(석유화학공업육성법 12조), 철강공업기업이 국가의 승인 없이 시설규모를 변경하거나 외국으로부터 철광석을 수입하는 경우(철강공업육성 법 제6조, 제16조) 등에는 사업자지정을 취소하도록 하고 있다.

와 같이 1970년대 후반 국내시장에서 중화학공업 대기업의 독점적 지위는 다른 자본에 대한 기술적 우위에 의해서가 아니라 국가에 의해 제도적으로 창출되고 보호되었고, 이것이 이 시기 자본축적의 한 계기가 되었다.41) 1970년대 한국경제가 외견상 자본주의 시장경제체제를 유지한 것처럼 보이더라도, 실제로는 시장지향적이라기보다는 국가주도적인 것이었다는 점은 이런 면에서도 확인될 수 있다.

〈표 7〉 수입자유화율의 추이            (단위: 개, %)

|  | 1974 | 1975 | 1976 | 1977 | 1978 | 1979 | 1980 | 1981 | 1982 | 1983 | 1984 | 1985 |
|---|---|---|---|---|---|---|---|---|---|---|---|---|
| 총품목 a | 1,312 | 1,312 | 1,312 | 1,097 | 1,097 | 1,010 | 1,010 | 7,465 | 7,560 | 7,560 | 7,915 | 7,915 |
| 자동승인품목 b | 669 | 649 | 662 | 591 | 712 | 683 | 693 | 5,579 | 5,791 | 6,078 | 6,712 | 6,945 |
| 수입자유화율 b/a | 51.0 | 49.5 | 50.5 | 53.8 | 64.9 | 67.6 | 68.6 | 74.7 | 76.6 | 80.4 | 84.8 | 87.7 |
| (독과점품목) | - | - | - | - | - | - | - | 35.7 | 33.3 | 48.8 | 62.4 | 78.0 |

주: 1) 각년도 말일 기준의 수입자유화율을 나타냄.
    2) 1981년 이후 총품목수 표시가 4단위에서 8단위로 변경됨.
출처: 한국무역협회,『무역연감』, 각년도.
     한국무역협회,『수출입 기별공고』, 각년도.

한편 1970년대 후반 국내생산물의 전반적인 수요구조로 볼 때 국가

---

41) 국가의 중화학공업 국내시장 보호를 통해 이 시기 중화학공업 대기업의 축적영역이 확보된 것은 사실이나, 대기업이 독점적 가격지배를 통한 독점적 초과이윤을 획득할 수 있는 여지는 제약되어 있었다. 국가는 취약한 국내 대기업을 대외경쟁으로부터 보호해 준 반면 국내시장에서 가격 및 판매량 설정 등 대기업의 시장행동을 직접 규제했기 때문에, 비록 대기업이 국내시장에서 독점적 지위에 있었다 하더라도 이러한 국가개입으로 말미암아 독점적 가격지배가 불가능했다. 특히 이 시기에 국가는 최종소비재가 아닌 화학, 철강 등 생산재의 경우 예상수입가격(국제가격)을 기준으로 해서 내수가격을 규제했기 때문에 국내시장에서 독과점 생산물이 그 가치 이하로 과소 실현되는 경우도 나타났다.

수요의 비중은 높지 않았으나, 경공업에 비해 중화학공업의 비중은 상대적으로 높았다. 예컨대 1975년 현재 제조업생산물에 대한 국가수요의 비중을 보면 전체적으로 4.4%인데, 경공업의 경우 0.9%로 낮으나 화학공업과 중공업은 각각 9.8%, 5.4%로 높다.42) 특히 1970년대 후반 중화학공업 건설과 관련해 국가수요는 상당한 의의를 지니고 있었다.

1970년대 중화학공업화를 추진하게 된 배경의 하나는 앞서 본 바와 같이 군수산업 육성의 필요성이었다. 국가는 상당수의 중화학공업 대기업을 군수산업으로 지정·육성하고 이들 기업 생산액의 일정부분을 차지하는 군수품에 대해서 국가가 책임 구매하여 실현시킴으로써 대기업의 생산물판매와 자본집적을 보조하는 역할을 수행했다. 1975년 아시아자동차와 삼미종합특수강, 1976년 대우중공업, 1977년 쌍용중공업, 1978년 삼성항공산업이 각각 군수업체로 지정되는 등 1970년대 후반에 이르러 25개 중화학공업 대기업이 군수업체로 지정되어 군수품 생산에 참여하게 되었다.43) 이들 군수업체는 국방부에서 수립하는 방위산업 기본계획에 의거해 군수품 생산계획을 통보받아 생산하는데, 이들이 생산한 군수품의 판매는 전적으로 국가의 책임하에 이루어졌다. 즉 국가는 군수업체가 생산하는 군수품을 구입해야 할 의무를 지고 있었다.44)

지금까지 검토한 바와 같이 1970년대 후반기의 중화학공업화 과정에서는 자본축적을 담당하는 주체는 사적 자본이었지만, 그것은 화폐자본 조달에서부터 생산물판매에 이르기까지 자본축적의 모든 측면에서 국가가 직접 개입하는 방식으로 전개되었다. 이런 점에서 1970년대 후반기의 중화학공업화는 국가주도적 경제개발(state-led economic development)의

---

42) 한국은행, 『산업연관표』, 1975.
43) 각 기업의 『감사보고서』; 『월간 말』 26호; 『한겨레신문』 1988년 6월 28일.
44) '방위산업에 관한 특별조치법' 시행령 참조.

전형이라고 할 수 있으며, 나아가 억압적 노동통제에 기반을 두고 있었다는 점에서 개발독재(developmental statist)[45]의 전형이라고도 할 수 있다. 그리고 국가주도적 경제개발 혹은 개발독재는 외국자본보다 국내 사적 자본의 육성에 초점을 두었다는 점에서 민족주의적인 성격을 지녔고, 구체적으로는 경공업 수출의존의 한계에 직면하고 있던 국내 대기업의 축적영역을 외연적으로 확대시킨 국가개입 체계였다고 평가할 수 있다.

## 3. 1970년대 후반기의 산업구조변화

### 1) 생산 및 무역구조의 변화

국가주도의 중화학공업화가 진전됨에 따라 1970년대 후반기에 중화학공업의 비중은 중공업을 중심으로 급속하게 신장되었다. 이 점을 대내적인 생산구조와 대외무역구조의 양 측면에서 살펴보자. 한 나라의 무역구조는 생산구조의 대외적 표현이고, 생산구조는 무역구조의 대내적 표현이라 할 수 있다.

생산구조 면에서 1975년과 1980년을 비교해 보면 두 가지 특징을 발견할 수 있다(<표 8>). 하나는 제조업 내에서 경공업과 중화학공업의 비중이 역전된 점이고, 다른 하나는 중화학공업 내부에서 화학공업과 중공업의 비중이 역전된 점이다. 1980년 현재 중화학공업 생산이

---

[45] Jenkins, R., "The Political Economy of Industrial Policy: Automobile Manufacture in Newly Industrialising Countries," *Cambridge Journal of Econcmics*, Vol.19, No.5, 1995.

제조업 전체의 51.6%(전산업의 26.3%)를 차지하게 되었고, 그 가운데 중공업생산이 제조업 전체의 26.8%를 차지하면서 화학공업을 앞서게 되었다. 1970년대 후반기는 중화학공업이 경공업을 대신하여 사회적 생산의 주도부문으로 확립된 시기이며 또한 중공업중심의 생산구조가 형성되기 시작한 시기로 볼 수 있다.

〈표 8〉 중화학공업의 생산액 변화 (단위: 억원, %)

|  | 1975 | | | 1980 | | |
| --- | --- | --- | --- | --- | --- | --- |
| 경공업 | 67,056 | (58.5) | (29.5) | 231,072 | (48.4) | (24.7) |
| 중화학공업 | 47,643 | (42.5) | (20.9) | 246,626 | (51.6) | (26.3) |
| 화학공업 | 24,540 | (21.4) | (10.8) | 118,536 | (24.8) | (12.6) |
| 중공업 | 23,103 | (20.1) | (10.1) | 128,090 | (26.8) | (13.7) |
| 제조업 | 114,700 | (100.0) | (50.4) | 477,698 | (100.0) | (51.0) |
| 전산업 | 227,659 | | (100.0) | 936,375 | | (100.0) |

출처: 한국은행, 『산업연관표』, 각년도.

한편 무역구조 면에서 1975년과 1980년을 비교해 보면, 먼저 수출의 경우(<표 9>) 제조업 전체에서 경공업이 차지하는 비중은 61.1%에서 47.9%로 감소한 반면, 중화학공업의 비중은 38.9%에서 52.1%로 증대했고, 특히 화학공업의 비중은 큰 변동이 없으나 중공업의 비중은 26.5%에서 38.5%로 크게 증대했다. 따라서 1970년대 후반에는 중화학공업(중공업) 중심의 수출구조가 성립되었고, 이 결과 중화학공업은 이전의 경공업을 대신해서 수출대체산업의 역할을 하게 되었음을 알 수 있다. 다음으로 수입의 경우를 보면(<표 10>), 경공업의 수입비중은 28.5%에서 18.9%로 낮아진 반면 중화학공업의 수입비중이 71.5%에서 81.1%로 증가했다. 이것은 화학공업의 수입비중은 거의 변화되지 않은 반면 중공업의 비중이 50.1%에서 59.0%로 크게 증대했기 때문이다.

이처럼 1970년대 후반 중화학공업화가 진전됨에 따라 중화학공업(중공업)의 생산과 수출의 비중이 증대했음에도 불구하고 중화학공업(중공업)의 수입비중이 증대되는 생산 및 무역구조의 특징적인 변동은 1970년대 후반기에 전개된 중화학공업화의 성격을 파악하는 한 가지 단서가 된다. 이와 관련해서 그 동안 쟁점이 되어온 자립적 국내분업구조의 형성 여부를 검토해 보기로 하자.

〈표 9〉 중화학공업의 수출액 변화 (단위: 백만달러, %)

|  | 1975 | | | 1980 | | |
|---|---|---|---|---|---|---|
| 경공업 | 2,661 | (61.1) | (45.6) | 7,305 | (47.9) | (35.2) |
| 중화학공업 | 1,692 | (38.9) | (29.0) | 7,948 | (52.1) | (38.3) |
| 화학공업 | 537 | (12.3) | (9.2) | 2,055 | (13.5) | (9.9) |
| 중공업 | 1,155 | (26.5) | (19.8) | 5,894 | (38.6) | (28.4) |
| 제조업 | 4,354 | (100.0) | (74.6) | 15,253 | (100.0) | (73.5) |
| 전산업 | 5,836 | | (100.0) | 20,753 | | (100.0) |

출처: 한국은행,『산업연관표』, 각년도.

〈표 10〉 중화학공업의 수입액 변화 (단위: 백만달러, %)

|  | 1975 | | | 1980 | | |
|---|---|---|---|---|---|---|
| 경공업 | 1,544 | (28.5) | (20.2) | 2,813 | (18.9) | (11.0) |
| 중화학공업 | 3,875 | (71.5) | (50.7) | 12,097 | (81.1) | (47.3) |
| 화학공업 | 1,162 | (21.4) | (15.2) | 3,299 | (22.1) | (12.9) |
| 중공업 | 2,714 | (50.1) | (35.5) | 8,798 | (59.0) | (34.4) |
| 제조업 | 5,419 | (100.0) | (70.9) | 14,910 | (100.0) | (58.3) |
| 전산업 | 7,644 | | (100.0) | 25,574 | | (100.0) |

출처: 한국은행,『산업연관표』, 각년도.

먼저 경공업의 재생산구조에 관해 보면, 1970년대 후반기에 중화학공업화가 진행되면서 경공업생산재로서의 중화학공업제품에 대한 수입대체가 진전되었고 경공업생산재의 수입의존도가 점차 감소했다. 경공업의 주종인 섬유산업의 경우, 1973년과 1980년간 섬유산업용 기계의 자급률은 14.5%에서 30.1%로 상승했고, 섬유산업의 주원료인 화학섬유 원료의 자급률은 3.9%에서 36.4%로 상승했다. 그러므로 1970년대 후반의 중화학공업화를 통해 국내 중화학공업과 경공업간의 내부분업 관련이 증대한 것으로 볼 수 있고, 이것은 이 시기에 산업구조의 자립성이 강화되고 있음을 나타내는 지표로 볼 수 있다.

〈표 11〉 제조업생산의 수입유발계수 및 수입의존도 변화

|  | 수입유발계수 | | | 수입의존도(%) | | |
| --- | --- | --- | --- | --- | --- | --- |
|  | 1970 | 1978 | 1985 | 1970 | 1978 | 1985 |
| 경공업 | 0.34 | 0.31 | 0.27 | 19.6 | 16.5 | 13.2 |
| 중화학공업 | 0.42 | 0.48 | 0.45 | 24.3 | 31.5 | 28.2 |
| 제조업 | 0.36 | 0.39 | 0.36 | 21.3 | 24.2 | 21.7 |

주: 수입유발계수=수입유발액/생산액. 수입의존도=수입중간재투입액/생산액.
출처: 한국은행, 『산업연관표』, 각년도.

다음으로 중화학공업 재생산구조에 관해 보기로 하자. 1970년과 1978년의 제조업 전체의 수입유발계수는 0.36에서 0.39로 상승했고, 제조업 전체의 수입의존도는 21.3%에서 24.2%로 상승했다. 이러한 수입의존도의 증가는 이 시기 경공업의 수입의존도가 저하했음에도 중화학공업(중공업)의 수입의존도가 상승했기 때문이다. 경공업의 수입유발계수를 보면 1970년과 1978년간 0.34에서 0.31로 저하한 반면 중화학공업의 경우 0.42에서 0.48로 상승했고, 이에 따라 제조업 전체의 수입유발계수가 0.36에서 0.39로 상승하게 되었다(<표 11>). 또한 경공업의 수입의존도는 1970년과 1978년간 19.6%에서 16.5%로 작아진 반면 중화학공업의 경우는 24.3%에서 31.5%로 커졌고 이 결과 제조업 전체의 수입의존도도 21.3%에서 24.2%로 커지게 되었다. 중화학공업화가 진전될수록 오히려 중화학공업의 수입의존도, 나아가 제조업 전체의 수입의존도가 증대되

는 이러한 현상은 1970년대 말에 이르러 무역수지의 대폭적인 적자를 초래한 요인이 되었다.

〈표 12〉 중화학공업의 내부구성(1980)   (단위: %)

|  | 종업원수 | | 부가가치 | |
|---|---|---|---|---|
| 화학공업 | 17.9 | | 26.2 | |
| 중공업 | 31.0 | 100.0 | 29.6 | 100.0 |
| 소재산업 | 4.0 | 13.0 | 7.8 | 26.3 |
| 자본재산업 | 4.5 | 14.4 | 3.4 | 11.6 |
| 조립가공산업 | 22.5 | 72.6 | 18.4 | 62.1 |
| (전자 조선 자동차) | (16.2) | (52.4) | (14.0) | (47.4) |
| 제조업 | 100.0 | | 100.0 | |

출처: 경제기획원, 『광공업통계 조사보고서』, 1980.

이처럼 1970년대 후반 경공업과 중화학공업의 국내분업관련이 강화된 것과는 달리, 중화학공업 내부의 국내분업관련은 오히려 약화되었다. 그리고 중화학공업화가 진전되고 그 비중이 증대될수록 국민경제 전반적으로 자립성은 오히려 약화되는 현상이 나타나고 있다. 이러한 귀결은 1970년대 후반에 중점 육성된 중화학공업이 종전의 경공업과 유사한 소비재적 성격을 지니고 있었기 때문에 나타난 것이다.

중화학공업은 경공업생산재의 수입대체산업이자 경공업에 대한 수출대체산업으로서의 두 측면을 지니는데, 전자의 성격을 지닌 것이 화학, 철강, 비철금속 등의 소재산업이고, 후자의 성격을 지닌 것이 전자, 조선, 자동차 등의 조립가공산업이다. 그런데 1970년대 후반에 중점적으로 육성된 분야는 조립가공산업이었다(<표 13>). 이들 산업은 생산공정 중 노동집약적인 공정인 최종 조립가공 공정만 국내에 이식하고 그에 필요한 생산재, 즉 부품을 수입을 통해 조달한다는 점에서 소비재적 성격의 산업이었다. 그런데 경공업에 비해 조립가공산업의 수입의존도와 그것의 증가율이 높기 때문에, 중화학공업화를 통해 수출대체가 진전되면 될수록 제조업 전체적으로 생산재의 대외의존은 심화되게 된다.

〈표 13〉 조립가공산업의 수입부품 사용비율(정상가격)    (단위: 억원, %)

|  | 1973 | | 1978 | | 1985 | |
|---|---|---|---|---|---|---|
|  | 수입a (a/b) | 전체b | 수입a (a/b) | 전체b | 수입a (a/b) | 전체b |
| 가정용전자 | 521.9(41.1) | 1,271.4 | 1,700(43.6) | 3,899 | 5,712(39.9) | 14,304 |
| 자동차 | 161.5(32.1) | 503.6 | 1,999(34.4) | 5,820 | 4,987(23.9) | 20,907 |
| 선박 | 75.9(43.5) | 174.6 | 1,312(49.3) | 2,661 | 4,879(27.1) | 18,007 |
| 합계 | 759.3(39.0) | 1,949.6 | 5,011(40.5) | 12,380 | 15,518(29.3) | 53,218 |

주: 가정용전자의 1973년 항은 1973년 산업연관표의 분류체계가 상이하여, 1975년치를 사용했음.
자료: 한국은행, 『산업연관표』, 각년도.

조립가공산업과 부품산업간의 국내분업관련 변동을 파악하기 위해 전자, 자동차, 조선 등 조립가공산업의 부품 중 수입부품의 사용비율 변화를 검토하여 보자(<표 13>). 1973년부터 1978년간의 변화를 보면 가정용 전자산업의 경우 41.1%에서 43.6%로, 자동차산업의 경우 32.1%에서 34.4%로, 조선산업의 경우 43.5%에서 49.3%로 각각 그 비율이 증대했다. 즉 중화학공업화의 과정에서 조립가공산업 위주의 개발이 추진됨으로써 그와 병행한 생산재부품산업의 발전은 지체되고 있으며, 따라서 중화학공업 내부의 국내분업관련이 일정하게 약화되는 측면이 나타나고 있는 것이다.

그러므로 한국의 경우 중화학공업화를 생산재공업화로 간주하는 것은 잘못된 견해이다. 세계시장에서 생산력의 열위로 말미암아 중화학공업 중 기술 및 지식집약적 분야에서는 경쟁력을 지닌 수출대체산업의 육성이 불가능했다. 반면 저임금노동력이 광범하게 창출되어 있고 국가의 억압적 노동통제가 효과적으로 작동하고 있었기 때문에 중화학공업 중 노동집약적인 분야인 조립가공산업에 대해서는 경쟁력을 확보할 수 있었다. 실제로 정부는 한국에서 중화학공업화가 가능한 논거로서 선진국의 고임금화와 그에 따른 노동집약적 중화학공업 분야에서의 경쟁력상실 추세를 지적하고 있다.46) 조립가공공정만 국내로 이식된 까닭에 중화학공업은 여전히 생산재인 부품을 선진국에 의존하는 소비재의 성격을 지녔다. 또한 중화학공업화에도 불구하고 한국 자본주의의 국제분업상 지위 역시 이전의 경공업 수출산업화 시기와 마찬가지로 선진국 생산재와 후발국 소비재간 분업관련 속에서 후발국 지위에 그대로 머물러 있었다.

결과적으로 경공업·중화학공업간의 국내분업관련은 강화되었지만 중화학공업 내부의 조립가공산업과 그 생산재인 부품산업간의 국내분업관련은 약화되었고, 따라서 1970년대 후반의 중화학공업화는 종래 경공업이 지니고 있던 재생산구조의 대외종속성을 중화학공업의 그것으로 전치시킨 것으로 해석할 수 있다. 이런 점에서 중화학공업화정책이 국내분업관련을 강화하고 국민경제의 자립성을 증대시켰다는 평가는 그 반대의 평가와 마찬가지로47) 일면적인 것이라 할 수 있다.

---

46) 국무총리 기획조정실, 『중화학공업의 어제와 오늘』, 1973, p.8.
47) 중화학공업화의 성과를 1970년대 후반에 나타난 결과에 국한시켜 볼 때는 국민경제의 자립성을 약화시키고 종속성을 심화시킨 것으로 평가될 수 있다. 그러나 1970년대 후반 중화학공업화가 그 산업 내부의 국내분업관련을 약화시킨 것은 사실이지만, 이것은 부품산업에 선행하여 조립가공산업을 육성한 불균형 개발정책의 단기적인 결과이고, 장기적으로는 부품산업의 육성을 통해 해소될 수 있는 성격의 것이다. 실제로 조립가공산업의 부품 중 수입부품의 사용비율 변화를 나타낸 <표 13>에서 1978~85년간에는 그 비율이 40.5%에서 29.3%로 크게 저하된 데서 알 수 있듯이, 1980년대가 되면

1970년대 후반 중화학공업의 종속적 재생산구조는 그 이전의 경공업의 그것과 마찬가지로 제품 판매과정과 생산재 조달과정에서 양면적인 한계를 지닌 것이었다. 1970년대 말에 이르러 무역수지적자의 대폭적인 증대로 그러한 한계가 실제로 표출되었고, 그것은 제4절에서 검토하는 바와 같이 기존 중화학공업 생산구조의 조정을 불가피하게 했다.

### 2) 산업조직의 변화

　1970년대 후반기 중화학공업의 담당주체는 국가자본이 일부 포함되어 있지만 대부분 사적 자본으로 구성되어 있었다. 그리고 이 시기 국가가 중화학공업화정책을 통해 육성대상으로 삼은 사적 자본분파는 외국자본이 아니라 국내자본이었고, 그 가운데서도 중소기업이 아니라 대기업이었다.

　1970년대 후반기에 건설된 중화학공업은 경공업의 수출한계를 돌파하여 1981년에 100억달러라는 수출목표를 달성하기 위해 수출산업으로 육성된 것이어서, 신규공장은 모두 대단위 국제규모로 하는 것을 기본원칙으로 삼았다.[48] 그리고 1970년대 후반 중화학공업부문에서 모든 신규 시설투자는 국제규모로 현대화된 공장에 한해서만 허용되었다. 따라서 1960년대 중반 이래 경공업 수출산업화 기간에 경공업에서 상당한 정도의 자본을 집적한 소수의 대기업들만이 중화학공업에 참여할 자격을 갖추고 있었다.[49]

---

　　조립가공산업과 부품산업간의 국내분업관련은 강화되고 있고 그만큼 국민경제의 자립성도 강화되기 시작했다.
　48) 중화학공업추진위원회 기획단, 『한국의 공업화발전에 관한 연구』, 제II권, 1979.

중화학공업화과정에서 다른 지원도 중요했지만 특히 국민투자기금이나 산업은행자금 등 정책자금의 지원은 이들 참여 대기업의 자본축적에 결정적인 역할을 수행했다. 국가가 조성한 국민투자기금은 소수의 대기업에 편중되어 운용되었다. 예컨대 1977년 1월~1978년 3월간 이 기금의 대출실적을 보면, 중화학공업에 투자된 총시설자금 3,286억원 중 국산기계 구입자금 435억원, 계획조성자금 448억원, 방위산업자금 420억원을 제외한 나머지는 1,983억원이었다. 그런데 이 금액의 59.4%에 해당하는 1,178억원이 10개 대기업에 집중되었다.50) 1970년대 후반기에 신규공장을 건설한 중화학공업 12개 대기업의 공장 건설자금 중 국민투자기금이 차지하는 비중을 보면,51) 내자가 전체 소요자금의 46.4%인 7,993억원이었는데 이 가운데 국민투자기금이 33.9%인 2,850억원을 차지했다. 이는 전체 차입금 4,606억원의 58.4%에 해당되는 것이다. 특히 남해화학, 한양화학, 호남에틸렌 등의 화학공업 대기업과 대우중공업, 한국광업제련 등 중공업 대기업의 경우는 외부차입금은 전액 국민투자기금에서 조달되었다.

또한 산업은행자금 역시 일부 중화학공업 대기업에 집중되었다. 1974~82년간 7개 중화학공업 대기업에 대한 대출액이 산업은행 총대출액

---

49) 기계공업의 경우 실수요자 선정원칙(상공부의 '기계공장 건설 실수요자 선정 및 지원요령', 1973년 10월)을 보면, 업종별로 국가가 규정한 일정규모 이상의 공장을 건설하고자 하는 자로서 기술, 시장 및 자본이 있으며 실수요자로 선정된 날로부터 1년 이내에 공장건설에 착수하고 2년 이내에 공장가동이 가능한 자로 되어 있다(창원기계공단,『창원기지 5년사』, 1979).

50) 한국중공업(현대양행, 300억원), 포항종합제철(290억원), 쌍용양회(203억원), 한국광업제련(100억원), 호남석유화학(80억원), 호남에틸렌(40억원), 삼성중공업(40억원), 쌍용정유(37억원), 대우중공업(28억원), 성신양회공업(20억원).

51) 중화학공업추진위원회 기획단,『중화학공업 추진현황』, 1979의 '부문별 추진현황'에서 자료를 추출하여 작성함.

32,495억원의 34.0%를 차지했다.52) 중화학공업화에 참여한 대기업들이 산업은행자금에 의존한 정도도 국민투자기금의 경우와 마찬가지로 일반 기업들에 비해 월등히 높았다. 예컨대 1981년 현재 제조업 전체적으로 산업은행자금 의존율53)이 18.2%(19,084억원/105,086억원)였음에 비해, 중화학공업 대기업의 경우에는 대우중공업 61.5%, 삼성전자 52.6%, 금성사 43.3% 등으로 그보다 월등히 높았다.54)

이 시기 중화학공업화에 참여한 소수 대기업은 막대한 국가의 금융자원을 독점적으로 활용했는데, 국민투자기금이든 산업은행자금이든 정책금융의 지원은 모두 장기저리의 방식으로 이루어졌기 때문에 특혜적인 성격을 지니고 있었다.

이들 대기업은 1970년대 후반 국가의 중화학공업화정책에 편승함으로써 기존의 수출경공업이 지닌 협소한 축적영역에서 벗어나 중화학공업으로 축적영역을 새롭게 확대해 갈 수 있게 되었다. 실제로 5대재벌의 경우를 보면 중화학공업부문의 계열기업은 1972년에는 23개에 지나지 않았으나 1981년에 이르면 79개로 되어 이 기간에 기업수가 56개나 증가했다. 이에 비해 경공업부문의 기업은 같은 기간에 12개에서 21개로 9개 증가하는 데 그쳤다(<표 14>).

---

52) 포항종합제철(2,413억원), 대우조선(2,070억원), 삼성중공업(1,470억원), 풍산금속(1,408억원), 한국광업제련(1,355억원), 쌍용양회(1,281억원), 한국중공업(현대양행, 1,057억원). 이들 기업에 대한 한국산업은행의 자금대출 추이를 보면 호황국면인 1974~78년보다 불황국면인 1979~82년에 대출집중도가 증대했으며, 특히 시설자금보다는 운영자금의 대출집중도가 크게 증가했다(한국산업은행 자료). 이 사실은 단순히 중화학공업 대기업의 축적을 보조하는 수준을 넘어서서 그것의 축적위기를 해소하는 데 한국산업은행이 적극적인 역할을 했음을 보여준다.

53) 산업은행자금차입액/총차입액의 비율임.

54) 각 기업의 『감사보고서』 참조.

〈표 14〉 5대재벌의 국내 계열기업수 변화

|  | 삼성 | | 현대 | | LG | | 대우 | | SK | | 합계 | |
|---|---|---|---|---|---|---|---|---|---|---|---|---|
|  | 72 | 81 | 72 | 81 | 72 | 81 | 72 | 81 | 72 | 81 | 72 | 81 |
| 경공업 | 5 | 5 | 0 | 1 | 1 | 3 | 1 | 5 | 5 | 7 | 13 | 21 |
| 중화학공업 | 4 | 11 | 4 | 26 | 15 | 24 | 0 | 12 | 0 | 6 | 23 | 79 |
| 제조업 | 9 | 16 | 4 | 27 | 16 | 27 | 1 | 17 | 5 | 13 | 35 | 100 |

출처: 매일경제신문, 『회사연감』, 각년도.
한국생산성본부, 『기업조사총록』, 『한국기업조사총록』, 각년도.

1970년대 후반기의 대대적인 중화학공업 진출 결과 대기업들은 1970년대 말에 이르면 경공업과 중화학공업을 동시에 포괄하는 실물부문의 전 영역에 걸쳐 지배적인 지위를 확보하면서 재벌로 성장했다.[55] 앞서 검토한 바와 같이 1970년대 후반기에 산업수준에서 경공업과 중화학공업간의 국내분업관련이 증대하고 있는데, 이것은 기업수준에서 보면 대기업(재벌)과 중소기업간의 국내분업관련 증대를 의미하는 것이 아니라, 이 시기 기존 경공업 대기업이 중화학공업에 진출함에 따라 형성된 대기업(재벌) 내부의 경공업기업과 중화학공업기업간의 분업관련 증대를 반영한다.

1970년대 후반기의 중화학공업화정책은 종래의 경공업 수출산업화정책과 마찬가지로 대기업 육성을 위한 국가개입 체계였고, 이 시기까지 경제개발과정에서 중소기업은 정책대상에서 배제되었다. 그 결과 중소기업의 국민경제적 비중은 지속적으로 저하되었다. 종업원수 200인 이

---

[55] 이 시기부터 대기업들은 그룹경영을 도입하는데, 이것은 종래 주력기업의 사장이 그룹 회장(총수)으로 되고 주력기업이 담당하던 계열기업 관리를 회장실이나 기획조정실 등 독립기구가 담당하는 것이다. 삼성의 경우는 초기부터 비서실이 존재했으나 현대를 비롯한 대부분의 그룹에서는 1970년대 후반에 계열회사가 대폭 증가하고 이들간의 수평적인 통합·조정의 필요성이 증대함에 따라 본격화되었다.

하인 중소기업의 비중은 1970~80년간에는 사업체수에서는 97.1%에서 94.3%로, 생산액에서는 30.3%에서 23.4%로 각각 저하했다(<표 15>).

〈표 15〉 중소기업의 제조업내 비중변화 (단위: %)

|  | 사업체수 | 생산액 |
|---|---|---|
| 1970 | 97.1 | 30.3 |
| 1975 | 94.1 | 24.1 |
| 1980 | 94.3 | 23.8 |
| 1985 | 95.8 | 28.5 |

자료: 경제기획원, 『광공업조사 통계보고서』, 각년도.

그러나 산업조직의 관점에서 큰 의미를 지닌 다른 변동이 1970년대 중화학공업화를 계기로 시작되었다. 즉 1970년대 말을 전환기로 하여 중소기업의 비중저하 추세가 반전되고, 1980년대 이후 한국경제에서 중소기업의 비중은 지속적으로 증대하고 있다는 사실이다. 1980~85년간 중소기업의 비중은 사업체수에서 94.3%에서 95.8%로, 생산액에서는 23.8%에서 28.5%로 각각 증대하고 있고, 이러한 추세는 지속적인 것이었다. 여기서 1970년대 후반의 중화학공업화는 그 자체가 대기업 육성 체계였음에도 불구하고 결과적으로 중소기업의 축적영역을 확대시키는 하나의 계기가 되었음을 알 수 있다.

실제로 1970년대 말을 전환기로 하는 이러한 중소기업의 발전추세 변동은 1970년대 후반의 중화학공업화와 밀접한 관련을 지니고 있다. 1970년대 전반까지의 경공업분야에서의 대기업 자본축적은 기존 중소기업의 축적영역을 잠식함으로써 중소기업의 광범한 도태를 초래하면서 진행되었다. 그러나 1970년대 후반에 중화학공업분야 가운데 특히 조립가공산업이 집중 육성됨에 따라 대기업과 중소기업의 관계는 상호경쟁 관계에서 벗어나 상호보완 관계로 변화되는 계기가 마련되었다. 즉 조선, 자동차, 전자 등 조립가공산업에서 대기업의 성장을 위해서는 부품을 생산하여 조달하는 하청 중소기업의 광범한 성장이 불가피했던 것이다.

〈표 16〉 중소기업의 하청 및 수출비율          (단위 :%)

|  | 판매액 | | 사업체수 | |
|---|---|---|---|---|
|  | 하청 | 수출 | 하청 | 수출 |
| 1973 | 18.3 | 19.0 | 22.6 (61.0) | 10.0 |
| 1974 | 19.4 | 17.6 | 18.2 (51.1) | 9.4 |
| 1975 | 17.0 | 19.6 | 17.4 (57.4) | 9.4 |
| 1976 | 20.4 | 23.5 | 19.7 (63.5) | 10.3 |
| 1977 | 14.4 | 21.8 | 16.1 (70.5) | 12.6 |
| 1978 | 15.5 | 20.3 | 18.2 (68.9) | 14.0 |
| 1979 | 18.8 | 19.1 | 25.7 (64.4) | 13.8 |
| 1980 | 20.8 | 23.8 | 30.0 (70.7) | 13.6 |
| 1981 | 23.4 | 25.5 | 36.7 (67.0) | 16.2 |
| 1982 | 23.2 | 29.8 | 37.7 (73.5) | 18.4 |
| 1983 | 24.5 | 26.6 | 38.0 (77.6) | 18.8 |
| 1984 | 27.7 | 26.5 | 41.7 (78.3) | 17.5 |
| 1985 | 26.2 | 26.8 | 42.2 (81.5) | 19.2 |

주: 하청의 괄호 안은 하청기업 중 하청의존도가 80% 이상인 기업의 비율임.
출처: 중소기업은행, 『중소기업실태 조사보고』, 각년도.

중소기업의 자본축적영역은 일반적으로 전통적인 내수영역, 수출영역, 그리고 대기업의 하청영역으로 세분될 수 있다. 이 가운데 세번째의 하청영역은 조립가공산업 대기업의 성장에 따라 창출되는 새로운 영역이라 할 수 있다. 1973년부터 1978년까지 중소기업 축적영역의 변화를 보면, 수출비중은 19.0%에서 20.3%로 다소 늘었으나 하청생산 비중은 18.3%에서 15.5%로 줄어들었고, 이 시기까지 중소기업은 전통적인 내수영역을 중심으로 편성되어 있었음을 알 수 있다(<표 16>). 내수영역은 대기업과의 직접적인 시장경쟁관계가 존재하는 영역이며 중소기업의 생산력은 대기업에 비해 낮기 때문에, 대기업의 자본집적이 진전됨에 따라 중소기업의 존립기반은 축소될 수밖에 없었다. 이 결과가 1970년대 후반까지 중소기업의 지속적인 비중저하로 나타난 것으로 볼 수 있다.

한편 1978년부터 1985년까지의 변화를 보면, 수출의 비중도 20.3%에서 26.8%로 증가하지만 하청의 비중은 15.5%에서 26.2%로 크게 증가하고 있다. 1985년에 이르면 중소기업 중 하청업체의 비중이 42.2%에 달하고 있으며, 이들 하청업체의 대부분은 거의 전업적인 하청업체로 나타나고 있다(하청의존도가 80% 이상인 업체의 비율이 81.5%임). 이러한 사실은 한국의 중소기업은 비록 전통적인 내수영역에서는 대기업과의 경쟁으로 인해 부단히 구축되고 있었지만, 1970년대 후반 중화학공업화 추진을 계기로 하여 대기업의 하청영역에서 새로운 존립기반(대기업과 경쟁적인 영역이 아니라 대기업의 축적을 보완하는 영역)을 확보해 나가고 있었음을 보여준다. 하청자본화를 통한 중소기업 성장은 1970년대 말 이후 중소기업의 국민경제적 비중증대를 가져온 기본요인이었다.

그 동안 경제발전과정에서 지속적으로 심화되었던 대기업과 중소기업의 이중구조[56]는 중소기업의 활동영역이 1970년대 말을 기점으로 하여 내수영역으로부터 하청영역으로 변동되면서 추세적으로 해소되었고, 이후 대기업과 중소기업의 국내분업관련은 점차 강화되었다. 이

---

[56] 대외의존적 재생산구조를 가진 대기업과 전통적 내수영역에 축적기반을 둔 중소기업이 상호 분업관련을 결여한 재 병존하고 있는 상태를 말하는데, 이는 많은 논자들에 의해 한국자본주의의 주요 특성으로 지적되어 왔다.

점은 1970년대 말 이후 한국경제의 구조적 변화를 특징짓는 현상의 하나로 간주될 수 있다. 결과적으로 1970년대 후반에 추진된 중화학공업화는 본질적으로 경공업중심의 축적한계에 직면한 국내 대기업의 축적영역을 확장하고 실물부문에서 국민경제적 지배력을 확보할 수 있게 한 대기업 육성체계였지만, 그것은 이후 대기업과 중소기업의 병행적 발전에 기초가 되었다.

## 4. 중화학공업 투자조정정책

1970년대 중화학공업화정책은 그 이전의 경공업 수출산업화의 성공에 의해서가 아니라, 그것에 의해 형성된 종속적 재생산구조의 위기를 해소하기 위해서 이루어진 정책기조의 전환이었다. 이 중화학공업화 과정에서 경공업과 중화학공업간의 국내분업관련은 증대되었고, 기존 경공업 재생산구조가 지닌 양면적 위기는 추세적으로 극복되었다. 무엇보다도 중화학공업제품의 수출대체가 진전되어 중화학공업제품의 수출비중이 신장되었고, 경공업제품 중심에 따른 기존의 수출한계도 해소되었다. 1973년과 1980년을 비교해 보면 경공업제품의 수출은 20.4억달러에서 86.5억달러로 증가했으나, 총수출에서 차지하는 비중은 63.4%에서 49.4%로 저하했다. 반면 중화학공업제품은 7.7억달러에서 72.6억달러로 증가했고, 그 비중이 23.81%에서 41.5%로 상승했다.[57]

그러나 이러한 현상이 곧 종속적 재생산구조에서 탈피하여 자립적

---

57) 한국무역협회, 『무역연감』, 각년도.

재생산구조로 전환되고 있음을 의미하는 것은 아니다. 왜냐하면 1970년대 후반 중화학공업화를 통해 이루어진 변화의 본질적인 내용은 경공업생산재 보전의 대외의존성이 중화학공업의 그것으로 전치되는 과정이었기 때문이다. 이 결과 국민경제 전체적인 수준에서 볼 때 적어도 1970년대 말까지 재생산구조의 종속성은 이전보다 심화되었다.

1970년대 후반 중화학공업화에 따라 형성된 새로운 종속적 재생산구조의 한계는 1970년대 말의 공황으로 표출되었다. 중화학공업화가 진전될수록 중화학공업의 수입의존도, 나아가 제조업 전체의 수입의존도가 증대되었다. 그 결과 중화학공업의 무역수지적자는 1972년의 9.0억달러(수출 3.4, 수입 12.4) 수준에서 1979년에는 46.4억달러(수출 57.9, 수입 104.3) 수준으로 대폭 확대되었고, 이로 인해 같은 기간에 경공업의 무역수지흑자폭이 증대했음에도 불구하고 전체 무역수지적자폭은 1972년의 5.1억달러에서 1979년에는 43.6억달러로 증대되었다.58) 결국 이로부터 중화학공업 자본의 추가적인 확대재생산이 제약되면서, 종속적 재생산구조의 잠재적 한계는 현실의 경제위기로 나타나게 되었다.

이러한 경제위기에 대응하여 국가는 기존 중화학공업 재생산구조의 위기를 해소하기 위한 대응으로서 장기적으로는 부품산업화59)로의 정

---

58) 위의 책, 각년도.

59) 기존 재생산구조 조정의 기본적인 내용은, 첫째로 새로운 수출대체산업의 육성을 통해 1970년대의 조립가공형 중화학공업이 지니고 있는 수출한계를 완화하는 것, 둘째로 조립가공형 중화학공업의 생산수단 수입대체를 통해 이전의 조립가공형 중화학공업이 지닌 수입의존성을 감소시키는 것이라 볼 수 있다. 이러한 필요성에 따라 1980년대 국가의 자본육성정책의 내용은 부품산업화로 전환된다.

　1970년대 말 기존 재생산구조의 위기가 표면화되자 부품산업 육성이 중요 정책과제로 제기되었고, 1982년 국가가 '중소기업 장기진흥계획(1982~91년)'을 수립하면서 부품 중소기업 육성이 본격화되었다. 목표년도를 1991년으로

책전환을 시도하는 한편, 단기적인 조치로 재생산이 곤란해진 기존 중화학공업 자본에 대해 전반적인 투자조정에 착수했다. 여기서는 1980년대의 정책기조로 된 전자에 대한 검토는 다른 연구로 미루고, 1970년대 말의 공황 및 불황기에 이루어진 후자에 대해서만 검토하기로 한다.

국가의 중화학공업에 대한 집중지원에 유인되어 1970년대 후반기에는 중화학공업에서 대기업간의 진입경쟁이 치열하게 전개되었다. 중화학공업화의 초기국면에서는 사적 자본의 참여에 대한 국가적 통제가 이루어졌으나, 사적 자본의 참여경쟁이 단기간에 급진전된 후기국면에

---

하고 있는 이 계획에서는 중소기업에 대한 투자배분비율은 1982년의 29.7%에서 1991년까지 43.7%로 높이고, 중소기업의 계열화율을 3.5%에서 70.0%로 높이고, 부품의 자급도를 54.0%에서 90.0%로 높이도록 했다.

1980년대의 부품산업화정책은 전자산업과 수송용기계산업 등 조립가공형 중화학공업의 생산수단인 부품산업을 육성함으로써 기존 중화학공업의 수출대체와 그 생산수단의 수입대체를 동시에 달성하고자 한 것이었다. 그런데 부품산업은 그 성격상 중소기업의 광범한 참여를 필요로 하는 산업이다. 이에 따라 한국 경제개발과정에서는 처음으로 1980년대에 들어 중소기업이 국가 정책지원의 주대상이 되었고, 부품산업을 중심으로 중소기업을 육성하고 이들을 기존 조립가공산업 분야의 대기업과 보완적인 분업체계를 형성시키기 위한 각종 정책수단들이 강구되었다.

대내적인 측면에서 부품산업화를 통해 중소기업이 급속하게 성장함으로써 대기업과 중소기업간의 국내 하청관계가 1980년대 이후 새롭게 형성·강화되었다. 그러므로 1980년대 산업수준에서 나타나는 중화학공업 내부의 국내분업관련 증대는 기업수준에서 볼 때 대기업과 중소기업의 국내분업관련의 증대와 연결되는 것이다. 또한 대외적인 측면에서 부품산업이 성장하여 생산수단의 대외의존성이 감소하고 있는 것은 후발국으로서의 한국자본주의의 국제분업에서의 지위가 1970년대까지의 선진국의 생산재, 후발국의 소비재간의 기존 분업이라는 단계에서 벗어나 선진국의 지식산업, 후발국의 기타산업간의 새로운 분업단계로 상승하고 있음을 나타낸다.

서는 그러한 국가적 통제가 불가능해지게 되었다. 그 결과 1970년대 말에 이르면 중화학공업에 대한 대기업의 중복투자 경향이 나타났다. 1970년대 후반에 추진된 주요사업 가운데 국유기업의 형태로 건설된 철강(포항종합제철), 석유화학(남해화학, 호남에틸렌, 호남석유화학) 등 일부 사업을 제외하고는 대부분의 중화학공업에서 사적 대기업의 중복투자가 일반적인 현상이었고, 특히 발전설비, 자동차, 중전기구, 디젤엔진, 동제련, 전자교환기 등의 분야에서는 중복투자 현상이 현저했다. 정부에 제출된 대기업의 1979~81년간의 투자계획을 보면 화학공업의 11개 대기업의 경우 총 8,010억원의 투자사업을 계획하고 있고, 중공업의 15개 대기업의 경우 총 17,432억원의 투자사업을 계획하고 있다. 이들 25개 대기업의 3년간 투자 소요자금은 2조 5,442억원에 달하며, 1979년 한 해 동안만도 1조 1,425억원에 달했다.[60]

1970년대 중화학공업은 수입대체뿐만 아니라 수출대체를 목적으로 한 것이고 그 규모가 국제규모의 대단위 공장으로 한정되어 있었다. 그러므로 국내시장이 국제규모에 미치지 못하는 대부분의 중화학공업 분야에서 이러한 중복투자는 곧 과잉투자로 귀결될 가능성이 잠재되어 있었고, 1970년대 말 중화학공업의 상품수출이 감퇴함으로써 그것이 현실화되었다. 1970년대 후반에 건설된 중화학공업의 가동률은 14개 주요 대기업의 경우 1980년 현재 39%에 불과했고, 이들 기업의 연간 순손실액은 총 2,544억원에 달했다(<표 17>).

그 동안 국가정책의 주대상이었던 중화학공업 대기업의 광범한 부실화는 단순히 이들 기업의 축적위기가 아니라 한국의 사회적 총자본의 축적위기를 의미하고, 따라서 국가권력의 경제적 기반을 동요시키는 것이었다. 중복투자에 따른 과잉자본의 해소는 시급한 과제였지만,

---

60) 한국개발연구원, 『재정통계자료집』, 1983.

이해관계가 상충되는 이 과제를 사적 대기업 스스로 해결할 수는 없었기 때문에 국가는 직접적인 개입을 통해 일련의 중화학공업 투자조정조치를 실시하게 되었다.

〈표 17〉 중화학공업 투자조정기업의 조정 전후의 영업실적(경상가격)  (단위: 억원, %)

|  |  | 조정전 | | | 조정후 | | | | | |
|---|---|---|---|---|---|---|---|---|---|---|
|  |  | 1980 | | | 1983 | | | 1984 | | |
|  |  | 매출 | 손익 | 가동률 | 매출 | 손익 | 가동률 | 매출 | 손익 | 가동률 |
| 발전설비 | 한국중공업 | 1,040 | -1,062 |  | 2,408 | 31 | 39 | 2,204 | -297 | 48 |
| 자동차 | 현대자동차 | 2,250 | -193 | 38 | 5,774 | 257 | 88 | 6,693 | 184 | 96 |
|  | 대우자동차 | 1,647 | -294 | 32 | 2,850 | 104 | 75 | 3,416 | 145 | 82 |
|  | 기아산업 | 1,548 | -238 | 33 | 4,030 | 291 | 88 | 4,567 | 234 | 94 |
|  | 동아자동차 | 263 | -41 | 44 | 684 | 15 | 80 | 745 | 14 | 81 |
| 중전기구 | 효성중공업 | 442 | -83 | 35 | 1,017 | 10 | 58 | 1,214 | 16 | 69 |
|  | 현대중전기 | 128 | -23 | 32 | 444 | 5 | 40 | 773 | 7 | 56 |
| 디젤엔진 | 현대엔진 | 164 | -85 | 11 | 1,104 | 100 | 90 | 1,760 | 47 | 90 |
|  | 쌍용중공업 | 41 | -90 | 6 | 412 | -41 | 44 | 422 | -7 | 56 |
|  | 대우중공업 | 1,554 | 35 |  | 2,701 | 80 | 94 | 3,329 | 102 | 99 |
| 동제련 | 한국광업제련 | 681 | -9 | 77 | 2,206 | -219 |  | 2,183 | -176 |  |
|  | 온산동제련 | 589 | -418 | 45 |  |  |  |  |  |  |
| 전자교환기 | 삼성반도체 | 175 | -25 | 75 | 1,050 | 21 | 85 | 1,789 | 63 | 87 |
|  | 금성반도체 | 5 | -18 |  | 491 | 19 | 80 | 1,010 | 41 | 10 |
|  | 합계 | 10,527 | -2,544 | 39 | 25,171 | 673 | 72 | 30,105 | 373 | 77 |

출처: 경제기획원, 『80년대 경제정책의 추진성과와 향후과제』, 1986.
각 기업의 『사업보고서』, 해당년도.

중화학공업 투자조정의 기본적인 내용은 일부 투자계획을 취소하거나 보류시키는 한편 기존의 중복투자된 자본을 재편성하는 것이었는데, 이 조치는 1979~81년간 4회에 걸쳐 실시되었으며 그 내용은 <표 18>과 같다.

⟨표 18⟩ 국가의 중화학공업 대기업 투자조정과정(1979~1981년)

| | 1979.5.25 | 1980.8.20 | 1980.10.7 | 1981.2.28 | 결과 |
|---|---|---|---|---|---|
| 발전설비 | 현대양행<br>현대중공업<br>⇒1그룹<br>대우중공업<br>삼성중공업<br>⇒2그룹<br>(이원화) | 1그룹<br>2그룹<br>⇒대우<br>(1원화) | | | 한국중공업<br>(국영화) |
| 자동차 | | 현대자동차<br>대우자동차<br>⇒현대자동차<br>(일원화)<br><br>기아산업 | | 현대자동차<br>⇒(분리)<br>현대자동차<br>대우자동차<br><br>기아산업<br>동아자동차<br>⇒통합 | 현대자동차<br>대우자동차<br><br>기아산업<br>동아자동차<br>(통합취소) |
| 중전기기구 | | | 효성중공업<br>쌍용전기<br>코오롱종합전기<br>⇒효성중공업<br><br>현대중전기<br><br>금성계전⇒전문화<br>신한전기⇒전문화<br>대명중전기⇒전문화<br>이천전기⇒전문화 | | 효성중공업<br><br>현대중전기 |
| 디젤엔진 | 현대엔진<br>쌍용중공업<br>대우중공업<br>(신규참여금지) | | 현대엔진<br>쌍용중공업<br>대우중공업<br>(생산영역 분할) | | 현대엔진<br>쌍용중공업<br>대우중공업 |
| 동제련 | | | 한국광업제련<br>온산동제련<br>⇒한국광업제련 | | 한국광업제련 |
| 전자교환기 | | | △ 제1기종<br>삼성반도체통신<br>동양정밀⇒전문화<br>△ 제2기종<br>금성반도체<br>대우통신⇒전문화 | | 삼성반도체통신<br><br>금성반도체 |

첫째, 1979년 5월의 투자조정에서는 현대중공업의 발전설비 투자계획(172억원)을 취소시키는 등 총 3,476억원의 투자계획을 취소하거나 보류시켰다. 이와 함께 발전설비부문의 기존 4개 기업을 두 그룹으로 통합하고, 디젤엔진부문에서는 기존의 현대엔진, 쌍용중공업, 대우중공업 외의 신규기업 참여를 금지했다.

둘째, 1980년 8월의 투자조정은 발전설비부문의 4개 기업과 자동차부문 4개 기업 등 2개 부문 8개 기업에 대해 이루어졌다. 발전설비부문에서는 앞서의 이원화조치를 백지화하고 일원화(대우)했고, 자동차부문에서는 승용차 생산은 일원화(현대자동차)하고, 중소형 버스와 소형 트럭은 기아산업이 생산하도록 했다.

셋째, 1980년 10월의 투자조정에서는 중전기구부문 8개 기업, 디젤엔진부문 3개 기업, 동제련부문 2개 기업, 전자교환기부문 4개 기업 등 4개 부문 17개 기업에 대한 조정이 있었다. 중전기구부문에서는 쌍용전기와 코오롱종합전기를 효성중공업에 통합시켜 효성중공업이 154kV급 이상의 중전기구를 생산하고, 현대중전기는 수출용과 선박용에 한해서 생산하며, 그 밖의 4개 기업은 전문화하도록 했다. 그리고 디젤엔진부문에서는 선박용·산업용은 현대엔진(6,000마력 이상)과 쌍용중공업(6,000마력 이하)이, 차량용은 대우중공업이 생산하도록 하여 생산영역을 구분했다. 동제련부문의 한국광업제련과 온산동제련은 통합하도록 했고, 전자교환기부문은 기존의 4개 기업 중 삼성반도체통신과 금성반도체 등 2개 기업이 2개 기종을 각각 독점 생산하도록 하고, 나머지 2개 기업은 전문화하도록 했다.

넷째, 1981년 2월 자동차공업 합리화조치에서 앞서의 승용차의 일원화조치를 다시 백지화하고, 현대자동차와 대우자동차로 2원화하며, 기아산업과 동아자동차는 통합하여 중소형 버스와 소형 트럭에 전문화하도록 했다.

이상에서와 같이 4회에 걸쳐 발전설비, 자동차, 중전기, 디젤엔진, 동제련, 전자교환기 등 6개 부문의 총 25개 기업을 대상으로 중화학투자조정이 진행되었는데, 결과적으로 13개 기업이 각 부문에서 독점기업화되었고, 나머지 12개 기업은 이들 기업에 통합되거나 업종변경을 통해 전문화되었다.

이러한 중화학공업에서의 자본재편성 조치에 따라 막대한 양의 과잉생산능력이 폐기되어[61] 염가로 조정된 기업에 이전됨으로써 이들 기업이 자본축적능력을 회복하는 계기가 되었다.

국가는 중화학투자조정과 함께 재편성된 대기업에 대해서는 금융상의 각종 지원을 하는 한편, 이들 업종에 대하여 다른 기업의 신규진입을 제한했다.

중화학투자 조정대상 12개 기업에 대한 한국산업은행의 금융지원을 보면, 1980년부터 1983년 6월까지 3,221억원의 대출과 6,251억원의 지급보증, 그리고 1,884억원의 투자를 함으로써 총 1조 1,357억원의 금융지원을 했다(<표 19>). 또한 1981년 9월 말에는 투자조정에도 불구하고 경영상의 부실이 지속된 기업 등 28개 중화학공업 대기업에 대하여, 총 1,988억원의 시중은행 대출금에 대한 원리금상환을 3년간 유예하는 특별조치를 취했다. 이 조치로 예컨대 기아산업의 경우 제일은행 등에서 차입한 172.14억원의 대출금상환이 1981년 10월부터 1984년 9월까지 유예되었다.[62] 이 조치와는 별도로 쌍용전기와 코오롱종합전기를 흡수통합함으로써 오히려 재무구조가 악화된 효성중공업에 대해서

---

61) 중전기구부문의 경우 투자조정 결과 효성중공업 외의 다른 기업의 기계장치(252억원) 중 67억원에 상당하는 기계장치가 유휴화되어 설비유휴화율이 26.6%에 달했다(한국개발연구원,『산업정책의 기본과제와 지원시책의 개편방안』, 1982).

62) 기아산업,『감사보고서』, 각년도.

는 1981년 12월에 235억원의 시중은행 대출금에 대한 상환유예조치를 취했다.63)

〈표 19〉 한국산업은행의 중화학공업 투자조정 대상기업에 대한 지원(1980년 1월~1983년 6월)    (경상가격, 단위: 억원)

|  |  | 대출 | 지급보증 | 투자 | 합계 |
|---|---|---|---|---|---|
| 발전설비 | 한국중공업 | 637.37 | 2,760.97 | 1,780.00 | 5,178.34 |
| 자동차 | 현대자동차 | 198.85 | 1,522.83 | 64.10 | 1,785.78 |
|  | 대우자동차 | 13.50 |  |  | 13.50 |
|  | 기아산업 | 316.08 |  |  | 316.08 |
|  | 동아자동차 | 78.56 |  |  | 78.56 |
| 중전기구 | 효성중공업 | 214.09 | 378.56 |  | 592.65 |
| 디젤엔진 | 현대엔진 | 110.72 | 124.96 |  | 235.68 |
|  | 쌍용중공업 | 143.66 | 49.50 |  | 193.16 |
|  | 대우중공업 | 264.84 | 298.04 | 40.00 | 602.90 |
| 동제련 | 한국광업제련 | 1,034.33 | 451.79 |  | 1,486.12 |
| 전자교환기 | 삼성반도체통신 | 182.18 | 61.06 |  | 243.24 |
|  | 금성반도체 | 27.04 | 604.19 |  | 631.23 |
| 합계 |  | 3,221.24 | 6,251.90 | 1,884.10 | 11,357.24 |

주: 한국중공업의 투자 항은 주식투자를, 현대자동차와 대우중공업의 투자 항은 사채인수를 각각 나타냄.
출처: 한국산업은행 내부자료.

금융상의 특별지원 외에 투자조정 대상업종에 대해서는 다른 기업의 참여를 제한했다. 예컨대 자동차, 300마력 이상의 디젤엔진, 전자교환기, 초고압(154kV 이상)중전기구 제조업 등에 대해서는 외국인 직접투자 등이 제한되었다.

1979~81년의 자본재편성 조치와 이후 일련의 지원조치에 의해 대부분의 투자조정대상 중화학공업 대기업의 이윤성은 회복되었고 새로운

63) 한국개발연구원, 앞의 책, 1982.

자본축적을 수행할 수 있게 되었다. 12개 투자조정 대기업의 경우 1983년에 이르면 가동률이 평균 72%로 높아졌고, 673억원의 순이익을 얻게 되었다(<표 17>).

국가는 1979~81년에 걸친 중화학공업 투자조정정책을 통해, 대기업의 자본축적과정에 직접 개입하여 과잉자본으로 인한 이들 기업의 축적위기를 해소하고 이윤성을 회복시켜 주었을 뿐만 아니라 각 영역에서 독점적 지위를 확립시켜 줌으로써, 1980년대 이후 이들 대기업의 자본축적에 결정적인 뒷받침을 했다. 지금까지 중화학공업에 대한 투자조정은 1970년대 후반 경제에 대한 불합리하고 무리한 국가개입 체계로서의 중화학공업화정책의 불가피한 결과로 인식되었고, 후발국에서 국가주도적인, 즉 비시장지향적인 경제개발의 성과를 폄하하는 논거로 되어 왔다. 그러나 중화학공업화를 위한 국가개입체계는 1970년대 초의 경제구조적 위기에 대한 대응책으로서 적절한 것이었다. 그리고 1970년대 말의 중화학투자조정의 원인 역시 중화학공업화정책 자체에 있었다기보다는 1970년대 후반기에 급격하게 이루어진 국내 대기업들의 과잉중복투자에 있었다.[64] 대기업들은 중화학공업화 초기에는 정부의 적극적인 유도에도 불구하고 위험 기피적으로 대응하다가, 1970년대 후반기에 일시에 경쟁적으로 중화학공업에 진입함으로써 그것의 과잉자본화를 초래

---

64) 1970년대 중화학공업의 전체 설비투자효율, 총자본투자효율, 그리고 중화학공업 10개 산업별 효율이 1977년을 전환점으로 급격하게 떨어지고 있는데, 그것은 정부의 중화학공업화 초기 정책의도와 달리 이 시기 대기업들이 중화학공업에 단기적인 중복진입을 했기 때문이다. 즉 1970년대 중화학공업의 문제는 정부의 중화학공업 구조정책보다 대기업집단들이 특정산업의 총자본효율이 높아지자 단기적인 과잉진출, 또는 단기경쟁에 집착한 미시적 의사결정을 한 때문이었다(박영구, "중화학공업의 효율성에 관한 연구 — 70년대 산업정책의 경제사적 연구," 『경제학연구』 제43집 제1호, 서울: 한국경제학회, 1995, p.121).

했고, 그에 대한 막대한 조정비용을 국가와 국민에게 전가했던 것이다.

따라서 중화학공업 투자조정과 관련하여 1970년대 후반기에 산업화(중화학공업화)가 국가주도로 진행되었다는 점에서 비효율성의 근거와 투자조정의 불가피성을 찾는 시장주의자들의 주장은 현실적 근거가 결여된 것이다. 오히려 1970년대 말에 이르러 자유경쟁의 효율성 논리에 밀려 국가가 시장에 적극적으로 개입하지 못하고, 결과적으로 대기업들의 과잉중복투자를 효과적으로 통제하지 못하고 방치한 것이 위기를 가중시키고 구조조정을 불가피하게 만든 한 요인이었다.

## 5. 맺음말

1970년대 후반의 경제정책을 특징짓는 것은 중화학공업화정책으로서, 이는 기존의 경공업 수출산업화정책과 그것이 형성한 경공업재생산구조의 한계를 극복하기 위한 국가개입체계였다. 한편 이 정책은 신국제분업이라는 새로운 경제환경을 배경으로 하고 있고, 또한 국내적으로 자주국방의 요구, 유신체제의 수립 등과 관련된 정치·군사적 배경도 지닌 것이었다.

1970년대 후반의 중화학공업화는 국가주도적인 방식으로 추진되었다. 국가 스스로 중화학공업의 축적주체로 나서지는 않았으나 강력한 정책지원수단을 통해 사적 자본의 참여를 유인하고 이들의 축적을 뒷받침했다. 이 시기 국가의 자본육성정책은 사적 자본의 화폐자본 조달과정에서 생산물 판매과정에 이르기까지 축적과정의 거의 모든 측면에 걸쳐 광범하게 영향을 미쳤다.

　중화학공업화정책의 추진 결과 생산 및 무역구조 면에서는 경공업과 중화학공업의 국내분업관련은 강화된 반면 중화학공업 내부의 국내분업관련은 약화되었다. 이것은 이 시기 부품산업의 국내적 기반이 없는 가운데 조립가공산업이 육성된 결과였다. 한편 산업조직 면에서 볼 때 중화학공업화는 국내 대기업의 추가적인 성장과 재벌 형성을 가져왔다. 기존 경공업부문에서 자본을 축적한 대기업들이 중화학공업부문에 진출함으로써 이들은 1970년대 말에 이르러 경공업과 중화학공업을 포괄하는 실물부문의 지배력을 확보한 재벌로 성장했다. 또한 중화학공업화는 1980년대 이후 나타난 중소기업과 대기업의 동시 병행적 발전의 계기가 되었다.

　1970년대 후반에 육성된 중화학공업의 핵심은 소비재의 성격을 지니고 있는 대기업 위주의 조립가공산업이었으며, 그것은 이전의 경공업과 마찬가지로 종속적 재생산구조를 지닌 것이었다. 1970년대 말의 축적위기는 이러한 재생산구조의 한계와 관련되는 것으로서, 국가는 장기적으로는 부품산업화를 위한 새로운 정책체계를 마련하고 단기적으로는 1979~81년에 걸쳐 기존 중화학공업의 사적 자본들에 대한 투자조정을 실행함으로써 그 위기에 대응했다.

# 참고문헌

<자료>
국무총리 기획조정실, 『중화학공업 건설에 관한 연구』, 서울: 국무총리 기획조정실, 1차~7차 보고서, 각년도.
_____, 『중화학공업의 오늘과 내일』, 서울: 국무총리 기획조정실, 1973.
경제기획원, 『개발연대의 경제정책―경제기획원 20년사』, 서울: 경제기획원, 1982.
_____, 『광공업통계조사보고서』, 『광공업센서스보고서』, 『산업센서스보고서』, 서울: 경제기획원, 각년도.
_____, 『경제백서』, 서울: 경제기획원, 각년도.
_____, 『우리경제의 장기전망 1972~81』, 서울: 경제기획원, 1973.
_____, 『외국인투자백서』, 1981.
_____, 『공정거래백서』, 1984.
_____, 『공기업백서』, 1988.
대한민국정부, 『제3차 경제개발5개년계획(1972~1976)』, 1971.
_____, 『제4차 경제개발5개년계획(1977~1981)』, 1976.
_____, 『제5차 경제사회발전5개년계획(1982~1986)』, 1981.
대한상공회의소, 『중화학공업 건설과 자본동원』, 서울: 대한상공회의소, 1975.
대한석유협회, 『석유연보』, 서울: 대한석유협회, 각년도.
매일경제신문사, 『회사연감』, 서울: 매일경제신문사, 각년도.
산업연구원, 『한국의 산업정책― 산업조직정책 관련 자료집』, 서울: 산업연구원, 1988.

_____,『자동차공업의 문제점과 육성방향』, 서울: 산업연구원, 1982.
_____,『한국 중기계공업의 문제점과 육성방향』, 서울: 산업연구원, 1982.
상공부,『상공관계법령집』, 서울: 상공부, 1983.
_____,『무역진흥 40년사』, 서울: 상공부, 1988.
재무부,『한국의 재정통계』, 서울: 재무부, 각년도.
_____,『한국세제사(상, 하)』, 서울: 재무부, 1979.
_____,『재정투융자백서』, 서울: 재무부, 1982.
중소기업은행,『중소기업 실태조사보고』, 서울: 중소기업은행, 각년도.
_____,『도급거래 실태조사』, 서울: 중소기업은행, 1978.
중소기업협동조합중앙회,『중소기업시책의 어제와 오늘』, 서울: 중소기업협동조합중앙회, 1985.
중화학공업추진위원회 기획단,『중화학공업 추진현황』, 서울: 중화학공업추진위원회 기획단, 1979.
_____,『한국의 공업화발전에 관한 연구(I, II, III)』, 서울: 중화학공업추진위원회 기획단, 1979.
창원기계공업공단,『창원기지 5년사』, 창원: 창원기계공업공단, 1979.
한국개발연구원,『국가예산과 정책목표』, 서울: 한국개발연구원, 각년도.
_____,『장기경제사회발전 1977~91년』, 서울: 한국개발연구원, 1977.
_____,『제5차 5개년계획 작성을 위한 경제사회정책 협의회 토의자료 및 내용』, 1980.
_____,『중화학공업부문 연구자료 (1) 기계공업총량계획, (2) 일반산업기계, (3) 중전기, (4) 전자』, 서울: 한국개발연구원, 1981.
_____,『경제안정화시책 자료집, 상·하』, 서울: 한국개발연구원, 1981.
_____,『산업정책의 기본과제와 지원시책의 개편방안』, 서울: 한국개발연구원, 1982.
_____,『한국경제 반세기 정책자료집』, 서울: 한국개발연구원, 1995.
한국공단연구소,『한국공단총람』, 서울: 한국공단연구소, 1980, 1984.
한국기계공업진흥회,『한국기계공업진흥 10년사』, 서울: 한국기계공업진흥회, 1980.
한국무역협회,『무역연감』, 서울: 한국무역협회, 각년도.
_____,『주요 선진국의 수입규제총람』, 서울: 한국무역협회, 각년도.

_____, 『수출산업 경쟁력 실태조사』, 서울: 한국무역협회, 1979.
_____, 『다국적기업과 우리나라 외국기업투자의 제문제』, 서울: 한국무역협회, 1976.
한국산업은행, 『한국의 산업』, 서울: 한국산업은행, 1976, 1979, 1984.
_____, 『외국인 직접투자의 실태와 경제적 효과분석에 관한 연구』, 서울: 한국산업은행, 1979.
_____, 『부품 및 소재공업의 현황과 육성방안』, 서울: 한국산업은행, 1983.
_____, 『한국산업은행 30년사』, 서울: 한국산업은행, 1984.
한국생산성본부, 『한국기업의 부가가치 분석』, 서울: 한국생산성본부, 각년도.
_____, 『기업조사총록』, 『한국기업조사총록』, 서울: 한국생산성본부, 각년도.
한국석유화학공업협회, 『석유화학공업통계』, 서울, 한국석유화학공업협회, 각년도.
_____, 『석유화학공업 10년사』, 서울: 한국석유화학공업협회, 1977.
한국신용평가, 『재벌분석보고서』, 서울: 한국신용평가, 1988.
한국외환은행, 『국제금융시장의 동향과 우리나라의 차입』, 서울: 한국외환은행, 각년도.
한국은행, 『기업경영분석』, 서울: 한국은행, 각년도.
_____, 『산업연관표』, 서울: 한국은행, 해당년도.
_____, 『산업연관표작성보고』, 서울: 한국은행, 해당년도.
_____, 『한국의 금융정책』, 서울: 한국은행, 1977.
_____, 『한국의 금융제도』, 『우리나라의 금융제도』, 서울: 한국은행, 1975. 1986.
한국자동차공업협동조합, 『자동차조합 20년사』, 서울: 한국자동차공업협동조합, 1983.
한국전자공업진흥회, 『전자전기공업통계』, 서울: 한국전자공업진흥회, 각년도.
_____, 『전자공업 20년사』, 서울: 한국전자공업진흥회, 1981.
한국전자공업협동조합, 『전자조합 20년사』, 서울: 한국전자공업협동조합, 1981.
한국조선공업협회, 『조선자료집』, 서울: 한국조선공업협회, 각년도.

<연구>
강철규・장석인, 『산업조정의 이론과 실제』, 서울: 산업연구원, 1989.

김광석·홍성덕,『제조업의 총요소생산성 동향과 그 결정요인』, 서울: 한국개발연구원, 1992.
김대환, "국제경제환경의 변화와 중화학공업화의 전개,"『한국경제론』, 까치, 1987.
김병태·안병직 외,『한국경제의 전개과정』, 서울: 돌베개, 1981.
김만제, Mason, E. S. 외,『한국경제·사회의 근대화』, 서울: 한국개발연구원, 1981.
김형기,『한국의 독점자본과 임노동』, 서울: 까치, 1988.
박영구, "중화학공업의 효율성에 관한 연구──70년대 산업정책의 경제사적 연구,"『경제학연구』제43집 제1호, 서울: 한국경제학회, 1995.
_____, "1980년 중화학공업 조정에 대한 경제사적 평가,"『외대논총』제14집, 부산: 부산외국어대학교, 1996.
박현채, "한국자본주의론,"『역사와 인간』, 서울: 두레, 1982.
_____,『민족경제론의 기초이론』, 돌베개, 1989.
변형윤, "한국의 경제발전과 독점자본,"『한국사회의 재인식 I』, 서울: 한울, 1983.
사공일 외『중화학공업 추진을 위한 국가지주회사의 활용방안』, 한국개발연구원, 1974.
사공일, Jones. L. P.,『경제개발과 정부 및 기업가의 역할』, 서울: 한국개발연구원, 1981.
서울대학교 사회과학연구소,『포항종합제철의 국민경제 기여 및 기업문화연구』, 서울: 서울대학교 사회과학연구소, 1987.
송원근, "후발산업화와 경제성장──진화론적 관점," 한국사회과학연구소,『동향과 전망』, 1996년 여름.
안병직, "중진자본주의로서의 한국경제,"『사상문예운동』제2호, 서울: 풀빛, 1989.
암본탁야, "한국의 중화학공업화와 정부의 역할에 관한 연구," 고려대 경제학과 박사학위논문, 서울: 고려대학교, 1996.
유진경, "중화학공업화와 정부주도성의 문제,"『한국경제의 현단계』, 서울: 사계절, 1985.
이규억·서진교,『한국제조업의 산업집중분석』, 서울: 한국개발연구원, 1981.
이대근, "한국 공업구조변동에 관한 일고찰,"『한국경제』, 서울: 성균관대학교 산업연구소, 1984.
_____, "한국사회의 성격에 관하여,"『창작과 비평』제57호, 서울: 창작과비평사,

1985.
이병천, "전후 한국자본주의 발전의 기초과정," 지방사회연구회, 『지역사회와 민족운동』, 서울: 한길사, 1987.
이재희, "자본축적과 국가의 역할," 이대근·정운영 편, 『한국자본주의론』, 서울: 까치, 1984.
_____, "한국의 독점자본 형성에 관한 연구── 제조업 99대기업을 중심으로," 서울대 경제학과 박사학위논문, 서울: 서울대학교, 1990.
이효영, "신흥공업국의 경제발전── 접근시각의 재검토," 한국경제발전학회, 『경제발전연구』 제2호, 1997.
이해주, 『한국경제발전론── 한일 비교경제사적 접근』, 부산: 부산대학교 출판부, 1996.
정성진, "한국경제에서의 마르크스비율의 분석," 서울대 경제학과 박사학위논문, 1990. 8.
정윤형, "경제성장과 독점자본," 박현채 외, 『한국경제의 전개과정』, 서울: 돌베개, 1981.
정일용, "한국 기술도입의 구조적 특성에 관한 연구," 서울대 경제학과 박사학위논문, 서울: 서울대학교, 1989.
조권중, "한국사회 자본축적위기에서 국가의 대응양상에 대한 일고찰── 1979~80년의 경제조치들을 중심으로," 서울대 사회학과 석사학위논문, 1988
최장집, 『한국자본주의와 국가』, 서울: 한울, 1985.
한국은행, "우리나라 자본시장 육성정책의 전개과정," 『조사월보』, 1977년 2월.

谷浦孝雄, "韓國における工業化の進展," 『アジア經濟』, 東京: アジア經濟硏究所, 1978. 7.
渡辺利夫, 『現代韓國經濟分析── 開發經濟學と現代アジア』, 東京: 勁草書房, 1982.
渡辺利夫·金昌男, 『韓國經濟發展論』, 東京: 勁草書房, 1996.
裵茂基, "韓國經濟の轉換点分析," 渡辺利夫·朴宇熙 編, 『韓國の經濟發展』, 東京: 文眞堂, 1983.
隅谷三喜男, 『韓國の經濟』, 東京: 岩波書店, 1976.
梶村秀樹, "舊植民地社會構成体論," 『發展途上經濟の硏究』, 東京: 世界書院, 1981.

Amsden, A. H., *Asia's Next Giant: South Korea and Late Industrialization*, Oxford University Press, 1989. 이근달 역, 『아시아의 다음 거인』, 서울: 시사영어사, 1991.

Amsden, A. H., "Third World Industrialization: 'Global Fordism' or New Model?," *New Left Review*, No.182, July/August 1990.

Chang, H. J.(장하준), "The Political Economy of Industrial Policy in Korea," *Cambridge Journal of Economics*, Vol.17, 1993.

Deyo, C. F. ed, *The Political Economy of the New Asian Industrialization*, Cornell University Press, 1987.

Fröbel, F., et. al., *Die neue internationale Arbeitsteilung*, Rowohlt Taschenbuch Verlag, 1977. *The New International Division of labour*, tr. by Burges P., Cambridge University Press, 1980.

Hamilton, C., *Capitalist Industrialization in Korea*, Westview Press, 1986.

Jenkins, R., "The Political Economy of Industrial Policy: Automobile Manufacture in Newly Industrializing countries," *Cambridge Journal of Economics*, Vol.19, No.5, 1995.

Jones, L. P., *Public Enterprise and Economic Development: the Korean Case*, KDI, 1975.

Kim, E. M.(김은미), *From Dominance to Symbiosis: State and Chaebol in the Korean Economy, 1960~1985*, Brown University, PhD. Dissertation, 1987.

Krugman, P., "The Myth of Asia's Miracle," *Foreign Affairs*, Vol.73, No.6, 1994.

Lim, H. J.(임현진), "Dependent Development in the World System: the Case of South Korea, 1963~1979," Harvard University PhD. Dissertation, 1982.

Ohno I., *Beyond "the Asian Miracle": An Asian View*, New York, United Nations Development Programme, 1996.

Weiss, L. "Government-Business Relations in East Asia: The Changing Basis of State Capacity," *Asian Perspective*, Vol.18, No.2, 1994.

World Bank, *The East Asian Miracle: Economic Growth and Public Policy*, New York, Oxford University Press, 1993.

# 1970년대 후반기의 사회구조와 사회정책의 변화
### ─── 노동정책과 복지정책을 중심으로 ───

김 호 기

## 1. 문제제기

이 글의 목적은 1970년대 후반기 사회구조와 사회정책의 변화를 노동정책과 복지정책을 중심으로 분석하는 데 있다. 유신체제 후기라 부를 수 있는 70년대 후반 한국사회는 급속한 중화학공업화와 고도의 정치·사회적 억압이 결합된 시기로 특징지어진다.[1] 1972년 10월유신

---

1) 유신체제(1972~79)는 1975년 인도차이나 공산화를 시점으로 전기와 후기로 나누어 볼 수 있다. 전기에 비교해 후기의 두드러진 특징은 국가안보를 보다 강조하고 사회통제를 한층 강화했다는 점에서 찾을 수 있다. 하지만 경제적·사회적 수준에서의 변화를 고려할 때 이러한 구분은 다소 편의적일 수밖에

을 통해 선거, 토론, 집회 및 결사의 절차적 민주주의의 기본원칙을 부정하고 권위주의지배를 강화했던 박정희정권2)은 세계시장 지향의 수출공업화를 지속시키기 위해 억압적인 노동정책으로 일관했던바, 국가의 이러한 노동통제는 70년대 후반에도 계속 강화되었다. 민중부문에 대한 이러한 정치·사회적 배제는 박정희정권의 정당성을 내부적으로 점차 부식시키고 노동운동, 학생운동, 그리고 재야운동을 포괄하는 사회운동을 촉발시켜 1979년 정권이 몰락하는 하나의 중요한 원인

---

없는 것으로 보인다. 유신체제의 성격에 대한 포괄적인 논의에 관해서는 김영명, 『한국현대정치사』(서울: 을유문화사, 1992), 그리고 박정희정권의 전반적 성격에 관해서는 김대환, "박정희정권의 경제개발," 『역사비평』(1993년 겨울); 손호철, 『해방 50년의 한국정치』(서울: 새길, 1995); 최장집, "박정희정권과 한국현대사, 『대화』(1995년 여름); 김일영, "박정희체제 18년, 어떻게 볼 것인가," 『사상』(1995년 겨울); 이광일, "'박정희체제론' 비판," 『정치비평』(1997년 3호); 조희연, "동아시아 성장론의 검토와 한국경제성장의 정치사회적 구조," 학술단체협의회 편, 『박정희시대와 오늘의 한국사회』(자료집, 1997); 김호기, "박정희시대와 근대성의 명암," 『창작과 비평』(1998년 봄) 등을 볼 것.

2) 여기서 정권(regime)이라는 개념은 국가의 추상수준에 대한 이론적 구분에 따라 사용하고자 한다. 국가는 그 추상수준에 따라 국가유형(예컨대 봉건주의국가인가 자본주의국가인가), 국가형태(자유주의국가인가 개입주의국가인가), 정권형태(의회민주주의인가 군부독재인가)로 서열화될 수 있는데, 정권형태는 국민적 성장양식에 대응하는 국가기구 및 국가권력을 지칭한다. 예를 들자면, 현재 서유럽의 국가는 그 추상수준에 따라서 자본주의국가(사회민주주의), 개입국가, 블레어정권(영국) 또는 슈뢰더정권(독일)으로 구체화될 수 있다. 이 점에서 박정희정권이란 개념 선택은 이론적 추상수준의 문제이지 가치판단의 문제는 아니다. 이 글에서는 박정희정권이라는 개념을 사용하되 문맥에 따라서는 박정희정부라는 표현을 활용하기도 한다는 점을 밝혀 두고자 한다. 국가유형, 국가형태, 정권형태에 관한 상세한 논의로는 Bob Jessop, "Putting States in their Place," Institute for Far Eastern Studies, ed., *Marxism in the New Global Society*(Seoul, 1989)를 볼 것.

으로 작용했다.

이 글에서 노동정책과 복지정책을 중심으로 70년대 후반기 사회정책의 변화에 주목하는 것은 다음의 세 가지 이유이다. 첫째, 1960~70년대 한국이 신국제분업에 편입될 수 있는 유리한 조건이 양질의 저렴하고 풍부한 노동력에 있었다면, 이러한 노동력의 효율적인 동원을 위한 국가의 노동정책은 경제성장의 성패를 가늠할 수 있는 대단히 중요한 요소였다. 발전사회학적 관점에서 볼 때 노동은 세계시장이라는 외인(外因) 못지 않게 중요한 경제성장을 달성한 내인(內因)의 하나로 주목할 수 있다.3) 둘째, 박정희정권의 노동정책은 물리적 탄압에

---

3) 그 동안 박정희정권의 수출공업화전략에 대한 평가가 여러 발전사회학 패러다임의 이론적 각축장이 되어 왔음은 주지의 사실이다. 예를 들어 근대화론은 한국의 1960~70년대 산업화를 제3세계에서 성공적인 후발산업화의 가능성을 보여준 대표적인 사례의 하나로 본 반면에, 종속이론은 한국의 산업화가 양적 성장지표에도 불구하고 전통적인 종속의 재생산과정에 불과하다는 점을 부각시켰다. 한편 마르크스주의 발전이론은 한국의 발전모델을 '종속적 자본주의' 내지 '종속적 국가독점자본주의'로 해석하고 그 발전과정에 내재된 종속의 심화와 독점의 강화를 강조했다. 근대화론의 시각에 대해서는 Bela Balassa, ed., *The Newly Industrializing Countries in the World Economy*(New York: Pergamon, 1981); OECD, *The Impact of Newly Industrializing Countries on Production and Trade in Manufactures*, Report by the Secretary General(Paris, 1979), 종속이론의 시각에 대해서는 Martin Landsberg, "Export-led Industrialization in the Third World: Manufacturing Imperialism," *Review of Radical Political Economy*, Vol.11, No.4, 1979; "Capitalism and Third World Economic Development: A Critical Look at the South Korean 'Miracle'," *Review of Radical Political Economy*, Vol.16, No. 2/3, 1985, 마르크스주의 발전이론의 시각에 대해서는 Karin Tietz, "Neue Industrieländer Ostasiens in der kapitalistischen Weltwirtschaft," *IPW-Berichte* No.9, 1989; Ingo Klein, "Schnelle Kapitalismusentwicklung in Ost-und Südostasien," *IPW-Berichte* No. 2, 1990 등을 볼 것. 하지만 이러한 견해들은 발전의 외인과 내인 중 어느 하나만을 강조하는 약점을 드러내고 있는바, 대체적으로 근대화론과 마르크스주의 발전

기초한 억압적인 배제정책과 함께 노사협의제와 공장새마을운동으로 대표되는 제도적·이데올로기적 정책을 적극적으로 활용했다. 한국적 특수성이 강조된 이러한 후자의 정책들이 이후 80년대 전두환정권의 노동정책으로 계속 활용되었다는 점은 주지의 사실이다. 셋째, 억압적인 노동정책과 함께 의료보험으로 대표되는 몇몇 복지정책이 이 시기에 추진되었다는 점 또한 주목할 필요가 있다. 이러한 복지정책은 그 적용대상이나 정책적 효과가 컸다고 보기 어렵다 하더라도 현대적 복지정책의 기반이 바로 이 시기에 마련되었다는 점에서 새롭게 평가되어야 할 것이다.

 이 글은 크게 네 부분으로 나누어진다. 우선 제2절에서는 70년대 후반기 사회구조의 변동을 노동계급의 변화를 중심으로 검토한다. 경험적 자료에 의하면 70년대 후반 노동계급은 절대적 빈곤으로부터 어느 정도 벗어났지만, 임금수준, 노동시간, 산업재해 등의 노동조건은 여전히 열악한 것으로 나타나고 있다. 이어 제3절과 제4절에서는 박정희정권의 노동정책과 복지정책을 분석한다. 박정희정권의 노동정책은 크게 법적·제도적 수준과 이데올로기적 수준으로 구분해 볼 수 있는데, 그 정책의 일차적 목표는 저임금 유지와 산업평화를 위한 억압 및 통제를 극대화하는 데 있었다. 이러한 노동정책과 흥미로운 대조를 보여주는 것이 제4절에서 분석되고 있는 복지정책이다. 다른 신흥공업국과 비교해 볼 때 그 복지수준이 높다고 보기 어렵지만 제4차 경제개발계획과 함께 강화되기 시작한 복지정책은 이후 한국자본주의 발전에 작지 않은 영향을 미친 것으로 보인다. 마지막 결론에서는 앞의 논의들을 간략히 요약하고 그 함의를 평가한다.

---

 이론은 내인을, 종속이론은 외인을 중시하고 있다.

## 2. 70년대 후반기 사회구조의 변화

### 1) 유신체제의 성립과 사회구조의 변동

70년대 후반기 사회구조의 변화를 이해하기 위해서는 이 시기가 정치적으로는 유신체제가 지속되고, 경제적으로는 중화학공업화가 본격적으로 추진되었던 기간임을 주목해야 할 것이다. 쿠데타를 통해 집권한 박정희정권은 1963년 대통령 직접선거를 통해 민주정부를 구성하고 일련의 경제개발정책을 적극적으로 추진하여 60년대 초·중반에는 상당한 정치적 정당성을 갖추고 있었지만, 한일협정, 베트남파병, 3선개헌 등 일련의 정치·경제적 사건을 거치면서 군사독재로서의 권위주의지배를 강화시켜 왔다. 특히 1971년 대통령선거로 위기의식을 느낀 박정희정권은 1972년 10월유신을 단행, 형식적인 민주주의 절차를 유보하여 민중부문의 정치적 참여를 차단하는 한편 수출제일주의 성장전략을 지속적으로 추진했다.4) 1974년 긴급조치 1호(헌법논의 금지), 2호(비상군법회의

---

4) 경제성장과 민주주의의 관계는 박정희정권을 분석하는 데 핵심적인 쟁점 가운데 하나이다. 이에 대해서는 크게 두 가지 시각이 대립하고 있다. 그 하나는 박정희정권이 경제성장에는 성공했지만 정치적 민주주의에는 실패했다는 시각이며, 다른 하나는 정치적 민주주의를 희생시켰기 때문에 경제성장에 성공했다는 시각이다. 개발독재론이라 부를 수 있는 후자의 시각은 다시 고도성장의 원인이 박정희정권의 리더십과 현명한 정책에 있다고 보는 견해와 박정희정권의 친독점자본적 민중 배제성, 민중 억압성이 고도성장을 가능케 했다는 견해로 나누어진다. 손호철, 앞의 책, pp.147-148. 이러한 경제성장과 민주

설치)의 선포로 시작된 일련의 긴급조치 발동은 국내안보와 경제성장을 동시에 추구한다는 목표 아래 권위주의지배를 강화시키는 데 중요한 통제수단을 제공했다. 1975년 인도차이나가 공산화된 이후 국가안보는 시민사회 전체를 관통하는 지상과제로 설정되었으며, 그 결과 반공논리가 한층 강화되는 이른바 '반공병영사회'(anticommunist regimented society)[5]의 성격이 공고화되었다.

유신체제의 등장이라는 정치적 변화 못지 않게 70년대 사회구조의 변화에 커다란 영향을 미친 것은 중화학공업화였다. 양질의 저렴한 노동력을 바탕으로 상당한 성공을 거두었던 60년대 박정희정권의 수출공업화전략은 1970년을 고비로 여러 문제들이 표출되기 시작했다. 우

---

주의의 관계를 둘러싼 핵심적인 이슈는 민주주의 정치체제로는 경제성장을 달성할 수 없었는가의 반사실적(counter-factual) 가정, 곧 초기자본주의 산업화에 권위주의 정치체제는 불가피한 것인가의 문제이다. 사실판단의 수준에서 볼 때 이 문제에 대한 역사적 근대화의 다양한 경험은 비관적인 듯한데, 세계시장으로부터 가해지는 주변화 압력을 극복하고 추격발전을 성취하기 위해서는 재분배압력으로부터 자율성을 부여하고 단기적 이익을 희생시킬 수 있는 고도의 중앙집권적인 국가기구가 불가피했으며, 이러한 권위주의국가는 정치적 민주주의를 유보하는 경향을 보여 왔던 것으로 보인다. 초기자본주의 산업화와 정치적 권위주의의 상호관계에 대해서는 Ulrich Menzel/Dieter Senghaas, *Europas Entwicklung und die Dritte Welt*(Frankfurt: Suhrkamp, 1986)를 볼 것. 그러나 규범판단의 시각에서 볼 때 권위주의가 민주주의보다 경제성장에 효율적이라고 해서 민주주의를 유보하고 권위주의를 선택해야 하는가의 문제는 결코 간단한 문제가 아니다. 이에 관해서는 김호기, 앞의 글, pp.101-104를 볼 것.

5) 반공병영사회란 냉전과 내전의 특수한 결합으로 인하여 반공이데올로기가 의사합의(pseudo-consensus)로 내재화된 특유의 사회, 다시 말해 '강력한 국가와 통제된 사회'라고 하는 국가-사회관계의 심각한 비대칭성이 존재하는 사회를 말한다. 조희연, "동아시아 성장론의 검토," 『경제와 사회』(1997년 겨울), p.70.

선 대외적으로 70년대 초반 스태그플레이션의 여파로 호경기를 누리던 선진 자본주의국가들의 경제가 침체국면에 접어들었으며, 한편 대내적으로는 수출성장이 둔화되면서 투자율이 감소하고 물가가 상승하게 되었다. 특히 당시 외자관련 기업의 부실경영이 표면화되었고, 이와 더불어 노동조합의 조직화와 노동쟁의가 본격화되었다.[6] 이러한 내외부적 변화에 대응하여 박정희정권은 기존의 경제개발계획을 수정하여 제3차 경제개발계획(1972~76)에서는 산업구조의 고도화, 제4차 경제개발계획(1977~81)에서는 착실한 성장과 사회개발을 그 목표로 내세웠다. 구체적으로 박정희정권은 전략산업을 노동집약적 경공업에서 철강, 기계, 전자, 조선, 석유화학, 비철금속을 주축으로 한 중화학공업으로 대체시키고 경제정책의 중심을 중간재·자본재의 국내생산에 대한 대폭적인 지원으로 전환했다.[7]

이러한 중화학공업화의 성과는 거시적인 경제지표의 변화에서 관찰할 수 있다. 제3·4차 경제개발계획 기간중 경제성장률은 8.0%를 기록

---

6) 이재희, "자본축적과 국가의 역할," 이대근·정운영 편, 『한국자본주의론』 (서울: 까치, 1984), pp.215-216.

7) 이러한 중화학공업화는 한국자본주의가 이른바 '원시적 테일러화'에서 '주변부 포드주의' 축적체제로 변화되었음을 보여주고 있다. 원시적 테일러화가 비숙련노동력을 필요로 하는 노동집약적 생산공정(섬유, 전자)을 설치하는 축적단계를 말한다면, 주변부 포드주의란 기계화 및 기술발전에 기반하여 국내시장과 해외시장을 동시에 겨냥하는 수출대체(자동차, 조립기계산업 등)의 축적전략을 지칭한다. 이 주변부 포드주의는 대량생산과 대량소비를 유기적으로 결합시키고 있다는 점에서 중심부 포드주의 축적체제의 초기적 속성을 보여주고 있지만, 엔지니어링과 숙련부문을 결여하고 있고 노동자계급 전체를 아직 포섭하지 못하고 있으며 자본조달을 여전히 해외차입에 의존한다는 점에서 그 '주변적인' 성격이 두드러진다. 주변부 포드주의에 관해서는 Alain Lipietz, *Mirages and Miracles: The Crises of Global Fordism*(London: Verso, 1987), 『기적과 환상』, 김종환 외 옮김, 한울, pp.74-79를 볼 것.

했으나, 중화학공업제품 성장률은 그 두 배가 넘는 21.6%를 달성했다. <표 1>에 따르면, 1970년과 1979년 사이 전체 공업에서 차지하는 중화학공업의 비중은 37.8%에서 51.2%로 대폭 증가했으며, 수출상품에서의 비중 또한 같은 기간에 12.8%에서 38.4%로 크게 늘어났다. 이러한 중화학공업화의 결과, 전자·조선산업은 수출전략산업의 중심으로 변모했고, 철강·석유화학·기계·비철금속산업은 수입대체산업의 기초를 마련했다.8) 중화학공업화와 함께 국가의 역할도 변화되었는데, 60년대 경제정책의 중심축이 외자도입정책과 수출촉진정책에 있었다면 70년대에 들어와서는 중화학공업화를 위한 자본자유화정책과 재정 및 금융정책의 강화로 옮겨졌다.9)

〈표 1〉 중화학공업화의 진전(1970~1980)    (단위: %)

|   | 공업구조 | | 수출상품구조 | | |
|---|---|---|---|---|---|
|   | 중화학공업 | 경공업 | 중화학공업 | 경공업 | 1차상품 |
| 1970 | 37.8 | 62.2 | 12.8 | 69.7 | 17.5 |
| 1973 | 40.5 | 59.5 | 23.7 | 63.4 | 12.9 |
| 1975 | 46.4 | 53.6 | 25.0 | 57.4 | 17.6 |
| 1976 | 46.8 | 53.2 | 29.1 | 58.8 | 11.8 |
| 1977 | 48.5 | 51.5 | 32.2 | 53.6 | 14.2 |
| 1978 | 48.8 | 51.2 | 34.6 | 54.5 | 10.9 |
| 1979 | 51.2 | 48.8 | 38.4 | 51.4 | 10.1 |
| 1980 | 52.6 | 47.4 | 41.5 | 49.4 | 9.1 |

출처: 김대환, "국제경제환경의 변화와 중화학공업의 전개," 박현채 외 편, 『한국경제론』(서울: 까치, 1987), p.220.

---

8) 박우희, "중화학공업 선진화와 부문간 균형발전," 대한상공회의소 편, 『한국경제의 구조문제』(서울, 1983), p.73.

9) 재정정책의 경우 정부는 재정융자인 국민투자기금을 조성하고 5개 중화학공업단지 건설에 재정지원을 제공하여 투자결정과 자원배분에 적극적으로 개입했으며, 금융정책의 경우에는 수출지원금융을 주축으로 한 정책금융을 강화시켰다.

이렇게 유신체제와 중화학공업화가 긴밀히 결합된 상황하에서 70년대 후반기 사회구조는 60년대 초반부터 본격화된 산업사회로의 전환이 가속화되었다. 그 대표적인 지표로 1960년 전체 인구의 64%이던 농어민은 1980년에 31%로 감소했으며, 중화학공업화가 진행된 70년대 후반에는 2차산업이 1차산업을 능가하여, 앞서 지적했듯이 중공업이 경공업의 비중을 추월하는 이른바 선진국형 산업구조를 갖추었다. 이러한 경제구조 못지 않게 중요한 것은 생활수준의 변화로, 1961년 87달러에 불과했던 1인당GNP는 1979년에는 1,597달러로 증가하여 보릿고개로 상징되는 절대적 빈곤에서 벗어나기 시작했다.

〈표 2〉 직업별 취업자 분포 추이(1960~1980)   (단위: %)

|  | 1960 | 1970 | 1975 | 1980 |
|---|---|---|---|---|
| 전문·기술직 종사자 | 2.4 | 3.2 | 3.3 | 4.6 |
| 행정·관리직 종사자 | 1.3 | 0.9 | 0.8 | 1.0 |
| 사무직 종사자 | 2.6 | 5.8 | 6.7 | 9.5 |
| 판매 종사자 | 8.3 | 10.1 | 10.4 | 12.1 |
| 서비스직 종사자 | 6.0 | 6.7 | 6.4 | 7.0 |
| 생산직 종사자, 운수장비운전사 및 단순노무자[1] | 13.2 | 21.7 | 22.8 | 28.2 |
| 농업 및 기타 1차산업 종사자 | 65.4 | 50.7 | 48.8 | 37.6 |
| 기타(분류불능자 포함) | 0.8 | 0.9 | 0.8 | 0.0 |
| 합           계 | 100.0 | 100.0 | 100.0 | 100.0 |

1) 교통 및 체신업종사자를 생산/운수/노무에 포함시킴.
출처: 홍두승, "직업 및 계층구조의 변화 전망," 한국사회학회 편, 『한국사회 어디로 가고 있나』(서울: 현대사회연구소, 1983), p.67.

이러한 사회구조의 구체적인 변화는 우선 고용구조와 계급구조의 변화에서 찾아볼 수 있다. <표 2>에 따르면, 1960년 농업 및 기타 1차산업종사자는 65.4%를 차지했으나, 1975년 48.8%로 감소하고 1980년에는 37.6%로 그 비중이 더욱 낮아졌다. 반면에 사무직종사자와 생산직종사자의 증가가 두드러졌는데, 1975년 사무직종사자는 6.7%, 생산 직종사자는 22.8%로 늘어났으며, 중화학공업화와 함께 이 비중은 1980년에 각각 9.5%와 28.2%로 계속 증가했다. 이러한 고용구조의 변화는 계급구조의 변화에 그대로 반영된다.

〈표 3〉 한국사회의 계급구조변화(1970~1980)    (단위: %)

| 계급구분 | 1970 | 1975 | 1980 |
|---|---|---|---|
| 중상계급 | 1.3 | 1.2 | 1.8 |
| 신중간계급 | 14.2 | 15.7 | 17.7 |
| 구중간계급 | 14.8 | 14.5 | 20.8 |
| (자영전문직) | (0.5) | (0.6) | (0.6) |
| (자영상인)[1] | (9.6) | (9.7) | (12.0) |
| (자영서비스직) | (0.5) | (0.6) | (0.8) |
| (자영기능인) | (4.2) | (3.6) | (7.4) |
| 근로계급 | 16.9 | 19.9 | 22.6 |
| 도시하류계급 | 8.0 | 7.5 | 5.9 |
| 독립자영농 | 28.0 | 28.2 | 23.2 |
| 농촌하류계급 | 16.7 | 12.9 | 8.1 |
| 합계 | 100.0 | 100.0 | 100.0 |
| (N) | (59,332) | (61,715) | (154,630) |

1) 관리직종사자로 영세자영업주 및 고용주는 자영상인에 포함시킴.
출처: 홍두승, 앞의 글, p.71.

〈표 3〉에서 볼 수 있듯이, 70년대 전시기에 걸쳐 농촌 하류계급과 독립자영농이 지속적으로 감소한 반면에 신중간계급과 근로계급, 곧 화이트칼라와 블루칼라의 규모가 계속 증가해 왔다. 구체적으로 1970년과 1980년 사이에 신중간계급은 14.2%에서 17.7%로, 근로계급은 16.9%에서 22.6%로 증가한 것으로 나타나고 있다. 이 표에서 주목할 수 있는 또 하나의 중요한 흐름은 70년대 후반 구중간계급의 증가현상인데, 이는 일차적으로 자영상인과 자영기능인의 증가에 기인한 것이다. 이러한 계

〈표 4〉 노동자의 소득계층별 분포(1977년 3월)

| 월소득 | 인원(천명) | 구성비(%) | 누적합계(명) | 누적구성비(%) |
|---|---|---|---|---|
| 4.5만원 미만 (과세 미달) | 5,014 | 78.8 | 5,014 | 78.8 |
| 4.5만원 초과 (과세 대상) | 1,351 | 21.2 | | |
| 4.5~5만원 | 72 | 1.1 | 5,086 | 79.9 |
| 5~6 | 94 | 1.5 | 5,180 | 81.4 |
| 6~7 | 115 | 1.8 | 5,295 | 83.2 |
| 7~8 | 151 | 2.4 | 5,446 | 85.6 |
| 8~9 | 169 | 2.7 | 5,615 | 88.3 |
| 9~10 | 177 | 2.8 | 5,792 | 91.1 |
| 10~12 | 178 | 2.8 | 5,966 | 93.9 |
| 12~15 | 165 | 2.6 | 6,135 | 96.5 |
| 15~20 | 126 | 2.0 | 6,261 | 98.5 |
| 20~30 | 65 | 1.0 | 6,326 | 99.5 |
| 30~40 | 24 | 0.3 | 6,350 | 99.8 |
| 40~50 | 9 | 0.1 | 6,359 | |
| 50~70 | 4 | 0.06 | 6,363 | |
| 70~100 | 1 | 0.015 | 6,364 | |
| 100만원 초과 | 1 | 0.015 | 6,365 | 100 |
| 합 계 | 6,365 | 100 | 6,365 | |

출처: 김형배, "한국 노동법의 변천," 임종철·배무기 편, 『한국의 노동경제』 (서울: 문학과 지성사, 1980), p.285.

급구조의 특징은 산업화과정에서 구중간계급이 몰락하는 서구의 역사적 경험과는 반대되는 사례로 주목할 필요가 있다.10)

---

10) 이러한 구중간계급의 온존, 다시 말해 소상품생산부문(비공식부문)의 온존은 한국 계급구조의 제3세계적 특수성을 보여주는 현상으로 여러 사회학자들에 의해 주목되어 왔다. 이들의 견해에 따르면, 한국의 종속적 자본주의의 계급구조는 농촌 소생산부문의 온존·강화와 전계층적 이농현상, 그리고 비대한 도시 비공식부문과 광범위한 주변적 계급으로 특징지을 수 있다. 이러한 견해에 대해서는 허석렬, "도시 무허가정착지의 고용구조," 『한국사회연구』(1983년 1호); 조형, "한국의 도시비공식부문과 빈곤," 변형윤 외, 『한국사

그렇다면 70년대 후반 당시의 사회생활 및 일상생활은 어떠했을까. 우선 통계청의 자료를 보면, 1975년 도시근로자의 월평균 명목소득은 65,540원이었지만 1980년에는 234,086원으로 증가했는데 당시 물가상승률을 고려하더라도 소득증가가 매우 빠른 속도로 이루어져 왔음을 알 수 있다.11) 절대빈곤을 벗어나고 소득이 증가하면서 소득격차 또한 늘어나는 경향을 보여주었는데, 구체적으로 <표 4>를 보면 1976년 3월 현재 노동자 80%의 소득은 월 5만원 이하이고, 10%만이 10만원 이상의 소득을 기록하고 있다.

〈표 5〉 노동자의 생계비 구성(1976)

|  | 전근로자수 | | 2인 가구수의 경우 | | 5인 가구수의 경우 | |
| --- | --- | --- | --- | --- | --- | --- |
|  | 금액 | 구성비 | 금액 | 구성비 | 금액 | 구성비 |
| 식료품비 | 33,900 | 40.73 | 20,620 | 40.72 | 35,900 | 40.54 |
| 거주비 | 13,890 | 16.69 | 10,210 | 20.16 | 14,980 | 16.92 |
| 광열비 | 3,760 | 4.52 | 2,540 | 5.02 | 3,940 | 4.45 |
| 피복비 | 7,330 | 0.81 | 5,200 | 10.27 | 7,340 | 8.29 |
| 잡비 | 19,980 | 24.01 | 10,460 | 20.66 | 21,450 | 24.22 |
| 비소비지출 | 4,370 | 5.25 | 1,610 | 3.18 | 4,950 | 5.59 |
| 합계 | 83,230 | 100.00 | 50,640 | 100.00 | 88,560 | 100.00 |
| 평균가내취업자수 | 1.34인 | | 1.09인 | | 1.29인 | |

주: 잡비에는 교육비·교통비·문화비가 모두 포함됨. 비소비지출에는 과세 및 공과금, 지불이자, 그외 기타 비소비지출이 포함됨.
출처: 김형배, 앞의 글, p.286.

---

회의 재인식』(서울: 한울, 1985); 조희연, "종속적 산업화와 비공식부문," 박현채 외, 『한국자본주의와 노동문제』(서울: 돌베개, 1985), 그리고 이러한 비공식부문론에 대한 포괄적인 평가로는 서관모, 『한국사회의 계급구성과 계급분화』(서울: 한울, 1985); 박형준, "계급연구의 동향과 쟁점," 『한국사회연구』(1987년 5호) 등을 볼 것.
11) 통계청, 『통계로 본 한국의 발자취』(서울: 1995), p.403.

한편 <표 5>는 70년대 후반 당시 근로자 가구의 소비지출을 보여주고 있다. 이 표에 따르면 1976년 근로자의 소비지출에는 식료품비, 거주비, 잡비가 주요 소비품목을 이루고 있으며, 이 세 품목의 비중이 전체 소비지출의 80%를 상회하고 있다. 60년대의 소비지출과 비교해 볼 때 식료품비의 비중이 점차 감소되어 왔지만, 잡비에 포함된 교육비의 비중이 높은 점을 고려할 때 문화비 지출은 여전히 매우 낮은 수준이라고 볼 수 있다.

〈표 6〉 주요내구재 소비비율(1970~1980)    (단위: %)

|      | 텔레비전 | 전화 | 냉장고 | 세탁기 |
|------|----------|------|--------|--------|
| 1970 | 6.6      | 5.0  | 2.2    | -      |
| 1975 | 30.6     | 9.7  | 6.6    | 1.0    |
| 1980 | 86.6     | 24.0 | 37.8   | 10.4   |

출처: 백욱인, "대중의 삶과 한국사회 변화의 요체," 나라정책연구회 편, 『한국사회운동의 혁신을 위하여』(서울: 백산서당, 1993), p.33.

<표 6>의 주요내구재 소비비율의 변화는 당시 생활수준을 가늠해 볼 수 있는 또 하나의 중요한 자료이다. 1975년의 경우 가구당 텔레비전 보급률은 30.6%, 전화는 9.7%, 냉장고는 6.6%였지만 1980년에는 각각 86.6%, 24.0%, 37.8%로 증가했다. 이 표에 따르면 텔레비전을 제외하고 전화, 냉장고, 세탁기와 같은 주요내구소비재는 1980년대 초반까지는 주로 상층계급과 중간계급 상층에 의해 소비되기 시작한 것으로 추정할 수 있다. 이러한 내구성소비재의 보급은 70년대 후반 포드주의 대량소비가 나타나기 시작했다는 점에서 매우 중요한 사회변동의 의미를 갖는다. 내구소비재의 확산은 포드주의 생산방식의 확립과 이에 따른 대량생산 상품들의 저렴화에 기인하는 것이지만, 이와 동시에 꾸

준한 실질임금의 상승이 낳은 결과이기도 하다. 또한 그것은 근대 도시적 생활양식이 광범위하게 정착되는 동시에 전통적 생활양식은 급속히 퇴조하는 사회변동의 중요한 징표라고 볼 수 있다.

요컨대 70년대 후반 박정희정권의 경제성장이 사회구조에 미친 영향은 실로 지대한 것이었다. 그 가운데 특히 절대적 빈곤의 감소는 정부의 일관된 수출공업화가 가져온 매우 중요한 성과였다.

〈표 7〉 절대빈곤인구의 추계(1965~1980)

|  | 빈곤인구(천명) | 빈곤인구분포(%) | 빈곤율(%)<br>빈곤인구/전인구 |
|---|---|---|---|
| 1965 |  |  |  |
| 도시 | 4,244 | 36.1 | 54.9 |
| 농촌 | 7,505 | 63.9 | 35.8 |
| 전국 | 11,749 | 100.0 | 40.9 |
| 1970 |  |  |  |
| 도시 | 2,006 | 26.6 | 16.2 |
| 농촌 | 5,548 | 73.4 | 27.9 |
| 전국 | 7,554 | 100.0 | 23.4 |
| 1976 |  |  |  |
| 도시 | 3,072 | 59.1 | 18.1 |
| 농촌 | 2,126 | 40.9 | 11.7 |
| 전국 | 5,198 | 100.0 | 14.6 |

출처: 서상목, "빈곤인구의 추이와 속성분포," 『한국개발연구』(1권 2호, 1979), p.20.

<표 7>에서 볼 수 있듯이 절대빈곤인구의 규모는 1965년 40.9%에서 1970년 23.4%, 그리고 1976년 14.6%로 크게 줄어들었다. 빈곤으로부터의 탈출뿐만 아니라 산업구조의 고도화와 근대적 생활양식의 보급 또한 경제성장의 중요한 성과의 하나로 지목할 수 있는데, 아파트와 자동차로 대표되는 근대적 도시생활양식이 본격적으로 정착하기

시작했던 것도 바로 70년대 후반기였다.

70년대 초반 이후 세계경제의 장기불황에도 불구하고 박정희정권이 이렇게 지속적인 경제성장을 도모할 수 있었던 기반은 무엇보다도 수출지향과 수입대체를 성공적으로 결합시킨 발전전략을 추진해 왔다는 점에 있다.[12] 1960년대 선진공업국의 다국적자본과 제3세계의 양질의 저렴한 노동력간의 결합으로 특징지어지는 신국제분업의 정착이 한국의 노동집약적 수출공업화 1단계가 성공할 수 있었던 외적 조건을 이루었다면, 중간재와 자본재의 수입대체를 겨냥한 70년대 중화학공업화는 수입대체산업화 2단계의 내적 토대가 되었다. 특히 중화학공업화는 수출전략상품을 70년대 중반 이후에는 중간재(석유화학, 철강제품)로, 그리고 80년대 초반 이후에는 자본재(기계, 전기전자, 자동차)로 다변화시키는 결과를 가져왔던 것으로 보인다.

그러나 70년대 후반기는 박정희정권의 발전전략의 한계 또한 본격적으로 노출되기 시작한 시기이기도 하다. 종속의 심화, 경제적 집중, 농업의 희생, 소득분배의 악화는 박정희정권의 수출공업화의 대표적인 부정적 결과들로 지적할 수 있는데, 이 가운데 특히 소득분배의 변화는 70년대 후반 사회구조의 특징을 보여주는 또 하나의 중요한 지표이다. <표 8>을 보면 60년대에서 70년대까지는 소득분배가 어느 정도 호전되다가 70년대에는 60년대보다도 오히려 악화된 것으로 나타나고 있다. 이 표에서 상층계급의 소득집중 정도를 십분위 비율을 참고해 보면 상위 20%가 전체 소득에서 차지하는 소득규모는 1965년 42%였던 것이 1976년에는 45%로 증가한 반면에 하위 40%의 소득규모는 65년 19%에서 76년 16%로 하락했다. 80년대에 들어와서는 소득집중 정도가 다소 완화되었지만 70년대 초반의 수준에는 아직 미치지 못하고

---

12) U. Menzel, D. Senghaas, 앞의 책, p.167.

있다.

〈표 8〉 전가구 계층별 소득분포와 소득집중치(1965~1982)

| 소득 분포 | 1965 | 1970 | 1976 | 1982 |
|---|---|---|---|---|
| 십분위비율(%) | 19.34/41.81 | 19.63/41.62 | 16.85/45.34 | 18.80/42.99 |
| 지니계수 | 0.3439 | 0.3322 | 0.3908 | 0.3574 |

출처: 주학중, "1982년 계층별 소득분배의 추계와 변동요인," 『한국개발연구』(6권 1호, 1984), p.8.

## 2) 노동계급의 조건과 상태

노동계급의 성장은 1960~70년대 고도성장을 낳은 수출공업화의 동전의 이면(裏面)을 이루고 있다. 양질의 저렴하고 풍부한 한국의 노동력은 신국제분업 내에서 한국의 국제경쟁력을 제고시켜 왔던 중요한 조건의 하나이다.[13] 다른 제3세계와 비교해서 한국이 풍부한 노동력에

---

13) 신국제분업(new international division of labor)이란 구국제분업(old international division of labor)에 대비하여 프뢰벨·하인리히스·크레이에가 제시한 개념이다. 이들에 따르면, 60년대 중반 이후 선진공업국 내의 노동생산성의 둔화, 임금상승의 압박, 공해문제의 심화 등은 노동집약적 산업부문을 제3세계 일부 국가들로 이전시키는 결과를 낳는바, 가공조립성 산업(섬유, 의류)과 전자산업의 전체 생산과정은 양질의 저렴한 노동력의 존재, 생산공정의 파편화, 수송·통신수단의 발전 같은 조건이 충족되면 개별국가의 국경을 넘어서 몇몇 나라로 분화·완결되며, 이때 다국적기업은 이러한 산업부문 재배치(relocation)의 주체로 등장하게 된다는 것이다. 이런 신국제분업의 진전에 따라서 다국적기업을 유치하기 위해 풍부한 양질의 저렴한 노동력을 보유하고 있던 몇몇 나라들에는 자유생산지역(한국의 수출자유지역, 대만의 수출가공구)이 조성되고, 이 국가들은 이러한 노동집약적 산업부문의 수출을 통해 급속한 산업화를 추진하게

덧붙여 양질의 노동력을 보유하게 된 것은 무엇보다도 높은 교육수준에 기인한다. 일례로 2차교육 취학률은 1970년 51.2%에서 1975년 71.9%로, 1980년에는 다시 95.1%로 증가했는데,14) 이것은 다른 제3세계국가들과 비교해 볼 때 매우 높은 수치이다. 이렇게 상대적으로 높은 교육수준은 표준적인 기술습득을 필요로 하는 숙련·반숙련작업을 용이하게 함으로써 노동생산성을 증대시키는 동시에 노동력의 활발한 수직적·수평적 이동을 가능하게 했다.

양질의 노동력이 높은 노동생산성을 가능하게 한 만큼 70년대 후반기 실질임금은 이에 상응하여 증가했다. <표 9>에서 볼 수 있듯이, 제2차 경제개발계획 기간에는 실질임금증가율이 노동생산성증가율에 크게 미치지 못했지만(노동생산성 17.3%, 실질임금 11.2%), 제3차 경제개발계획 기간에는 그 폭이 크게 감소되었고(노동생산성 9.6%, 실질임금 8.7%), 1977년에서 1980년 사이에는 거의 대등한 것으로 나타나고 있다(노동생산성 11.9%, 실질임금 11.3%). 70년대 후반 실질임금상승률이 상대적으로 높았던 것은 당시의 중화학공업화에 따른 호경기 속에서 노동조합이 단체교섭을 통해 임금인상을 요구했으며, 정부 또한 생존 이하의 임금을 시정하기 위해서 임금인상정책을 추진했다는 점에 기인한다.15)

---

된다. 이제까지 세계시장에서 원료공급지와 상품시장으로 기능해 왔던 제3세계 국가들이 이제는 세계시장을 위한 제조상품의 수출을 도모한다는 점에서 이러한 국제분업의 형태는 구국제분업과 구별되는 신국제분업이라는 것이다. Folker Fröbel, Jürgen Heinrichs, Otto Kreye, *Die Neue Internationale Arbeitsteilung*(Reinbek: Rowohlt, 1977).

14) 통계청, 앞의 책, p.425.
15) 최장집, 『한국의 노동운동과 국가』(서울: 열음사, 1988), p.294.

〈표 9〉 노동생산성과 실질임금 연평균증가율(제조업분야, 1962~1980) (단위: %)

|  | 노동생산성 | 실질임금 |
|---|---|---|
| 1962~1966 | 8.5 | -0.8 |
| 1967~1971 | 17.3 | 11.2 |
| 1972~1976 | 9.6 | 8.7 |
| 1977~1980 | 11.9 | 11.3 |

출처: 김호기, 『현대자본주의와 한국사회』(서울: 사회비평사, 1995), p.247.

〈표 10〉 각국의 달러 환산 시간당 임금(1970~1980)

|  | 한국 | | 대만 | | 홍콩 | | 일본 | | 미국 | |
|---|---|---|---|---|---|---|---|---|---|---|
|  | 금액 | 지수 | 금액 | 지수 | 금액 | 지수 | 금액 | 지수 | 금액 | 지수 |
| 1970 | 0.19 | 100.0 | 0.20 | 100.0 | 0.39¹⁾ | 100.0¹⁾ | 1.06 | 100.0 | 3.35 | 100.0 |
| 1975 | 0.36 | 189.5 | 0.48 | 240.0 | 0.58 | 148.7 | 3.29 | 310.4 | 4.83 | 144.2 |
| 1976 | 0.47 | 247.4 | 0.55 | 275.0 | 0.72 | 184.6 | 3.56 | 335.8 | 5.22 | 155.8 |
| 1977 | 0.62 | 326.3 | 0.62 | 310.0 | 0.81 | 207.7 | 4.28 | 403.8 | 5.68 | 169.6 |
| 1978 | 0.83 | 436.8 | 0.80 | 400.0 | 0.88 | 225.6 | 5.81 | 548.1 | 6.17 | 184.2 |
| 1979 | 1.09 | 573.7 | 0.95 | 475.0 | 0.99 | 253.8 | 5.84 | 550.9 | 6.69 | 199.7 |
| 1980 | 0.96 | 505.3 | 1.15 | 575.0 | 1.13 | 289.7 | 6.03 | 568.9 | 7.27 | 217.0 |

1) 1971년.
출처: 노동조합사전간행위원회, 앞의 책, p.1058.

하지만 이러한 실질임금의 상승에도 불구하고 한국의 임금수준은 국제적으로 볼 때 여전히 낮은 수준을 기록하고 있었다. <표 10>에 따르면, 1979년 한국의 시간당임금은 1.09달러였는데, 그 임금수준은 다른 동아시아 신흥공업국가들과 유사한 것으로 조사되고 있다. 이러한 저임금구조에 노동시장에서의 임금격차를 고려해 보면 생산직노동자의 임금은 더욱 낮았으며, 특히 60년대 중반 이래 주요 수출분야인 섬유·전자산업에는 성별에 따른 임금격차 또한 매우 큰 것으로 나타나고 있다.16)

---

15) 최장집, 『한국의 노동운동과 국가』(서울: 열음사, 1988), p.294.

<표 11>은 이러한 노동계급의 낮은 임금수준이 월최저생계비에도 미치지 못하고 있음을 보여주고 있다. 1976년부터 1980년까지 비교적 높은 임금상승이 계속 이루어져 왔음에도 불구하고, 자료에 따라 차이가 있지만 어느 연도에서나 월평균임금은 최저생계비에 미달하고 있다. 더욱이 <표 12>를 보면 70년대 후반에 들어올수록 임금체불이 늘어났는데, 1979년 10월 현재 763개의 사업장에서 22만 노동자의 임금이 체불되어 있는 것으로 나타나고 있다.

〈표 11〉 제조업부문 노동계급의 임금과 생계비(1969~1980)   (단위: 원)

|      | 월평균임금ⓐ | 월최저생계비 |
|------|---|---|
| 1969 | 11,270 | 19,722(5)ⓑ |
| 1976 | 51,685  38,285(1)ⓒ | 67,916(3.16)ⓓ |
| 1977 | 69,168 | 75,196(2)ⓓ |
| 1978 | 92,907  63,113(1)ⓔ | 101,586(2)ⓕ 162,796(4)ⓕ |
| 1979 | 119,515 | 96,189(2)ⓖ 176,700(3)ⓖ |
| 1980 | 134,867 | 127,079(2)ⓖ 233,975(3)ⓖ |

주: 괄호 안은 가족수 또는 전체노동자 가구당 평균인원.
   ⓐ 경제기획원:『한국통계연감』.
   ⓑ 『노동공론』(1973년 12월).
   ⓒ 전국화학노조,『임금인상요구지침』(1977).
   ⓓ 전국화학노조,『임금인상요구지침』(1978).
   ⓔ 전국화학노조,『임금인상요구지침』(1979).
   ⓕ 한국노총,『사업보고』(1979).
   ⓖ 한국노총,『사업보고』(1980).
출처: 최장집, 앞의 책, p.298.

---

16) 여성노동자의 임금이 꾸준히 증가해 왔음에도 불구하고 1970년대 여성노동자의 임금수준(전산업)은 남성노동자의 42~46% 선에 머물러 있었다. 노동조합사전간행위원회,『노동조합사전 5: 노동자의 상태와 제요구』(서울: 형성사, 1985), p.1182.

〈표 12〉 임금체불 발생현황(1972~1979)

| 일 시 | 사업장수 | 노동자수 | 체불임금액(천원) | 관련기사 일자(동아일보) |
|---|---|---|---|---|
| 1972. 11. 22 | 82 | 20,079 | 367,012 | 1972. 11. 28 |
| 1973. 12. 26 | 79 | 14,600 | 360,000 | 1973. 12. 26 |
| 1974. 9. 18 | 60 | - | 230,000 | 1974. 9. 18 |
| 1974. 11. | 48 | - | 80,000 | 1974. 12. 4 |
| 1975. 12. 18 | 42 | 5,162 | 200,000 | 1975. 12. 19 |
| 1976. 11. 20 | 96 | 12,800 | 581,000 | 1976. 11. 20 |
| 1977. 12. 26 | 169 | 20,890 | 1,116,850 | 1977. 12. 27 |
| 1978. 11. 27 | 42 | 5,600 | 420,000 | 1978. 11. 27 |
| 1979. 5. | 296 | 84,678 | 13,603,934 | 1979. 6. 20 |
| 1979. 9. 24 | 183 | 38,560 | 6,238,000 | 1979. 9. 25 |
| 1979. 10. 19 | 763 | 219,050 | 34,943,600 | 1979. 10. 19 |

출처: 한국기독교교회협의회, 『노동현장과 증언』(서울: 풀빛, 1984), p.440.

낮은 임금수준과 더불어 긴 노동시간 또한 급속한 수출공업화 과정에서 관찰되는 중요한 특징의 하나이다.

〈표 13〉 주당노동시간 국제비교(1965~1980)

|  | 한국 | 대만 | 싱가포르 | 일본 | 미국 |
|---|---|---|---|---|---|
| 1965 | 57.0 | - | - | 44.3 | 41.2 |
| 1970 | 52.3 | - | 48.7 | 43.3 | 39.8 |
| 1975 | 50.5 | - | 48.4 | 38.8 | 39.5 |
| 1980 | 53.1 | 50.9 | 48.6 | 41.2 | 39.7 |

출처: ILO, *Yearbook of Labour Statistics*(Geneva, 1984), pp.540-544.

<표 13>에 따르면, 노동시간은 70년대 초반 단축되다가 후반에는 다시 증가하는 경향을 보여주고 있는데, 1980년 주당노동시간은 1970년 노동시간을 오히려 상회하고 있다. 이러한 노동시간은 다른 신흥공업국과 비교해 볼 때 장시간을 기록하고 있을 뿐만 아니라, 섬유·전자 등 노동집약적 산업부문의 노동시간은 그 평균치를 훨씬 넘어서고

있다. 장시간노동과 더불어 당시 열악한 노동조건은 노동자의 건강과 생명을 위협하는 빈번한 산업재해를 발생시켰다.

〈표 14〉 산업재해의 변화(1972~1980)

| | 도수율 | 강도율 | 1,000인율 | | | | | | |
|---|---|---|---|---|---|---|---|---|---|
| | | | 전체 | 광업 | 제조업 | 건설업 | 공공사업 | 운수 | 기타 |
| 1972 | 15.87 | 3.67 | 47.18 | 144.96 | 34.74 | 168.60 | 14.11 | 59.89 | 4.04 |
| 1974 | 15.11 | 2.30 | 31.13 | 126.84 | 49.99 | 45.49 | 12.03 | 70.66 | 4.06 |
| 1976 | 16.16 | 2.46 | 43.05 | 110.29 | 41.01 | 42.75 | 8.55 | 57.94 | 4.65 |
| 1978 | 16.63 | 2.74 | 44.83 | 94.37 | 47.00 | 37.17 | 18.62 | 58.59 | 6.61 |
| 1980 | 11.12 | 2.58 | 30.21 | 109.92 | 29.60 | 24.18 | 13.82 | 45.23 | 6.08 |

주: 도수율=재해건수/(연노동시간)×1,000,000.
강도율=(총손실노동시간)/(연노동시간)×1,000.
1,000인율=노동자 1,000명당 재해자수.
공공사업=전기, 가스, 수도사업.
운수업=운수, 창고, 통신.
출처: 이정우, "한국의 노동자상태에 관한 일고찰," 노동문제연구소 편, 『한국의 노동문제』(서울: 비봉출판사, 1991), p.311.

<표 14>를 보면 70년대 후반 재해도수율은 점차 감소하는 경향을 보여주고 있지만 그 강도율은 오히려 증가하는 경향을 보여주고 있는데, 이는 중화학공업화에 따라 사고가 대형화되었음을 시사해 준다. 뿐만 아니라 이러한 재해도수율은 다른 나라들과 비교해 볼 때 매우 높은 수준으로 당시 산업재해 왕국이라는 표현이 크게 과장된 것은 아니었다.

전체적으로 볼 때 70년대 후반 노동계급을 포함한 하층계급의 경제생활은 절대적 빈곤으로부터 상당부분 벗어났다 하더라도 그 수준이 과거보다 크게 향상된 것은 아니었다. 노동계급의 임금수준은 여전히

임노동의 최소한 재생산비용인 최저생계비에 미치지 못하고 장시간노동과 높은 산업재해로 대표되는 노동조건 또한 열악했다는 점은 그 구체적인 증거라 할 수 있다. 70년대 후반 당시 농민과 도시빈민의 생활수준 또한 이와 커다란 차이가 없었는데, 60년대 이래 지속적으로 추진된 정부의 저곡가-저임금정책은 농민의 생활을 피폐화시켜 왔으며,17) 무허가 판자촌으로 상징되는 도시빈민은 노동계급보다도 오히려 낮은 생활수준에 놓여 있었다. 당시 노동자들의 삶을 증언한 여러 자료들이 입증하듯이 70년대 후반 노동계급을 위시한 하층계급의 생활은 과거의 절대적 빈곤에서 벗어나기 시작했음에도 불구하고 인간적인 삶을 누리기에는 여전히 부족했던 것으로 보인다.

## 3. 70년대 후반기 노동정책의 변화

일반적으로 자본주의국가는 물질적 보상을 통한 헤게모니 창출이 부재할 경우 물리적 억압과 이데올로기적 회유를 통해 노동계급에 대한 통제를 시도하게 된다.18) 특히 물질적 보상을 위한 물적 기반이 취

---

17) 정부의 저곡가정책은 단기적으로 근로자의 생계를 낮추는 효과를 가져왔지만, 장기적으로는 농가경제를 빈곤으로 몰아넣고 이농을 가속화시킴으로써 노동시장의 공급과잉을 초래하여 저임금의 중요한 조건을 형성해 왔다. 이우재, "한국농업의 현상과 구조," 박현채 외, 『한국사회의 재인식 1』(서울: 한울, 1985), p.344.

18) Nicos Poulantzas, *Political Power and Social Classes*(London: New Left Books, 1973); Bob Jessop, *State Theory*(Pennsylvania: Pennsylvania State University Press, 1990).

약한 제3세계에서 그 억압과 회유의 강도는 매우 높은 수준을 유지하게 된다. 박정희정권이 추진한 세계시장 지향의 수출공업화에서 낮은 임금과 장시간노동이 국제경쟁력의 주요요소인 한, 국가의 억압적인 노동통제는 경제성장을 위한 매우 중요한 관건이 될 수밖에 없다. 이 점에서 박정희정권은 60년대와 70년대에 걸쳐 다양한 산업부문에 대해 억압적인 노동정책으로 시종 일관해 왔다. 이러한 노동정책은 크게 보아 두 수준, 곧 법적·제도적 수준과 이데올로기적 수준에서 진행되었다.[19]

### 1) 노동입법과 노사협의제

#### (1) 노동법의 개정

앞서 지적했듯이 1960~70년대 노동정책의 가장 중요한 목표는 특히 수출부문에서 저임금수준을 유지하기 위한 적극적인 노동통제에 있었는바, 이를 위해 지속적으로 노동법개정을 단행해 왔다. 박정희정권은 1962년 12월 공포된 헌법에 "공무원인 근로자는 법률로 인정된 자를 제외하고는 단결권·단체교섭권·단체행동권을 가질 수 없다"는 규정을 신설했으며, 1963년에는 노동조합법, 노동쟁의조정법, 그리고 노동위원회법을 크게 개정했다.[20] 개정된 노동법의 핵심사항은 기존 노동

---

19) 이와 함께 당시 중요했던 노동통제의 또 하나의 전략은 경찰과 중앙정보부를 통해 노동운동을 직접적으로 억압하고 탄압하는 방식이었다. 이러한 직접적 탄압에 관한 개별 사례들에 관해서는 한국기독교교회협의회, 『1970년대 노동현장과 증언』(서울: 풀빛, 1984)을 볼 것.
20) 임종률, "노동법의 제문제," 박현채 외, 『한국자본주의와 노동문제』(서울:

조합의 독점적 이익대표권 인정, 노동조합의 정치활동 금지, 노동조합의 사실상의 허가주의 채택, 쟁의과정에서의 행정관청에 의한 알선·조정·중재조항 강화, 공무원의 쟁의행위 금지 및 공익사업체에서의 행위제한 확대 등이었다. 이어 박정희정권은 1970년 다국적기업의 투자를 보호하기 위해 '외국인투자업체의 노동조합 및 쟁의조정에 관한 임시특례법'을 제정하여 수출자유지역에서 노조결성과 노동쟁의를 법적으로 제한했으며, 1971년 '국가보위에 관한 특별조치법'을 통해서는 노동3권 중 단체교섭권과 단체행동권을 금지시켰다.

입법을 통한 이러한 노동통제는 1972년 유신헌법이 공포되면서 더욱 강화되었는데, 우선 유신헌법에는 "공무원과 국가·지방자치단체·국영기업체·공익사업체 또는 국민경제에 중대한 영향을 미치는 사업체에 종사하는 근로자의 단체행동권을 법률이 정하는 바에 의하여 이를 제한하거나 인정하지 않을 수 있다"는 규정이 신설되었다.[21] 이어서 1973년에는 노동조합과 노동쟁의조정법을 부분적으로 개정하여, 노조조직에 대해 '전국적 규모를 가진 노동조합'과 '산하 노동단체'라는 표현을 삭제함으로써 당시까지 노동조합법이 산별(産別)체제를 지향하던 규정을 무력화하는 동시에 국가·지방자치단체, 국영기업체가 행하는 사업, 국민경제에 중대한 영향을 미치는 사업으로 대통령령으로써 정하는 사업 또는 그 사업체에 대해서는 공익사업에 준하여 노동쟁의를 처리할 수 있게 했다.[22] 뿐만 아니라 1973년에는 집회 및 시위에 관한 법률을 통해서 노동쟁의의 장소 및 수단을 극도로 제한했다.

---

돌베개, 1985), pp.184-185.

21) 임종률, 앞의 글, pp.185-186.

22) 이종하, "한국 노동입법의 파행성," 노동문제연구소 편, 『한국의 노동문제』 (서울: 비봉출판사, 1991), p.454.

이러한 일련의 노동법개정을 통해 나타나는 중요한 특징은 노동관계에 대한 정부의 개입이 지속적으로 증가해 왔으며, 또한 행정적 재량권에 의한 개입 가능성이 확대되어 왔다는 점에 있다. 예를 들어 단체교섭과 단체행동에 대한 정부의 사전개입을 강화하려는 '국가보위에 관한 특별조치법'이나 노동조합의 설립신고에 관한 조항은 행정적 재량권의 증대를 보여주는 대표적인 입법이라고 볼 수 있다.23) 요컨대 박정희정권의 노동입법은 70년대 중·후반 중화학공업화를 위한 고도의 노동통제에 대한 법적 지반을 제공했을 뿐만 아니라 확대된 행정적 재량권에 기반하여 노동운동을 탄압하는 데 중요한 역할을 담당했던 것으로 보인다.

(2) 노사협의제의 전개

노사협의제는 70년대 후반 박정희정권 노동정책의 또 다른 축을 이루고 있다. 노사협의제란 노사가 사회적 파트너라는 원칙을 실현하기 위해 사용자의 배타적 지배를 지양하고 협동과 공동책임의 원칙으로 생산과정에서의 대립을 해소하려는 제도이다.24) 이 노사협의제의 기원은 1963년까지 거슬러올라가지만, 1973년 박정희정권의 주도 아래 개별기업에 본격적으로 설치되기 시작했다. 특히 박정희정권은 <표 15>에서 볼 수 있듯이 1975년에 노사협의회의 설치, 구성 및 운영방법에 대한 시행세칙을 규정하고 본격적인 실시를 유도했는데, 노사협의제의 목적은 노사간의 갈등관계를 노사협조, 생산성향상, 복지증진과 같은 협조주의적 관계로 대체하는 데 있었다.

---

23) 박준식, "한국에 있어서 노동조합과 정부의 관계," 최장집 편, 『한국자본주의와 국가』(서울: 한울, 1985), pp.323-324.
24) 박세일·이규창·이영희, 『노사협의제 연구』(서울: 한국개발연구원, 1983).

⟨표 15⟩ 노사협의제의 입법적 제도화 과정(1963~1980)

| 제도의 내용 | 제도화의 시기 |
|---|---|
| 1. 사용자와 노동조합은 노사협조를 기하고 산업평화를 유지하기 위해 노사협의회를 설치해야 함을 규정. 그러나 구체적인 시행 방법이 제시되지 않은 단순한 행정권고에 그침. | 1963. 12. 7 |
| 2. 사용자와 노동조합은 상호 협조함으로써 생산성의 향상을 도모하기 위해 노사협의회를 설치해야 함을 규정. 노사협의회의 목적을 제시하고 이를 적극 장려함. | 1973. 3. 13 |
| 3. 노사협의회의 설치, 구성 및 운영방법에 대한 시행세칙 규정. 본격적인 실시를 유도함. | 1975. 4. 16 |
| 4. 노사협의회에 관한 독립입법 제정, 노사간의 상호협조와 근로자의 복지증진 및 기업의 건전한 발전도모를 목적으로 하는 협의기구임을 명시. 노동조합과 분리된 조직으로 규정함.[1] | 1980. 12. 30 |

1) 사업체에 노동조합이 결성되어 있는 경우에는 노동조합장이 협의회의 근로자측 대표가 되기 때문에 실질적으로 완전한 기능분화는 아직 일어나지 않고 있음.

출처: 박준식, 앞의 글, p.328.

⟨표 16⟩ 노사협의회의 발전과정(1967~1980)

|  | 설치 대상 사업체 수 | 설치 산업체 수 | 점유비율 |
|---|---|---|---|
| 1967[1] | 1,257 | 797 | 63.4 |
| 1972[2] | 3,399 | 2,685 | 79.0 |
| 1975[2] | 9,302 | 8,940 | 96.1 |
| 1978[2] | 12,571 | 12,303 | 97.8 |
| 1980[3] | 13,462 | 13,230 | 98.2 |

1) 전국경제인연합회, 『한국경제연감』(1972).
2) 경제기획원, 『노동관계자료』(1980년 9월).
3) 노동청, 『업무현황』.
출처: 최장집, 앞의 책, p.181.

<표 16>에 따르면 노사협의제 설치율은 70년대 초반에는 79.0%였으나, 후반기에 들어서는 대상 사업체의 90%를 상회했다. 이러한 노사

협의제의 높은 설치율은 당시 노조조직률과 커다란 대조를 보이는데, 70년대 조직노동자가 크게 증가했음에도 불구하고 노조조직률이 정체되었던 이유 가운데 하나로 국가가 노사협의제를 적극 장려한 데서 찾을 수 있다. 노사협의제에 대해서 처음에는 기업가들이 반대를 표시했으나 노사협의제가 노동자의 일방적인 양보를 위한 기구라는 점을 인식하게 되면서 적극적으로 수용했다.25)

〈표 17〉 조직노동자의 규모와 노조조직률(1971~1979, 연도별 8월말 현재)

|  | 1971 | 1972 | 1973 | 1974 | 1975 | 1976 | 1977 | 1978 | 1979 |
|---|---|---|---|---|---|---|---|---|---|
| 조합원수 | 46만 | 51만 | 53만 | 60만 | 71만 | 82만 | 92만 | 101만 | 110만 |
| 지부수 | - | - | - | 428 | 483 | 511 | 534 | 545 | 551 |
| 분회수 | - | - | - | 3,267 | 3,450 | 3,730 | 3,937 | 4,088 | 4,387 |
| 조직률 | - | - | - | - | 15.4% | 16.3% | 16.6% | 16.8% | - |

출처: 한국기독교교회협의회, 앞의 책, p.447.

이 노사협의제는 노사협조주의를 적극적으로 부각시켰다는 점에서 일본의 공장협의제와 유사하지만 노동계급의 이익을 크게 배제하고 있었다는 점에서 일본의 사례와는 달랐으며, 오히려 노동통제의 주요한 제도적 장치로 기능해 왔다는 점에서 사실상 단체교섭의 사전적 기구의 성격을 갖고 있었다.26)

그렇다면 이러한 노동입법과 노사협의제에 기반한 노동통제는 과연 어느 정도 효과를 가져왔을까.

---

25) 최장집, 앞의 책, p.183.
26) 노사협의제를 긍정적으로 파악하고 있는 견해조차 유신체제하에서 단체교섭과 노사협의제의 유착현상이 심했다는 점에서 개선의 여지가 있다고 평가하고 있다. 이규창, "우리나라 노사협의제의 전개와 경영문화상의 문제," 박세일·이규창·이영희, 앞의 책, p.94.

〈표 18〉 노사분규 발생건수 및 원인의 추이(1966~1980) (단위: 건, 천명, 천일)

| | 분규건수 | 참가인원 | 노동손실일수 | 원인별 분규건수 | | | 유형별 분규건수 | |
|---|---|---|---|---|---|---|---|---|
| | | | | 임금체불 | 임금인상 | 근로조건 | 작업거부 | 시위·농성 |
| 1966 | 104 | 121 | 40.6 | - | - | - | - | - |
| 1967 | 105 | 151 | 10.0 | 11 | 92 | 26 | - | - |
| 1968 | 112 | 206 | 65.4 | 7 | 58 | 40 | - | - |
| 1969 | 70 | 108 | 163.4 | 4 | 65 | 21 | - | - |
| 1970 | 88 | 183 | 9.0 | 7 | 69 | 16 | - | - |
| 1971 | 101 | 116 | 11.3 | 13 | - | 28 | - | - |
| 1972 | - | - | - | - | - | - | - | - |
| 1973 | - | - | - | - | - | - | - | - |
| 1974 | - | - | - | - | 42 | - | - | - |
| 1975 | 133 | 10.3 | 13.6 | 32 | 31 | 4 | 49 | 54 |
| 1976 | 110 | 6.6 | 17.0 | 37 | 36 | 4 | 45 | 60 |
| 1977 | 96 | 8.0 | 8.3 | 30 | 45 | 2 | 58 | 35 |
| 1978 | 102 | 10.6 | 13.2 | 9 | 31 | - | 55 | 29 |
| 1979 | 105 | 14.3 | 16.4 | 36 | 38 | - | 60 | 45 |
| 1980 | 407 | 49.0 | 61.3 | 287 | 38 | 14 | 98 | 251 |

출처: 통계청, 앞의 책, p.401.

<표 18>은 60년대 중반부터 1980년까지 정부에 의해 공식적으로 집계된 노사분규의 발생건수를 보여주고 있다. 이 표에 따르면 박정희 정권의 집권기간중 70년대 후반 노사분규의 빈도는 거의 변화가 없었으나 그 참가인원은 크게 감소했는데, 이는 그만큼 법적·제도적 기제를 통한 국가의 노동통제가 매우 강압적이었음을 시사하고 있다. 한편 노사분규의 원인으로는 임금체불과 임금인상이 주종을 이루었는데, 이는 무엇보다도 노동계급의 경제적 조건이 매우 열악했다는 점에 기인하는 것이다. 노동운동의 이슈가 개별사업장에서의 경제투쟁을 통한 임금 및 근로조건 개선에 주로 제한되었다는 점에 주목하여 70년대 노동운동의 경향을 일각에서는 경제적 조합주의로 비판하고 있지만,[27]

---

[27] 박준식, "1970, 80년대의 노동운동," 『한국사 20: 자주·민주·통일을 향하

그만큼 노동계급의 생존권확보의 문제는 매우 절실했던 것으로 이해할 수도 있다. 70년대 후반 노동운동을 대표했던 YH 여성근로자들의 투쟁은 이에 대한 대표적인 사례로 지적할 수 있는데, YH투쟁은 1979년 정국을 경화시키고 결과적으로 유신체제의 종말을 가져온 주요 원인의 하나였지만, 그 투쟁의 내용은 정치투쟁을 지향한 것이 아니라 생존권확보 투쟁이었다.28)

전체적으로 70년대 후반 박정희정권의 노동정책은 노동계급에 대한 경제적 동원화(economic mobilization)와 정치적 탈동원화(political demobilization)를 효과적으로 결합시키는 데 있었던 것으로 보인다.29) 박정희정권은 강압적 통제체제의 제도화를 통해 정치적 탈동원화를 모색하는 동시에 급속한 산업화를 달성하기 위해 경제적 동원화를 극대화시키는 일견 모순적인 두 개의 과제를 동시에 추진해 왔다. 이 점에서 박정희정권의 노동정책은 이른바 국가조합주의(state corporatism)로 볼 수 있을 것이다.30) 하지만 이러한 국가조합주의의 한국적 사례는 이른바 유인(inducement)의 요소는 거의 부재한 채 강제(constraint)가 주종을 이루는 극단적인 국가조합주의의 성격을 보여준다.31) 이는 특히 한국노총의 위상을 검토해 볼

---

여 2』(서울: 한길사, 1994), p.105.
28) 김동춘, "1960, 70년대의 사회운동," 『한국사 19: 자주·민주·통일을 향하여 1』(서울: 한길사, 1994), p.319. YH투쟁에 대해서는 전 YH노동조합·한국노동자복지협의회 편, 『YH노동조합사』(서울: 형성사, 1984)를 볼 것.
29) 최장집, 앞의 책, p.21.
30) 국가조합주의의 특징은 무엇보다도 '이익의 기능적 표출과 정책결정과정에 대한 통제된 참여'에서 찾을 수 있다. 최장집, 앞의 책; 김영래, 『한국의 이익집단』(서울: 대왕사, 1987); Frederic Deyo, "State and Labor," Frederic Deyo, ed., *The Political Economy of the East Asian Industrialism*(Ithaca: Cornell University Press, 1987); *Beneath the Miracle: Labor Subordination in the New Asian Industrialism* (Berkeley: University of California Press, 1989).

때 명확해지는데, 당시 한국노총은 라틴아메리카의 노동조합이 보여주고 있는 국가와 시민사회를 매개하는 이익대표체제로 기능했다기보다는 국가권력에 사실상 예속되어 있었다고 볼 수 있다.32) 시민사회 내의 어떠한 조직적 대응도 극단적으로 배제하려는 이러한 노동정책은 1980년 등장한 전두환정권에 그대로 계승되었으며, 1987년 6월 민주항쟁까지 일관되게 추진되었다.

---

31) 이러한 국가조합주의론에 대해 송호근은 시장기제적 억압이란 대안적인 설명방식을 제시한다. 여기서 시장기제적 억압은 권위주의국가가 노동계급의 조직화를 저지하면서 억압의 단위를 개별기업 및 개별노동자로 설정하는 방식을 의미한다. 시장기제적 억압에 대해서는 송호근, 『한국의 노동시장과 정치』(서울: 나남, 1991)를 볼 것. 70년대 후반 박정희정권의 노동정책은 이러한 시장기제적 억압의 성격을 보여주고 있지만, 그렇다고 해서 국가조합주의적 노동통제가 잘못된 접근방식은 아니다. 국가조합주의적 노동통제가 국가와 시민사회의 관계, 다시 말해 이익대표 정치에 초점을 맞춘 것이라면, 시장기제적 노동통제는 자본주의시장에 노출된 개인의 조건을 개념화한 것으로 볼 수 있다. 한국의 국가조합의주의와 시장기기제적 억압에 관한 포괄적인 검토로는 노중기, "한국국가의 노동통제 유형에 관한 비판적 연구," 『경제와 사회』(1993년 여름)를 볼 것.

32) 당시 국가와 노총의 관계는 유신 선포 이후 한국노총이 이를 지지하는 성명을 발표하고 이를 실현하기 위해 적극적으로 노력한 것에서 단적으로 드러난다. 1973년 한국노총의 운영방침에 따르면, "격동하는 70년대를 맞이하여 조국의 안정·번영·통일을 위한 유신과업 수행의 강력한 추진력이 될 것을 다짐하는 우리 노총은 먼저 우리 스스로의 체질을 개선하고 내실을 기함으로써 국력 조직화의 일익을 담당하여 국가시책을 효율적으로 뒷받침하는 동시에 남북대화와 평화통일에 있어 북한의 직업동맹보다 우위에 설 수 있는 조직력과 대응태세를 시급히 갖출 필요가 있음을 통감한다"고 천명했다. 김동춘, 앞의 글, pp.312-313; 박준식, 앞의 글, 1994, pp.98-99.

## 2) 이데올로기적 통제

법적·제도적 통제와 함께 이데올로기적 통제 또한 70년대 후반 노동정책의 한 축을 이루고 있다. 노동계급에 대한 이데올로기적 통제에 대해서는 박정희정권에 의한 반공이데올로기와 발전-안정이데올로기의 동원을 주목할 수 있다.[33] 우선 분단체제의 고착화로 강화된 반공이데올로기는 노동조합에 대한 이념적 탄압과 산업갈등에 대한 적극적인 개입을 정당화시켜 왔으며, 특히 1975년 인도차이나 공산화 이후 국가안보가 지상과제로 설정된 이후에는 거의 만능의 권위로 이용되었다. 한편 60년대 이후 박정희정권에 의해 크게 부각된 발전이데올로기는 안정이데올로기와 결합하여 노동계급의 경제적 동원화를 극대화하기 위해서 사회 전체와 노사관계의 안정 및 질서를 강조해 왔다. 여기서 주목할 것은 이 이데올로기들이 상호 결합되어 있었다는 점인데, 곧 발전-안정이데올로기가 위기에 빠질 경우 반공이데올로기가 즉각적으로 개입함으로써 발전-안정이데올로기를 효과적으로 재생산해 왔던 것이다.

70년대 후반 추진된 공장새마을운동은 박정희정권에 의해 주도된 발전-안정이데올로기 전략의 전형을 보여주고 있다. 박정희정권은 1973년

---

[33] 한국사회의 지배이데올로기로 정해구는 반공이데올로기, 발전이데올로기, 안정이데올로기, 기타 주변적 이데올로기를 들고 있으며, 임영일은 반공이데올로기, 발전이데올로기, 자유민주주의이데올로기를 지적하고 있다. 정해구, "한국사회의 이데올로기변동," 김진균·조희연 편, 『한국사회론』(서울: 한울, 1990); 임영일, "한국사회의 지배이데올로기," 한국산업사회학회 편, 『한국사회와 지배이데올로기』(서울: 녹두, 1991).

오일쇼크 이후 생산성제고 전략을 기존의 새마을운동이라는 관료적 계획과 결합시켜 공장새마을운동이라는 특유의 정책을 추진했다.[34] 이 공장새마을운동의 기본적인 목표는 농촌지역에서 추진된 새마을운동을 기업에 확산, 충효사상의 가부장적 유교윤리의 고취를 통해 사업장 수준에서 노동계급을 이데올로기적으로 탈정치화시키는 데 있었다.[35]

〈표 19〉 공장새마을운동 참여공장 현황(1973~1980)    (단위: 개)

| 구분 | 1973~1976 | 1977 | 1978 | 1979 | 1980 |
|---|---|---|---|---|---|
| 참여공장 | 1,500 (시범업체) | 10,000 (10인 이상) | 12,000 (10인 이상) | 15,000 (10인 이상) | 16.000 (10인 이상) |
| 지도평가대 상공장 | - | 2,200 (100인 이상) | 2,467 (100인 이상, 5대도시) | 5,529 (50인 이상) | 4,404 (50인 이상) |

출처: 이동우 외, 『공장새마을운동: 이론과 실제』(서울: 새마을운동중앙본부, 1983), p.371.

구체적으로 공장새마을운동은 주인의식 고취로 새로운 생산적 가치관의 확립, 노사협조를 통한 공동운명체의 확립, 한국적 기업풍토 조성으로 경영합리화 촉진, 경제부국을 위한 산업운동으로서의 행동철학

---

34) 최장집, 앞의 책, pp.183-193; 김형기, 『한국의 독점자본과 임노동』(서울: 까치, 1988), pp.276-287.

35) 이러한 이데올로기전략은 이른바 전통의 창조라고 부를 수 있는 후발산업화 과정에서 흔히 동원되는 담론전략이라 볼 수 있다. Eric Hobsbaum, Terence Ranger, eds., The Invention of Tradition(Cambridge: Cambridge University Press, 1983). 채터지가 강조하듯이, 제3세계의 경우 물질적 영역에서 서구에 대한 모방이 성공적일수록 정신적 문화에 대한 보존의 욕구는 더욱 강화되는 경향이 두드러진다. Chatar Chatterjee, Nation and Its Fragments(Princeton: Princeton University Press, 1993).

을 기본이념으로 설정하고 있었다.36)

⟨표 20⟩ 공장새마을운동의 교육실적(1973~1980)    (단위: 명)

|  | 1973 | 1974 | 1975 | 1976 | 1977 | 1978 | 1979 | 1980 |
|---|---|---|---|---|---|---|---|---|
| 새마을지도자연수원 | 36 | 380 | 460 | 73 | 338 |  | 56 | 639 |
| 서울연수원 |  |  | 1,676 | 5,669 | 5,403 | 4,897 | 4,892 | 4,505 |
| 부산연수원 |  |  |  |  |  | 772 | 5,553 | 5,428 |
| 한전연수원 |  | 870 | 1,797 | 1,887 | 2,068 | 971 |  |  |
| 주안연수원 |  |  |  |  |  | 4,076 |  |  |
| 소계 | 36 | 1,250 | 3,933 | 7,629 | 7,809 | 10,716 | 10,501 | 10,572 |
| 민간연수원 |  |  | 8,000 | 14,000 | 17,000 | 23,000 | 20,000 | 23,000 |
| 합 계 | 36 | 1,250 | 11,933 | 21,629 | 24,809 | 30,716 | 30,501 | 33,623 |

출처: 이동우 외, 앞의 책, p.371.

<표 19>과 <표 20>은 공장새마을운동의 현황과 교육실적을 보여주고 있다. 이 자료들에 따르면 1979년 현재 15,000개 정도의 공장(10인 이상)이 공장새마을운동에 참여하고 있으며, 5,529개 공장(50인 이상)은 지도평가대상 공장으로 자체 조사되고 있다. 공장새마을운동이 유교적 담론에 입각한 가부장적 노사관계의 창출을 목표로 하고 있다는 점에서 새마을정신과 이념에 대한 연수교육은 이 운동이 주력한 대표적인 사업의 하나로 주목할 수 있다. 박정희정권은 1973년 11월 새마을지도자연수원에서 첫 교육을 시작한 이래 연구교육을 강화해 왔는데, <표 21>에 따르면 1979년의 경우 민간연수원을 포함한 전국의 연수원에서 3만명 이상의 사람들이 연수교육을 받은 것으로 조사되고 있다.

---

36) 이동우 외, 『공장새마을운동: 이론과 실제』(서울: 새마을운동중앙본부, 1983), p.29.

〈표 21〉 품질관리 분임조 조직추이(1975~1980)

|  | 분임조수(팀) | 분임조에 포함된 인력 규모[1] | 제조업에 고용된 인력규모(x1,000)[2] | 조직률 |
|---|---|---|---|---|
| 1975 | 1,257 | 12,947 | 2,205 | 0.59 |
| 1976 | 8,615 | 88,734 | 2,678 | 3.31 |
| 1977 | 23,217 | 239,135 | 2,798 | 8.55 |
| 1978 | 37,300 | 384,190 | 3,016 | 12.74 |
| 1979 | 48,728 | 501,898 | 3,126 | 16.06 |
| 1980 | 56,081 | 577,634 | 2,972 | 19.44 |

1) 단위·분임조의 평균규모를 10.3명으로 하여 추산한 것임.
2) 제조업에 고용된 인력규모는 경제기획원, 『통계연보』(1981년 5월)에 의한 것임.
출처: 공업진흥청, 『공업표준화 20년사』(서울, 1981), p.427.

연수교육과 함께 공장새마을운동에서 주목할 수 있는 것은 품질관리운동과 결합하여 제도화된 중앙통제 형태로 발전되었다는 점이다. 품질관리운동은 70년대 중반부터 본격적으로 확산되었는데, 1975년 제1회 전국품질관리대회가 개최되고 공업진흥청에 품질관리추진본부가 설치되었다. 당시 이러한 흐름을 주도하던 공업진흥청은 품질관리운동의 목표를 "새마을정신을 바탕으로 하여 품질관리운동을 범산업적으로 전개함으로써 원자재의 절약, 생산성의 향상을 기하고, 나아가서는 불황에 대처하여 경영의 내실화를 기하"는 데 두고, 기업의 유신적 경영관의 확립, 기업의 체질개선, 품질의 국제수준화를 추진했다.[37] <표 21>은 품질관리 분임조의 조직추이를 보여주고 있는데, 1975년 분임조조직률(전체 제조업 조업원수에 대한 분임조원수의 비율)은 0.59%에 불과했으나 1980년에는 19.4%로 크게 증가했다. 박정희정권의 이러한 품

---

37) 공업진흥청, 『공업표준화 20년사』(서울, 1981), pp.387-388; 김형기, 앞의 책, pp.278-279.

질관리운동은 형식적인 측면이 두드러져 실제 효과가 그리 크지 않았지만, 노동계급에 대한 이데올로기적 통제에는 상당한 영향을 미쳤던 것으로 보인다. 다시 말해 품질관리운동은 사업장에서의 협동적이고 위계적인 작업분위기를 형성하여 노동계급의 저항을 사전에 차단하는 동시에 노사협조를 강제하는 이데올로기적 효과를 창출했다고 볼 수 있다.

### 3) 소 결

70년대 후반 박정희정권의 노동정책은 세계시장에서의 수출상품 경쟁력을 유지하기 위해 임금인상을 규제하고 노동운동을 억압하는 1960년대 이래의 억압적 노동통제를 강화하는 방향으로 이루어져 왔다. 60년대 박정희정권의 수출지향 공업화전략의 특징을 원시적 테일러화에서 찾을 수 있다면, 저임금과 장시간노동이 세계시장에서의 국제경쟁력을 확보하는 데 핵심적인 원천이 되어 왔음은 주지의 사실이다. 이러한 전략은 70년대 후반 중화학공업화의 주변부 포드주의전략에서도 그대로 반복되었다. 중화학공업을 주도했던 전자, 조선, 철강산업이 자본집약적 산업인 동시에 노동집약적 산업이라는 점에서 노동력의 효율적인 동원화를 위한 국가의 노동정책은 중화학공업화의 성패를 좌우하는 매우 중요한 정책일 수밖에 없었던 것으로 보인다.

그러나 이러한 박정희정권의 노동정책은 노동운동의 지속적인 도전을 받아 왔다. 물질적 보상이 충분히 주어지지 않을 때 물리적·법적 억압과 제도적·이데올로기적 회유는 단기적으로는 효과적일지 모르지만 장기적으로는 이에 대한 다양한 저항을 촉발시킬 수밖에 없다. 앞서 지적한 바와 같이 70년대 후반 노사분규는 법적·제도적 억압과 이데올로기적 통제에도 불구하고 지속적으로 발생했다. 뿐만 아니라 노동기본권이 제약되고 집단행동이 불허된 상황 속에서 작업거부와 농성이 중요한 분규형태로 일상화되어 왔다는 점 또한 주목할 필요가 있다.[38] 이러한 사실은 70년대 후반 박정희정권의 노동정책은 그 효율성이 갈수록 약화되었으며, 나아가 정권의 정치적 정당성을 부식시키는 중요한 요인이 되었다는 점을 보여주고 있다.

## 4. 70년대 후반기 복지정책의 변화

일반적으로 자본주의국가는 산업구조가 고도화됨에 따라 체제의 안정성을 도모하기 위해 하층계급의 물질적 생활을 보장해 주는 다양한 복지정책을 추진하는 경향을 보여준다. 서구사회에서 이러한 복지정책의 역사적 기원은 19세기 후반 비스마르크시대까지 소급할 수 있지만, 그 대다수 정책은 제2차 세계대전 이후 이른바 포드주의 축적체제가 공고화되면서 광범위하게 추진되어 왔다.[39] 복지제도는 크게 보아 사

---

38) 김윤환, "산업화단계의 노동문제와 노동운동," 박현채 외, 『한국사회의 재인식 1』(서울: 한울, 1985), p.375.

39) 에스핑-앤더슨에 따르면 탈상품화와 계층화의 기준에 의해 전후 복지국가체제는 사회민주주의모델(스웨덴, 노르웨이, 덴마크 등), 보수주의모델(독일, 프랑스, 이탈리아, 오스트리아 등), 자유주의모델(미국, 캐나다, 호주 등)로 구분될 수 있다. 사회민주주의모델이 사회복지에 대한 시민권리의 보편적 요구를 지원해 주는 체제라면, 보수주의모델은 사회적 성과에 대한 다양한 요구에 고용과 사회적 지위를 연결시키는 체제이다. 한편 자유주의모델은 사회복지에 대한 개인의 한정된 요구로 이루어지거나 개별적인 성과로 형성되는 체제를

회보험, 공적 부조(公的扶助), 그리고 사회복지서비스로 나누어진다. 사회보험이 평상시에 소득이 있는 사람에게 보험료를 부과하여 이를 재원으로 각종 사회적 사고가 발생했을 때 필요한 소득 또는 의료를 보장해 주는 제도를 말한다면, 공적 부조는 평상시에 소득이 전혀 없거나 소득수준이 낮아 보험료를 부담할 능력이 없는 사람에게 각종 사회적 사고가 발생하는 등으로 생활이 어려운 경우 공적인 재정으로 필요한 소득 또는 의료를 보장해 주는 제도를 지칭한다. 한편 사회복지서비스는 사회적 사고 등으로 인해 도움을 필요로 하는 개인 및 집단에게 사회사업기법을 토대로 하여 상담, 재활, 직업소개, 사회복지시설 이용 등 전문적 서비스를 제공하여 이들이 정상적으로 활동할 수 있도록 지원하는 제도를 말한다.40) 사회보험의 목적이 취업자들의 권리와 복지를 보장하는 데 놓여 있다면, 공적 부조와 사회복지서비스는 여러 상황으로 인하여 취업할 수 없는 사회계층을 위한 복지정책이라 할 수 있다.

### 1) 경제성장과 복지정책

한국의 경우 60년대 이후 산업화 초기에는 이러한 복지정책에 대한

---

말한다. G. Esping-Andersen, *The Three World of Welfare Capitalism*(Princeton: Princeton University Press, 1990).

40) 인경석, 『한국 복지국가의 이상과 현실』(서울: 나남, 1998), pp.20-24. 구체적으로 사회보험제도로는 연금제도, 의료보험제도, 산업재해보상보험제도, 고용보험(또는 실업보험)제도, 가족수당(또는 아동수당)제도 등이 있고, 공적부조제도로는 생활보호제도, 의료보호제도, 재해구호제도 등이 있으며, 사회복지서비스로는 노인복지서비스, 아동복지서비스, 장애인복지서비스, 여성복지서비스 등이 있다.

관심은 그다지 높지 않았던 것으로 보인다. 60년대 초반 집권 초기에 박정희정권은 생활보호법(1961), 군인연금법(1963), 산업재해보상보험법(1963), 의료보험법(1963), 공무원연금법(1960), 원호법(1961), 사회보장에 관한 법(1963), 아동복지법(1961), 재해구호법(1962) 등 상당한 복지관련 법안들을 제정했지만, 정부가 실제로 시행한 것은 공무원연금, 군인연금, 산업재해보상보험, 생활보호제도 등에 불과했다.[41] 60년대에 복지지출은 비생산적이고 낭비적인 유출로 간주되는 경향이 두드러졌으며, 70년대에 들어와서도 이러한 인식과 상황은 크게 변화하지 않았다.[42]

〈표 22〉 중앙정부 기능별 세출구성(1960~1980)    (단위: 억원, %)

| | 세출계 | 일반공공행정 | 국방 | | 교육 | 보건·사회보장 및 복지 | | 주택 및 지역사회개발 | 경제사업 |
|---|---|---|---|---|---|---|---|---|---|
| | | | 액수 | 대GNP비율 | | 액수 | 대GNP비율 | | |
| 1960 | 420 | 32 | 147 | 6.0 | 64 | 22 | 0.9 | – | 84 |
| 1970 | 4,413 | 227 | 1,023 | 3.7 | 782 | 175 | 0.6 | – | 9,100 |
| 1975 | 17,653 | 2,306 | 4,652 | 4.6 | 2,245 | 1,022 | 1.0 | 200 | 5,497 |
| 1976 | 25,189 | 2,357 | 7,705 | 5.5 | 3,494 | 1,336 | 1.0 | 282 | 7,368 |
| 1977 | 32,744 | 2,969 | 10,083 | 5.7 | 4,704 | 1,926 | 1.1 | 470 | 8,807 |
| 1978 | 44,080 | 4,191 | 14,381 | 6.0 | 6,050 | 2,575 | 1.1 | 550 | 11,549 |
| 1979 | 59,900 | 5,475 | 15,974 | 5.2 | 8,630 | 3,398 | 1.1 | 1,055 | 19,052 |
| 1980 | 76,820 | 6,555 | 23,491 | 6.4 | 11,244 | 5,162 | 1.4 | 1,911 | 19,967 |

출처: 통계청, 앞의 책, p.307.

---

41) 이혜경, "한국의 소득보장제도: 압축성장의 한계와 탈도구화의 과제," 『연세사회복지연구』(1권, 1993), p.74.

42) 남세진·조흥식에 따르면 우리나라 사회복지의 역사는 ① 사회복지의 전사(고대~일제시대), ② 사회복지제도의 도입기(정부수립~5·16쿠데타 이전), ③ 사회복지의 확립기(5·16쿠데타~제5공화국), ④ 사회복지제도의 확대기(제5공화국 이후)로 구분될 수 있다. 남세진·조흥식, 『한국사회복지론』(서울: 나남, 1995), pp.84-100.

<표 22>는 이러한 박정희정권 복지정책의 특성을 잘 보여주고 있는데, 70년대 후반 복지비는 GNP 대비 1%의 매우 낮은 수준에 머물러 있었으며, 교육비를 포함하여 정부 총지출 중 20% 정도를 차지했다. 이러한 수치는 선진국은 물론 신흥공업국과 비교해 볼 때에도 낮은 수준으로, 예를 들어 <표 23>에서 볼 수 있듯이 동아시아 신흥공업국인 대만과 싱가포르의 경우 80년대 초반 30% 정도의 복지비를 지출한 것으로 나타나고 있다.

〈표 23〉 복지비(교육, 보건, 사회보장 및 복지) 국제비교    (단위: %)

| 대만(1982) | 29.2 | 브라질(1979) | 54.5 |
| 홍콩(1982) | 12.6 | 멕시코(1980) | 36.3 |
| 싱가포르(1982) | 26.3 | 아르헨티나(1980) | 46.8 |

출처: Deyo, Frederic, "State and Labor," Frederic Deyo(ed.), *The Political Economy of the East Asian Industrialism*(Ithca: Cornell University Press, 1987), p.198.

	복지에 대한 정부의 지출이 이렇게 낮다고 해서 복지정책이 전혀 추진되지 않았던 것은 아니다. 앞서 지적했듯이 60년대 초반 다양한 복지제도들이 입법화되었으며, 70년대에 들어와서도 <표 24>에서 볼 수 있듯이 몇몇 중요한 복지입법이 추진되었다. 우선 정부는 1970년 의료보험법을 개정했으며, 이어 1973년에는 모자보건법, 국민복지연금법, 사립학교교원연금법을 제정했다. 국민복지연금법의 경우 공무원, 군인 등 일부 특수직역을 제외한 모든 국민을 위한 연금제도를 실시할 예정이었지만 바로 그해 석유파동에 따른 경기침체로 실시가 연기되었다.[43]

---

43) 당시 박정희정권은 공적 연금제도를 중화학공업화를 위한 자본동원정책의 일환으로 활용하고자 했다. 중화학공업 육성의 재정계획은 외자도입이나 외

〈표 24〉 사회복지제도의 변화(1970~1980)

| 연도 | 제도 및 입법의 변화 | 주요 내용 |
|---|---|---|
| 1970 | 사회복지사업법 제정<br>의료보험법 개정 | 시설운영과 행정조치 등 규정<br>적용범위 확대, 강제가입 추가,<br>미시행 |
| 1973 | 모자보건법 제정<br>국민복지연금법 제정<br>사립학교교원연금법 제정 | 미시행(74, 75년 개정에서 연기) |
| 1976 | 의료보험법 전면개정<br>입양특례법 제정 | |
| 1977 | 의료보험제도 시행<br>의료보호법 제정<br>공무원 및 사립학교 교직원의료<br>보험법 제정<br>특수교육진흥법 제정 | 500인 이상 사업체 적용 |
| 1978 | 월남귀순용사특별보상법 제정 | |
| 1979 | 공무원 및 사립학교 교직원 의<br>료보험 실시<br>의료보험 적용대상 확대 | 300인 이상 사업체 |
| 1980 | 사회복지사업 기금법 제정 | |

출처: 남세진·조흥식, 『한국사회복지론』(서울: 나남, 1995), p.93.

    1970년대 후반에 들어와서는 1977년 의료보호법을 실시했고, 1976년 의료보험법을 전면 개정하여 1977년 의료보험제도를 시행했으며, 이어 1979년에는 공무원 및 사립학교 교직원에까지 의료보험을 확대했다.
    정부의 이러한 의료보험제도의 실시는 제4차 경제개발계획에서 목표로 설정한 '착실한 성장과 사회개발'을 위한 사회복지의 향상을 구

---

국의 직접투자보다 국내저축으로 충당할 예정이었으며, 정부는 20년 갹출을 필요로 하는 국민복지연금기금에 근로자들을 참여시키고자 했다. 당시 한국개발원은 국민복지연금으로 2년 안에 2조원을 동원할 수 있을 것으로 추정한 것으로 알려지고 있다. 이혜경, 앞의 글, p.75. 이 국민연금제도는 1986년 국민연금법으로 개정되어 1988년부터 시행되기 시작했다.

체적으로 반영하고 있다는 점에서 주목할 필요가 있다.

1970년대 후반기 사회보장제도를 다른 신흥공업국의 경험과 비교해 볼 때 한국의 복지정책은 뒤늦게 확립되었을 뿐만 아니라 그 정책내용 또한 빈약한 것으로 흔히 평가되고 있다.44) 복지정책의 이러한 후진성을 낳은 일차적인 요인으로는 복지정책을 추진할 수 있는 정부의 물질적 지반이 취약했다는 점을 지적할 수 있지만, 1960~70년대에 과잉공급된 노동시장을 배경으로 대규모의 고용창출만으로도 정치적 정당성을 확보할 수 있었다는 점 또한 중요한 요인으로 작용했다.45) 더욱이 70년대 조직노동자가 독자적 세력을 형성하지 못한 상황에서 노동계급을 체제내적으로 수용할 복지제도를 수립해야 할 필요성 또한 높지 않았다고 볼 수 있다.46) 요컨대 박정희정권은 복지정책에 기반한 노동계급의 회유를 통해서가 아니라 고도의 경제성장과 그에 따른 고용창출을 통해 정당성을 창출하고자 했다. 복지정책에 대한 국가의 이러한 낮은 관심에도 불구하고 70년대 후반 추진된 복지정책은 이후 사회발전과 사회복지정책에 작지 않은 영향을 미쳤는데, 특히 의료보험제도의 실시는 한국 사회보장제도의 기반을 마련하는 데 출발점을 이루었던 것으로 70년대 후반 박정희정권의 복지정책 가운데 사회보험으로서의 의료보장제도와 산업재해보상보험, 그리고 공적 부조로서의 생활보호법은 그 대표적인 정책으로 지목할 수 있다.47)

---

44) 임현진, "사회보장제도를 통해 본 신흥공업국의 복지정책," 한림과학원 편, 『복지국가의 현재와 미래』(서울: 나남, 1993).

45) 이혜경, 앞의 글, p.74.

46) 임현진, 앞의 글, pp.85-86.

47) 이외에도 70년대 후반 시행된 복지정책으로는 장애자복지, 아동복지, 청소년복지, 부녀복지, 노인복지 등이 있다. 하지만 이러한 사회복지서비스의 수준은 여전히 미미했다. 70년대 후반 당시 사회복지정책에 관한 포괄적인 분석으로는 아산사회복지사업재단, 『한국의 사회복지』(서울: 경연사, 1979)를

## 2) 복지정책의 내용과 변화

### (1) 생활보호제도

　생활보호제도는 노령, 아동, 불구·폐질 등으로 근로능력이 없거나 근로능력이 있어도 소득이 낮아 보호를 필요로 하는 자에게 정부(국가 및 지방자치단체)의 재정으로 생계비를 지원해 주는 대표적인 공적 부조의 하나이다. 그 대상자에게 지원되는 비목(費目)은 주·부식비 등 기본생계비(생계보호), 교육비(교육보호), 주거비(주거보호), 출산비용(해산보호), 장례비용(장제보호) 등이 있고 근로능력이 있는 자에게는 직업훈련 및 생업에 필요한 자금의 융자(자활보호) 등이 있다.[48] 우리나라에서 생활보호법은 1961년 12월 제정되었으나 재정상의 문제로 인하여 전면적인 실시가 이루어지지 못하다가 1969년에 와서야 시행령이 마련되었다.

　생활보호대상자는 크게 시설보호자, 거택보호자, 자활보호자로 구분된다. 시설보호자가 주거가 없거나 있어도 보호의 목적을 달성할 수 없어 보호시설에 입소하여 생활보호급여를 받는 노인, 아동, 임산부, 장애인 및 노동능력 상실자를 말한다면, 거택보호자는 일정한 주거가 있어 그 주거에서 생활보호급여를 받는 노인, 아동, 임산부, 장애인 및 노동능력 상실자 및 이들과 50세 이상의 부녀자만으로 구성된 가족을 말한다. 한편 자활보호자는 앞의 범주에 속하지 않는 대체로 노동능력을 갖고 있으나 낮은 소득으로 인하여 국가의 생활지원이 필요하다고

---

볼 것.
48) 인경석, 앞의 책, p.22.

인정되어 생계보호를 제외한 생활보호급여를 받는 절대빈민을 말한다. 간단히 말해 이 세 유형은 주거의 유무와 노동능력의 유무라는 두 기준에 의해 구분될 수 있는데, 시설보호자는 주거와 노동능력이 없는 자이고, 거택보호자는 주거는 있으나 노동력이 없는 자이며, 자활보호자는 주거와 노동능력을 갖추고 있으나 가난한 자이다.[49]

〈표 25〉 생활보호대상자수의 추이(1971~1980)  (단위: 천 명)

| 연도 | 시설보호자 | 거택보호자 | 자활보호자 | 합계 |
|---|---|---|---|---|
| 1971 | 105 | 283 | 958 | 1,346 |
| 1972 | 97 | 283 | 824 | 1,204 |
| 1973 | 93 | 283 | 766 | 1,142 |
| 1974 | 95 | 283 | 706 | 1,084 |
| 1975 | 96 | 330 | 904 | 1,330 |
| 1976 | 96 | 330 | 1,632 | 2,058 |
| 1977 | 94 | 318 | 1,727 | 2,139 |
| 1978 | 91 | 289 | 1,655 | 2,035 |
| 1977 | 89 | 318 | 1,624 | 2,139 |
| 1980 | 92 | 282 | 1,500 | 1,874 |

출처: 원석조, 앞의 글, p.119.

<표 25>는 70년대 생활보호대상자수의 추이를 보여주고 있다. 여기서 주목할 것은 70년대 중반 생활보호대상자가 거의 2배에 가까운 증가를 보여주고 있다는 점인데, 이는 표에서 볼 수 있듯이 자활보호대상자의 증가에 기인하는 것이다. 이러한 생활보호자의 규모를 70년대 후반 당시 절대빈곤인구의 규모와 비교해 볼 때(<표 7>을 볼 것), 절대빈곤하의 상당수의 인구가 생활보호대상에서 제외되고 있었음을 알 수 있다.

---

49) 원석조, "생활보호," 중앙대학교 사회복지학과 편, 『한국 사회보장제도의 재조명』(서울: 한국복지정책연구소 출판부, 1992), p.116.

〈표 26〉 보호종류별 보호수준 추이(1인당, 1965~1978)

| | | | 1965 | 1970 | 1975 | 1978 |
|---|---|---|---|---|---|---|
| 거택보호 | 양곡 | 년간 | 2,923원 | 2,938원 | 10,993.80원 | 31,106.12원 |
| | | 1일 | 소맥분 250g | 소맥분 250g | 소맥분 250g | 소맥분 530g 백미 101g(0.7합) 정맥 41g(0.3합) |
| 시설보호 | 연간계 | | 6,225원 | 12,777원 | 53,092.90원 | 120,990.21원 |
| | 주식 | 년간 | 5,130원 | 9,127원 | 34,696.90원 | 62,590.21원 |
| | | 1일 | 백미 0.8합 잡곡 2.2합 | 백미 1.5합 잡곡 1.5합 | 백미 216g(1.5합) | 백미 288g(2합) 정맥 276g(2합) |
| | 부식 및 의복 | 년간 | 1,095원 | 3,650원 | 18,396원 | 58,400원 |
| | | 1일 | 3원 | 10원 | 50.40원 | 서울 170원 지방 150원 |
| 자활지도(일당임금) | | 년간 | - | 1,397원 | 4,000원 | 13,400원 |
| | | | 115원 (소맥분 3.6kg) | 215원 (소맥분 3.6kg, 노임 100원) | 노임 남 1,000원 여 700원 | 노임 남 1,500원 여 1,200원 |
| 의료보호(건당 원) | | | - | - | 입원 500원 통원 50원 | 1차진료 500원 2차진료 6,500원 |
| 장례조치(건당 원) | | | 187원 | 2,614원 | 6,000원 | 20,000원 |

출처: 아산사회복지사업재단, 앞의 책, pp.240-241.

한편 <표 26>은 60년대 중반부터 70년대 후반까지 보호종류별 생활보호수준의 변화를 보여주고 있다. 그 추세를 살펴볼 때 거택보호와 시설보호에서 보호수준이 점차 증대해 왔으며, 70년대 중반 이후에는 낮은 수준이기는 하지만 의료보호의 혜택 또한 받기 시작했다. 하지만 1978년의 구체적인 보호수준을 당시 근로자가구의 소비지출과 비교해 볼 때,50) 생활보호의 지원만으로는 여전히 생계를 유지하기 어려웠던 것으로 보인다.

---

50) 통계청 자료에 따르면, 1978년 도시근로자가구(2인) 연간평균 가계지출은 984,000원이었다. 통계청, 앞의 책, p.405.

(2) 산업재해보상보험

산업재해보상보험 또한 주목할 만한 사회보장제도 가운데 하나이다. 산업재해보상보험제도는 근로자가 업무수행중 또는 업무수행과 관련하여 부상, 질병 또는 사망한 경우에 근로자 본인의 치료와 본인 및 부양가족의 생계를 보장하기 위한 제도이다.[51] 사회보험제도 가운데 선진국에서 가장 먼저 도입한 것이 이 산업재해보상보험이었으며, 우리나라에서도 가장 먼저 실시된 사회보험 또한 바로 이 제도였다.[52] 1963년 11월 제정되고 1964년 7월부터 시행된 우리나라의 산업재해보상보험법은 산업재해에 대한 사용자의 책임을 규정하고 재해에 대한 보상은 물론 재해로부터 비롯되는 손실에 대한 생활보장을 그 목표로 하고 있다.

<표 27>은 1964년 이후 산재보험의 적용의 확대추이를 보여주고 있다. 산업보험제도가 처음 시행된 1964년에는 노동자 500인 이상의 광업 및 제조업부문에 적용했지만, 이후 1965년에는 전기가스업과 운수보관업을, 1969년에는 건설업, 서비스업, 수도위생시설업, 통신업을 추가했으며, 적용규모도 계속 확대하여 1967년에는 100인 이상, 1968년에는 50인 이상, 그리고 1976년에는 광업과 제조업 가운데 화학, 석탄, 석유, 고무 및 플라스틱제조업은 5인 이상으로 확대했다. 이러한 적용범위 확대과정에서 나타나는 중요한 특징은 산재위험이 높은 집단으로부터 낮은 집단으로 확대된 것이 아니라 적용관리가 용이한 대기업에서 시작하여 점진적으로 중소기업으로 확대되었다는 데 있다.[53]

---

51) 인경석, 앞의 책, p.173.
52) 남세진·조흥식, 앞의 책, p.209.
53) 남세진·조흥식, 앞의 책, p.210.

〈표 27〉 산재보험의 기업규모별 및 업종별 적용 확대 추이(1964~1976)

| 연도 | 적용노동자율[1] | 기업규모 | 업종 |
|---|---|---|---|
| 1964 | 1.05 | 500인 이상 | 광업, 제조업 |
| 1965 | 1.96 | 200인 이상 | 전기가스업, 운수보관업 추가 |
| 1966 | 2.64 | 150인 이상 | |
| 1967 | 3.86 | 100인 이상 | |
| 1968 | 5.34 | 50인 이상 | |
| 1969 | 7.26 | | 건설업, 수도업, 위생서비스업, 상업, 통신업, 서비스업 추가, 금융, 증권, 보험업 제외, 상업, 서비스업 제외 |
| 1971 | 8.28 | | |
| 1972 | 9.36 | 30인 이상 | |
| 1973 | 10.47 | 16인 이상 | |
| 1976 | 18.08 | 광업, 제조업 중화학, 석유, 석탄, 고무, 플라스틱에 한해 5인 이상 | |

1) (산재보험 적용 노동자수/총취업자수) × 100
출처: 남세진·조흥식, 앞의 책, p.211.

〈표 28〉 재해근로자 급여(1977년 12월 31일 현재)  (단위: 천원)

| 급여별 | 보험금 | 급여별 | 보험금 |
|---|---|---|---|
| 요양급여 | 10,073,971 | 유족급여 | 3,063,649 |
| 휴업급여 | 3,203,259 | 장의비 | 277,543 |
| 장해일시금 | 4,993,806 | 일시급여 | 4,110 |
| 장해연금 | 2,432 | 합계 | 21,613,770 |

출처: 아산사회복지사업재단, 앞의 책, p.197.

70년대 후반 당시 산재보험급여의 종류는 요양급여, 휴업급여, 장해급여, 유족급여, 유족특별급여, 장의비, 일시급여로 나누어져 있었다. 자료에 따르면, 1976년의 경우 총 164,322건 중 요양급여 건수가 92,

502건, 휴업급여 건수가 62,224건, 장해급여 건수가 7,812건이었으며, 건당 지급액은 77,110원 정도로 낮은 수준이었다.54) <표 28>은 1977년 12월 현재 산재보험급여의 상황을 보여주고 있는데, 일시금이 압도적인 반면에 연금지급은 매우 낮은 비중을 차지하고 있다. 이렇게 일시금의 단기급여가 높은 비중을 차지하고 있는 것은 당시 산재를 당했을 경우 목돈에 대한 유인이 컸고 연금형태의 장기급여로는 생계가 어려웠다는 점에 기인한다. 앞서 살펴본 바와 같이 우리나라의 재해율은 매우 높았으며, 그만큼 산재보험의 실시는 매우 중요한 것이었지만 70년대 후반 산재보험은 그 역할을 제대로 했다고 보기 어렵다. 뿐만 아니라, 70년대 후반 당시 산재보험은 재해발생의 가능성이 높은 중소기업 및 영세기업을 그 대상에서 제외하고 있다는 문제점을 갖고 있었다.

### (3) 의료보험제도

의료보험은 70년대 후반 박정희정권이 주력한 대표적인 복지정책이다. 이 의료보험은 연금보험과 함께 사회구성원의 상호부조와 재분배 기능을 수행하는 사회보험의 핵심적 제도이다.55) 의료보험제도에 대한 국가의 관심은 <표 29>에서 볼 수 있듯이 60년대 초반까지 거슬러 올라간다. 그러나 1963년 12월 의료보험법이 제정되었음에도 불구하고 당초의 목적대로 실시되지 않았으며, 전국적으로 소수의 의료보험조합만이 결성되어 시범사업 정도로 실시되었다.56) 이어 1970년 박정희정

---

54) 아산사회복지사업재단, 앞의 책, p.195.
55) 김영모, 『한국 사회복지의 제문제』(서울: 한국복지정책연구소, 1986), p.155.
56) 한 자료에 따르면 1965년에서 1976년 말까지 전국적으로 조직된 임의방식의 의료보험조합은 11개였으며, 피보험자는 1976년 말까지 전인구의 0.2%인

권은 의료보험법을 개정했으나 강제성 의료보험은 여전히 실시하지 못하다가, 1976년에 와서야 의료보험법을 다시 개정하여 1977년 7월부터 500인 이상 사업장 근로자의 의료보험을 실시했다. 앞서 지적한 바와 같이 1977년 시작된 제4차 경제개발계획에서 박정희정권은 고도성장에 따른 사회적 불균형의 해소에 관심을 갖기 시작했으며, 그러한 관심의 일차적인 결과가 의료보험의 실시로 나타났다고 볼 수 있다.[57]

〈표 29〉 의료보험제도의 변화(1963~1979)

| 연도 | 제도 및 입법의 변화 |
|---|---|
| 1963. 12 | 의료보험법 제정 |
| 1970. 8 | 의료보험법 개정 |
| 1976. 12 | 의료보험법 전면 개정 |
| 1977. 1 | 생활보호대상자 등에 대해 의료보호사업 실시 |
| 1977. 7 | 500인 이상 사업장 근로자 의료보험 실시 |
| 1979. 1 | 공무원 및 교직원 의료보험 실시 |
| 1979. 7 | 300인 이상 사업장까지 의료보험 확대 |

출처: 남세진·조흥식, 앞의 책, p.259.

---

67,929명에 불과했다. 이두호 외, 『국민의료보장론』(서울: 나남, 1992), p.258.
57) 김정렴, 『한국경제정책 30년사』(서울: 중앙일보사, 1995), pp.307-309. 70년대 후반 박정희정권이 의료보험을 실시한 데는 여러 요인들이 존재한다. 그 가운데 중요한 요인의 하나는 70년대 중반 이후 계급간의 격차가 증가하고 사회적 불만이 증가하자 국가가 중간계급을 중심으로 한 회유전략의 일환으로 의료보험제도를 추진했다는 점이다. 이두호 외, 앞의 책, p.274. 하층계급이 아니라 대기업부터 의료보험이 실시되기 시작한 것은 국가의 재정부담을 줄이기 위한 정책인 동시에 중간계급의 정치적 지지를 유지하기 위한 전략이었다고 볼 수 있다.

1976년에 개정되어 1977년 7월부터 실시된 의료보험의 주요내용은 다음과 같다.58) 첫째, 기존의 임의적용규정을 강제적용으로 개정하여 그 범위를 현실적 적용이 가능한 일정규모(당초 500인) 이상 사업장의 근로자로 하고 이를 단계적으로 확대했다. 둘째, 수익자가 진료시 비용의 일부를 부담하는 제도를 채택했다. 셋째, 강제적용이 되는 일정 규모 이상 사업장의 피용근로자에 대한 제1종 의료보험조합 이외에, 제2종 조합으로서 자영자 및 농어민을 대상으로 시·군·구 등 행정구역별로 임의로 조합을 결성·운영할 수 있게 했다.59)

〈표 30〉 의료보험조합 현황(1978. 9. 30 현재)

| 조합 | | 사업장 | 대상자수 | | |
|---|---|---|---|---|---|
| 형태 | 조합수 | | 피보험자 | 피부양자 | 합계 |
| 단독조합 | 524 | 524 | 1,190,407 | 1,668,223 | 2,858,630 |
| 계열공사 | 36 | 171 | 194,911 | 242,822 | 437,733 |
| 공단 | 22 | 2,095 | 288,254 | 239,942 | 528,196 |
| 제2종 | 8 | 3 | 14,871 | 52,656 | 67,527 |
| 합계 | 590 | 2,798 | 1,688,443 | 2,203,643 | 3,892,086 |

출처: 아산사회사업복지재단, 앞의 책, p.104.

<표 30>에 따르면 1978년 9월 30일 현재 대상자수는 3,892,036명(피보험자 1,688,443명, 피부양자 2,203,643명)으로 약 11%의 국민이 의료보험 혜택을 받게 되었다. 이어 1979년 1월 1일부터는 공무원 및 사립학교 직원 의료보험법이 실시되어 공무원 651,075명, 부양가족 2,540,300명,

---

58) 인경석, 앞의 책, pp.87-88.
59) 이러한 조합방식은 정부재정의 책임을 회피하면서 의료보험을 확대하는 데 유리하지만, 조합재정이 극히 취약한 경우 보험재정이 불안하고 경기변동에 따라 의료보험조합의 해산 및 업무정지 등의 문제가 발생하기도 한다. 이두호 외, 앞의 책, pp.318-319.

사립학교 교직원 73,071명, 그 부양가족 292,284명, 합계 3,620,730명이 추가되고, 또한 1979년 7월 1일 300인 이상 사업장으로 확대하여 40만명이 새로 추가되어 전체 인구의 21%에 달하는 798만명이 의료보험 혜택을 받게 되었다.60)

의료보험과 연관된 정책 가운데 70년대 후반 박정희정권에 의해 추진된 중요한 의료복지정책은 의료보호제도이다. 의료보호제도는 생활보호대상자 등 의료문제를 스스로 해결할 수 없는 사람들에 대하여 정부재정으로 의료혜택을 주는 공적 부조제도이다. 1977년 의료보험제도의 시행과 함께 의료보호법이 제정됨으로써 실시된 의료보호제도의 대상자는 1977~80년 근로능력이 전혀 없는 거택보호대상자인 1종과 생활보호대상자인 2종으로 구분되었으며 그 규모는 전국민의 5.7%인 210만명 수준이었다.61) 이 의료보호제도는 그 책정기준이 일관성이 없고 2종의 경우 본인의 부담률이 높으며 수가가 낮은 이유로 차별대우를 받는 등 문제점이 없지는 않았지만,62) 저소득층에게 의식주 못지않게 중요한 의료혜택을 부여했다는 점에서 중요한 복지정책인 것으로 평가할 수 있다.

### 3) 소 결

70년대 후반기 한국의 복지정책에 대해서는 주로 비판적인 견해가 주류를 이루고 있다.63) 그 대표적인 평가의 하나가 이른바 억압적 발

---

60) 아산사회복지사업재단, 앞의 책, p.104.
61) 이두호 외, 앞의 책, p.314.
62) 정부는 1978년 12월 의료보험법 시행령을 개정하여 2종 대상자의 입원치료 시 본인부담률을 70%에서 50%로 하향 조정했다. 이두호 외, 앞의 책, p.316.

전국가의 반복지전략이라는 견해이다.64) 이 견해는 한국의 경우 권위주의국가가 배제적 국가조합주의체제의 구축을 통해 거의 모든 이익집단을 국가에 수직적으로 편입했기 때문에, 노동계급은 산업화를 위해 정치적 억압과 경제적 동원의 대상이 되었을 뿐 포섭적 복지정책의 대상은 아니었다는 점을 주목한다. 이 견해에 따르면 빈민과 노동계급에 대한 국가의 사회정책은 노동의 상품화와 프롤레타리아화를 촉진하기 위해 철저한 열등수급(less eligibility)과 비보호의 원칙을 견지함으로써 내적 일관성을 지니고 있었으며, 이런 점에서 발전국가에 의한 반복지전략은 의도적이고 계획적이었다는 것이다.

70년대 후반에 이루어진 개별 복지정책을 구체적으로 검토해 볼 때 이러한 견해는 상당한 경험적 근거를 갖는 것으로 보인다. 앞서 지적했듯이, 우리나라의 사회복지예산의 수준은 여타 신흥공업국과 비교해 볼 때 결코 높은 수준이라고 보기 어렵다는 사실은 이러한 견해를 뒷받침한다. 하지만 서구사회에서 복지국가의 공고화가 오랜 역사적 시간을 통해 달성되어 왔으며,65) 국방에 대한 높은 예산지출이 상대적으

---

63) 김영모, 앞의 책; 남세진·조홍식, 앞의 책; 이혜경, 앞의 글; 김태성·성경륭, 『복지국가론』(서울: 나남, 1993) 등을 볼 것.
64) 김태성·성경륭, 앞의 책, p.302.
65) 예를 들어 복지국가의 전형이라고 할 수 있는 독일의 경우 그 역사적 기원은 비스마르크시대로 거슬러 올라가지만 대다수의 복지정책은 1950년대 이후에 와서야 정비되었다. 당시 기민당정부는 1954년과 1957년 사이 노동자 및 농민을 위한 연금보험을 포함한 사회복지제도를 정비했고, 1954년 아동수당에 관한 최초의 법안을 통과시켰다. 또한 1957년에서 1965년까지 공적 부조 및 상해보험에 관한 일련의 개혁을 추진하여 사회복지제도를 확대시켰다. Michael Krüger, Alfred Pfaller, "The Federal Republic of Germany," Alfred Pfaller, Ian Gough, Göran Therborn, eds., *Can the Welfare State Compete?* (London: Macmillan, 1991).

로 복지지출을 낮추어 왔다는 점 또한 주목할 필요가 있다. 물론 이러한 한국적 특수성이 70년대 후반기 최소주의적 복지정책을 정당화하기는 어렵지만, 그렇다고 해서 복지정책이 전혀 추진되지 않은 것은 아니었다. 의료보험제도는 70년대 후반기 박정희정권이 추진한 대표적인 사회복지정책으로 이후 사회보장제도의 지반을 마련하는 데 어느 정도 기여했던 것으로 보인다.

## 5. 맺음말

70년대 후반기는 60년대 이후 급속한 경제성장에 따른 커다란 사회구조의 변화가 지속적으로 이루어졌던 시기이다. 하지만 이 기간은 유신체제가 공고화되면서 박정희정권의 정치·사회적 억압이 강화되던 암울한 시기이기도 하다. 70년대 후반 박정희정권은 국가안보와 경제성장이라는 이중적 목표 아래 시민사회를 억압하고 탈정치화시키는 전략을 일관되게 추진했는데, 이 가운데 노동정책은 박정희정권의 억압적인 사회정책의 대표적인 사례였다. 박정희정권의 노동정책은 한편으로 법적·제도적 장치를 통해 노동통제를 극대화했으며, 다른 한편으로는 반공이데올로기와 발전-안정이데올로기 전략을 통해 국가에 대한 충성심과 가부장적 노사관계를 강요해 왔다.

이러한 박정희정권의 노동정책은 국가조합주의를 적극적으로 활용한 라틴아메리카의 사례와도 다르고 동아시아 신흥공업국인 대만의 사례와도 상이하다는 점을 주목할 필요가 있다. 국가에 의한 유인 차원이 거의 부재하다는 점에서 동아시아 신흥공업국의 노동정책은 라틴아메리카 모델과 비교될 수 있지만, 대만의 노동정책이 일본과 유사한 기업 차원의 조합주의적 통제에 의존하고 있는 반면에, 한국의 노동정책은 일본, 대만과도 구별되는 억압적인 성격이 보다 두드러졌다고 볼 수 있다.66) 박정희정권의 이러한 노동통제가 80년대 전두환정권의 노동정책에 커다란 영향을 미쳤을 뿐만 아니라 중요한 지반이 되었음은 주지의 사실이다. 이러한 억압적인 노동정책은 단기적으로는 효과적이었을지 모르지만 장기적으로는 정부의 노동통제에 대응하는 활발한 노동운동을 촉발시켰다.

노동정책에 병행하여 70년대 후반 박정희정권은 일련의 복지정책을 추진했던바, 기존의 생활보호제도와 산재보상보험제도를 강화하고 1977년에는 의료보험 및 의료보호의 의료보장제도를 실시했다. 박정희정권의 이러한 복지정책을 다른 신흥공업국의 복지정책과 비교해 볼 때 그 구체적인 수준과 내용은 상대적으로 미흡했다는 것이 대체적인 평가이다. 70년대 후반 당시 노동계급을 체제 안으로 수용할 복지제도를 수립할 필요성은 그다지 높지 않았으며, 따라서 복지지출을 비생산적인 것으로 간주하는 경향이 여전히 두드러졌다. 하지만 1977년에 박정희정권이 추진한 의료보험제도는 한계가 있음에도 불구하고 사회복지제도의 기반을 마련하는 데 중요한 출발을 제공했다. 문제는 이러한 박정희정권 복지정책의 혜택이 하층계급을 우선적으로 고려했다기보다는 중간계급의 물질적 향상에 기여했다는 데 있었던 것으로 보인다.

거시적으로 볼 때 자본주의산업화는 시민사회의 밀도를 증대시키고, 이러한 밀도의 증대는 국가의 권력행사에 대한 상쇄요인으로 집단행동을 활성화시킨다.67) 한국사회의 경우 시민사회는 60년대 중반 이후

---

66) F. Deyo, 앞의 글, 1987, pp.199-201.

67) Dietrich Rueschemeyer, Evelyne Stephens, John Stephens, *Capitalist Development and Democracy*(Chicago: University of Chicago Press, 1992).

그 밀도가 급속히 증대하고 국가에 적극적으로 대항하기 시작했으며, 이러한 흐름은 억압적 유신체제하에서도 예외는 아니었다. 산업화과정에서 양적으로 성장해 온 노동계급은 물리적 억압과 이데올로기적 통제에도 불구하고 국가 및 지배세력에 대한 주요한 저항세력으로 등장하여 물질적 향상과 정치적 민주화를 요구하기 시작했다. 70년대 후반 이러한 요구는 갈수록 증대했으며, 특히 1979년 YH사건과 부마사태로 표면화된 정치 및 사회갈등은 박정희정권의 정당성을 급속히 약화시켰던 것으로 보인다. 이러한 저항에 직면하여 박정희정권은 1979년 10월 국가기구의 내부분열을 계기로 돌연 붕괴했다.

## 참고문헌

공업진흥청,『공업표준화 20년사』(서울, 1981).
김대환, "국제경제환경의 변화와 중화학공업의 전개," 박현채 외 편,『한국경제론』(서울: 까치, 1987).
_____, "박정희정권의 경제개발,"『역사비평』(1993년 겨울).
김동춘, "1960, 70년대의 사회운동,"『한국사 19: 자주·민주·통일을 향하여 1』(서울: 한길사, 1994).
김영래,『한국의 이익집단』(서울: 대왕사, 1987).
김영명,『한국 현대정치사』(서울: 을유문화사, 1992).
김영모,『한국 사회복지의 제문제』(서울: 한국복지정책연구소, 1986).
김윤환, "산업화단계의 노동문제와 노동운동," 박현채 외,『한국사회의 재인식 1』(서울: 한울, 1985).
김일영, "박정희체제 18년, 어떻게 볼 것인가,"『사상』(1995년 겨울).

김정렴,『한국경제정책 30년사』(서울: 중앙일보사, 1995).
김태성·성경륭,『복지국가론』(서울: 나남, 1993).
김형기,『한국의 독점자본과 임노동』(서울: 까치, 1988).
김형배, "한국노동법의 변천," 임종철·배무기 편,『한국의 노동경제』(서울: 문학과지성사, 1980).
김호기,『현대자본주의와 한국사회』(서울: 사회비평사, 1995).
_____, "박정희시대와 근대성의 명암,"『창작과 비평』(1998년 봄).
남세진·조흥식,『한국사회복지론』(서울: 나남, 1995).
노동조합사전간행위원회 편,『노동조합사전 5: 노동자의 상태와 제요구』(서울: 형성사, 1985).
노중기, "한국국가의 노동통제유형에 관한 비판적 연구,"『경제와 사회』(1993년 여름).
박세일·이규창·이영희,『노사협의제 연구』(서울: 한국개발연구원, 1983).
박우희, "중화학공업 선진화와 부문간 균형발전," 대한상공회의소,『한국경제의 구조문제』(서울, 1983).
박준식, "한국에 있어서 노동조합과 정부의 관계," 최장집 편,『한국자본주의와 국가』(서울: 한울, 1985).
_____, "1970, 80년대의 노동운동,"『한국사 20: 자주·민주·통일을 향하여 2』(서울: 한길사, 1994).
박형준, "계급연구의 동향과 쟁점,"『한국사회연구』(1987년 5호).
백욱인, "대중의 삶과 한국사회변화의 요체," 나라정책연구회 편,『한국사회운동의 혁신을 위하여』(서울: 백산서당, 1993).
새마을운동중앙본부,『공장새마을운동: 이론과 실제』(서울, 1983).
서상목, "빈곤인구의 추이와 속성분포,"『한국개발연구』(1979년 1권 2호).
손호철,『해방 50년의 한국정치』(서울: 새길, 1995).
송호근,『한국의 노동시장과 정치』(서울: 나남, 1991).
아산사회복지사업재단,『한국의 사회복지』(서울: 경연사, 1979).
원석조, "생활보호," 중앙대 사회복지학과 편,『한국 사회보장제도의 재조명』(서울: 한국복지정책연구소, 1992).
이광일, "'박정희체제론' 비판,"『정치비평』(1997년 3호).

이규창, "우리나라 노사협의제의 전개와 경영문화상의 문제," 박세일・이규창・이영희, 『노사협의제 연구』(서울: 한국개발연구원, 1983).

이동우 외, 『공장새마을운동: 이론과 실제』(서울: 새마을운동중앙본부, 1983).

이두호 외, 『국민의료보장론』(서울: 나남, 1992).

이우재, "한국농업의 현상과 구조," 박현채 외, 『한국사회의 재인식 1』(서울: 한울, 1985).

이재희, "자본축적과 국가의 역할," 이대근・정운영 편, 『한국자본주의론』(서울: 까치, 1984).

이정우, "한국의 노동자상태에 관한 일고찰," 노동문제연구소 편, 『한국의 노동문제』,(서울: 비봉출판사, 1991).

이종하, "한국 노동입법의 파행성," 노동문제연구소 편, 『한국의 노동문제』,(서울: 비봉출판사, 1991).

이혜경, "한국의 소득보장제도: 압축성장의 한계와 탈도구화의 과제," 『연세사회복지연구』(1993년 1권).

인경석, 『한국 복지국가의 이상과 현실』(서울: 나남, 1988).

임영일, "한국사회의 지배이데올로기," 한국산업사회학회 편, 『한국사회와 지배이데올로기』(서울: 녹두, 1991).

임종률, "노동법의 제문제," 박현채 외, 『한국자본주의와 노동문제』(서울: 돌베개, 1985).

임현진, "사회보장제도를 통해 본 신흥공업국의 복지정책," 한림과학원 편, 『복지국가의 현재와 미래』(서울: 나남, 1993).

전YH노동조합・한국노동자복지협의회 편, 『YH노동조합사』(서울: 형성사, 1984).

정해구, "한국사회의 이데올로기변동," 김진균・조희연 편, 『한국사회론』(서울: 한울, 1990).

조형, "한국의 도시비공식부문과 빈곤," 변형윤 외, 『한국사회의 재인식 1』(서울: 한울, 1985).

조희연, "종속적 산업화와 비공식부문," 박현채 외, 『한국자본주의와 노동문제』(서울: 돌베개, 1985)

_____, "동아시아 성장론의 검토와 한국 경제성장의 정치사회적 구조," 학술단체협의회 편, 『박정희시대와 오늘의 한국사회』(자료집, 1997).

_____, "동아시아 성장론의 검토,"『경제와 사회』(1997년 겨울).
주학중, "1982년 계층별 소득분배의 추계와 변동요인,"『한국개발연구』 6권 1호 (1984).
최장집,『한국의 노동운동과 국가』(서울: 열음사, 1988).
_____, "박정희정권과 한국현대사,"『대화』(1995년 여름).
통계청,『통계로 본 한국의 발자취』(서울, 1995).
한국기독교교회협의회,『노동현장과 증언』(서울: 풀빛, 1984).
허석렬, "도시 무허가정착지의 고용구조,"『한국사회연구』(1983년 1호).
홍두승, "직업 및 계층구조의 변화와 전망," 한국사회학회 편,『한국사회 어디로 가고 있나』(서울: 현대사회연구소, 1983).

Balassa, Bela(ed.), *The Newly Industrializing Countries in the World Economy*(New York: Pergamon, 1981).
Chatterjee, Chater, *Nation and Its Fragments*(Princeton: Princeton University Press, 1993).
Deyo, Frederic, "State and Labor," Frederic Deyo(ed.), *The Political Economy of the East Asian Industrialism*(Ithca: Cornell University Press, 1987).
_____, *Beneath the Miracle: Labor Subordination in the New Asian Industrialism* (Berkeley: University of California Press, 1989).
Esping-Andersen, G., *The Three World of Welfare Capitalism*(Princeton: Princeton University Press, 1990).
Fröbel, Folker, Jürgen Heinrichs, Otto Kreye, *Die Neue Internationale Arbeitsteilung* (Reinbek: Rowohlt, 1977).
Hobsbaum, Eric, Terence Ranger, eds., *The Invention of Tradition*(Cambridge: Cambridge University Press, 1983).
ILO(International Labor Organization), *Yearbook of Labor Statistics*(Geneva, 1984).
Jessop, Bob, *State Theory*(Pennsylvania: Pennsylvania State University Press, 1990).
_____, "Putting States in their Place," Institute for Far Eastern Studies, ed., *Marxism in the New Global Society*(Seoul, 1989)
Klein, Ingo, "Schnelle Kapitalismusentwicklung in Ost-und Südostasien," *IPW-Berichte*,

No.2, 1990.

Krüger, Michael, Alfred Pfaller, "The Federal Republic of Germany," Alfred Pfaller, Ian Gough, Göran Therborn, eds., *Can the Welfare State Compete?*(London: Macmillan, 1991).

Landsberg, Martin, "Export-led Industrialization in the Third World: Manufacturing Imperialism," *Review Of Radical Political Economy,* Vol.11, No.4, 1979.

──────, "Capitalism and Third World Economic Development: A Critical Look at the South Korean 'Miracle'," *Review of Radical Political Economy,* Vol.16, No.2/3, 1985.

Lipietz, Alain, *Mirages and Miracles: the Crises of Global Fordism*(London: Verso, 1987), 『기적과 환상』, 김종환 외 옮김, 한울.

Menzel, Ulrich, Senghaas, Dieter, *Europas Entwicklung und die Dritte Welt*(Frankfurt: Suhrkamp, 1986).

OECD, *The Impact of Newly Industrializing Countries on Production and Trade in Manufactures,* Report by the Secretary General(Paris, 1979).

Poulantzas, Nicos, *Political Power and Social Classes*(London: New Left Books, 1973).

Rueschemeyer, Dietrich, Evelyne Stephens, John Stephens, *Capitalist Development and Democracy*(Chicago: University of Chicago Press, 1992).

Tietz, Karin, "Neue Industrieländer Ostasiens in der kapitalistischen Weltwirtschaft," *IPW-Berichte,* No.9, 1989.

# 1970년대 후반기의 국내정치동태

김 용 호

## 1. 머리말

  이 글의 목적은 1970년대 후반 한국의 국내정치동태를 체계적으로 분석하여 유신정권의 본질과 권위주의 정치과정을 정확하게 설명함으로써 한국현대사에 대한 이해를 증진시키는 데 있다. 본 연구의 범위를 1975년부터 1979년에 걸친 70년대 후반에 한정시킨 것은 기본적으로 이 시기의 시대상황을 보다 심층적으로 분석하기 위해 다른 연구자와 업무분담을 한 것이지만, 정치사적으로 볼 때 70년대 전반은 유신정권의 수립기 내지 형성기에 해당하고 이 시기는 유신정권을 안정화시키기 위해 노력하다가 결국 실패로 끝난 시기에 해당한다고 할 수 있다.[1] 따라서 본 연구의 이론적 초점은 왜 유신정권이 오랫동안

---

  1) 안병만은 육영수여사가 서거한 1974년의 문세광사건과 유신체제의 종말을

존속하면서 정치적 안정을 이루어내지 못했는가를 설명하는 데 있다. 이를 위해 필자는 박대통령을 비롯한 유신세력이 어떤 정치체제를 제도화하려고 노력했는가, 그리고 이러한 정치체제의 제도화에 영향을 미친 변수는 무엇인지에 대해 먼저 논의한 후 70년대 후반의 정치과정을 심층적으로 분석하고자 한다. 거의 모든 정치학자들이 유신체제가 민주주의체제가 아닌 점에 대해서는 동의하지만 어떤 유형의 권위주의정부인지에 대해서는 아직도 의견차이가 많다. 먼저 유신체제를 라틴아메리카의 권위주의정권을 분석하는 데 유용한 개념으로 개발된 관료적 권위주의체제(bureaucratic-authoritarian regime)의 시각에서 분석하는 경향이 있는데,2) 과연 이 개념으로 유신체제의 본질을 설명할 수 있는지 여부를 검토한 후 새로운 적절한 개념을 제시해 보고자 한다. 다음으로 유신세력이 왜 이러한 정치체제를 고안하게 되었는지에 대해 비교시각의 관점에서 분석하고자 한다. 특히 유신정권의 권위주의체제 제도화 방안과 아시아, 아프리카, 라틴아메리카 등지의 권위주의세력들의 제도화 방안을 비교·분석해 보고자 한다. 그리고 세계 각국의 권위주의세력 중에는 제도화에 성공하여 상당히 오랜 기간 집권하면서 정치적 안정을 달성한 경우가 있는가 하면, 유신체제처럼 제도화에 실패하여 새로운 권위주의세력이 등장하거나 민주화로 나아간 경우들이 있는데, 이러한 사례들을 종합적으로 분석하여 권위주의정권의 제도화에 영향을 미친 주요변수들을 파악하여 이러한 변수들을 중심

---

가져온 1979년의 10·26사건을 기준으로 유신체제를 초기(1972년 10월~1974년 8월), 중기(1974년 8월~1979년 10월), 말기(1979년 10월~1980년 8월)로 나누었으나 설득력이 부족하다. 왜냐하면 시기구분의 기준이 분명하지 않기 때문이다. 안병만, "유신체제의 전개과정과 역사적 의미," 동아일보사, 『현대사를 어떻게 볼 것인가 4: 박정희와 5·16』,(서울: 동아일보사, 1990), pp.119-123.

2) 한상진, 『한국사회와 관료적 권위주의』(문학과지성사, 1988).

으로 70년대 후반 한국의 정치동태를 설명하고자 한다. 연구방법은 이 주제와 관련된 기존의 문헌들을 많이 참고했으며, 또한 당시의 신문, 잡지, 연감 등 1차자료를 통해 역사적 사실을 정리했고, 매우 제한적이지만 주요 인사 면담을 통해 사실 확인작업 등을 했다.

## 2. 이론적 논의 —— 권위주의정권의 제도화문제

본 연구의 대상인 70년대 후반의 정치동태를 분석하는 이론적 관점은 박정희대통령이 수립한 유신정권이라는 권위주의정부가 왜 제도화에 실패하여 결국 파국을 맞게 되었는가에 있다. 비록 유신정권이 등장하게 된 원인에 대해서는 여러 가지 견해가 있으나, 거의 모든 연구자들이 이 정권이 권위주의정부 유형에 속한다는 데 대해서는 이견이 없다. 그리고 결과적으로 볼 때 유신정권은 구조적인 내부모순으로 인해 제도화가 불가능했다는 주장을 할 수 있고, 또한 오늘날 세계적으로 전개되고 있는 민주화의 물결에서 보면 권위주의정권은 민주주의 정부형태로 넘어가는 과도기적 정부형태라고 말할 수 있으나, 60년대와 70년대에는 일부 학자들이 권위주의정권이 민주주의적 요소와 전체주의적 요소를 가미한 일종의 혼합정부형태이기 때문에 더욱 유연성과 탄력성을 가지고 있어서 오랫동안 존속할 수 있는 정치제도가 될 수 있을 것이라고 암시했다.[3] 당시에 이러한 주장을 뒷받침하는

---

3) Robert Bianchi, "Interest Gruop Politics in the third World," Louis J. Cantori and Andrew H. Ziegler, Jr., eds., *Comparative Politics in the Post-Behavioral Era* (Boulder, Colorado: Lynne Rienner, 1988), pp.203-230.

경험적 사례로 스페인의 프랑코정권, 멕시코 제도혁명당의 패권정당체제, 대만의 국민당정부 등을 제시했다. 이후 이들 나라에서도 민주화가 진전됨에 따라 이러한 주장은 근거를 잃게 되었다. 따라서 권위주의정부가 제도화에 성공할 수 있다는 주장은 이론적·경험적 뒷받침을 받지 못하고 있다. 그런데 우리들이 권위주의정부의 제도화문제에 관심을 기울이게 되는 것은 집권세력이 어떤 방식으로 제도화를 추진하려고 노력했는가, 그리고 이러한 제도화 노력이 실패한 이유는 무엇인가에 있다. 다시 말해 권위주의정권이 제도화에 실패하여 새로운 권위주의정권이 등장하거나 민주화로 나아가게 되는 정치변동의 과정을 보다 정확하게 설명하고 이해하려는 것이다. 그 동안 학계에서는 유신정권의 등장 원인에 관한 연구는 많으나 유신정권의 제도화문제를 다룬 연구는 매우 제한적이기 때문에[4] 이 연구는 이러한 공백을 메워 학문적으로 기여할 수 있을 것으로 생각된다.

### 1) 유신세력의 권위주의정권의 제도화방안

이제 한국의 유신세력이 어떤 정치체제를 수립하여 정치적 안정을 도모하려고 노력했는지 살펴보자. 유신체제의 가장 핵심적인 제도적 장치는 박대통령에게 권력을 집중시킨 집정관체제(praetorian regime)라는 점이다. 박정희대통령이 궁정쿠데타(palace coup)를 통해 도입한 유신헌법을 비롯한 정치제도는 기존의 의회민주정치제도의 형식적인 기구가 부과했던 구조적인 제약을 제거하고 자신의 개인통치(personal rulership)

---

[4] 유신정권의 제도화에 관한 연구 중 대표적인 논문은 다음과 같다. 오병헌, "유신체제 제도화의 실패에 관한 연구: 정치적·제도적 변수를 중심으로," 『한국정치학회보』(28집 2호), pp.191-214.

를 강화시키는 것이었다. 이를 구체적으로 살펴보면, 첫째, 비경쟁적인 대통령선거제도를 도입하여 박대통령의 영구집권이 가능해졌다. 이를 위해 박대통령은 유신 이전의 대통령직선제를 통일주체국민회의라는 형식적인(rubber-stamp) 선거인단에 의한 간접선거로 대체했고, 또한 국민회의 대의원은 정당의 참여 없이 국민이 선출하도록 함으로써 대통령선거에 정당이 더 이상 참여할 수 없게 만들었다. 더욱이 유신정부가 2천여명의 대의원들을 통제하고 있었기 때문에 아무도 이들의 추천을 얻어 간선제 대통령 경선에 나설 수 없었다. 둘째, 대통령의 추천에 의해 국회의원 총수의 3분의 1이 선출되기 때문에 국회의 대표성이 훼손되고 정당과 국회의 역할이 크게 약화되었다. 국회의 권한이 근본적으로 축소되어 의정활동이 크게 위축되었는바, 예를 들면 국회는 국정감사권을 박탈당했다. 이러한 제도를 도입한 배경에는 과거의 정치를 비생산적인 것으로 인식했기 때문이다. 박정희는 장관들이 국회에 자주 불려 나가면 업무를 충실하게 수행하는 데 지장이 많다는 인식하에 국회의 회기일자도 단축시켰다. 그래서 유신체제하에서는 "행정은 있으나 정치는 없다"고 표현하는 정치학자도 있었는데, 그것은 행정만 있고 정치라는 이름으로 행해지는 것은 크게 제약을 받았다는 뜻으로 표현한 것이다. 다시 말해 유신체제하에서도 정치과정이 없었던 것이 아니라 엄연히 존재하고 있었다. 이처럼 유신과 더불어 새로 도입된 정치제도는 정당, 국회, 선거 등의 역할을 그 전보다 더욱 축소한 결과 유신정권을 유지하는 핵심적인 기관은 공화당이나 유정회가 아니라 중앙정보부, 그리고 보안사령부 등 군부조직이었다. 경호실을 포함한 군부의 특수조직들과 중앙정보부가 일종의 대리적 보조구조(surrogate auxiliary structure) 노릇을 하면서 유신정권을 안정시키기 위해 노력했다.5)

여기서 한국의 유신정권이라는 집정관체제와 남미의 소위 관료적 권위주의간의 차이점을 지적하지 않을 수 없다.6) 후자의 경우 과거의 군부출신의 일인독재자가 쿠데타로 집권했다가 다른 독재자에 의한 쿠데타로 다시 권좌에서 쫓겨나던 식의 패턴에서 벗어나, 군부라는 거대한 집단이 하나의 제도로서 정치에 개입했다는 점을 강조한다. 즉 3군 참모총장을 위시해서 장성급이나 영관급 장교들이 실제로 군사정권을 구성하여 정당정치인과 노동·농민단체를 배제하거나 경우에 따라 포용하면서 주로 기술관료들과 제휴하여 직접 통치하거나 후견자로서 군림하게 된다는 것이다. 한편 남미의 관료적 권위주의정권과는 달리 한국의 유신정권이라는 집정관체제는 육·해·공군이라는 군부 전체가 하나의 제도로서 직접 정치에 가담하지 않았다. 유신체제는 장기집권을 노리는 박정희의 개인적인 정치적 의지를 담은 것으로 정당과 같은 정치적 조직의 역할이 대폭 축소되었기 때문에, 정권을 뒷받침할 만한 평행 및 보조구조가 없는 상황이었으므로 폭력 전문조직으로서 군부의 역할이 전보다 훨씬 두드러졌다. 따라서 유신체제는 1960년대를 통해서 한국사회를 통치해 온 "박정권의 전형적인 집정관적 지배양식이 종전보다 한층 더 강화되고 제도화된 형태와 수준의 집정관적 체제로" 개조된 것이다.7)

　유신체제의 또 다른 제도적 특징은 관료적 동원체제라고 할 수 있다. 박대통령을 비롯한 유신세력이 1972년 유신정권을 출범시키면서 내세운 것은 '능률의 극대화'라는 구호였다. 제3공화국 시절에 자주 내세웠던 '조국근대화'라는 구호가 능률을 강조하는 내용으로 바뀌었

---

5) 보조구조와 병렬구조에 대한 자세한 설명은 다음을 참조. 아모스 펄뮤터, 『현대국가와 권위주의』, 김문조·임현진 역(서울: 정음사, 1986), pp.30-38.

6) Guillermo A. O'Donnell, *Modernization and Bureaucratic-Authoritarianism*(Berkeley: Institute of International Studies, University of California, 1979).

7) 한배호, 『한국정치변동론』(서울: 법문사, 1994), p.326.

다. 여기서 능률이란 곧 행정적인 능률을 말하는 것으로 정치를 극소화하고 행정적인 능률을 극대화하겠다는 것을 의미한다. 이런 면에서 유신정권은 고도경제성장을 계속하고 국방력 증강을 통해 국가안보를 강화하는 데 필요하며 유리하다고 보이는 일종의 동원적 성격의 정치체제를 제도화해 보려는 시도였다. 일제시대부터 국수주의적 사상을 강조하던 사범학교와 만군사관학교에서 획일주의적인 교육을 받았고 권위주의적인 경직된 사고에 젖어 왔던 박정희와 그 주변의 군부 및 관료출신의 측근들은 집권 이후 항상 북한의 철저한 동원체제를 의식했다. 남한이 북한의 공산주의 동원체제를 그대로 모방할 수는 없었으나 정당정치의 번거로움과 반대세력의 견제에 시달려 온 박정희는 남한에 비해 질서가 완벽해 보였고 국민들에 대한 효율적인 통치가 이루어지는 듯이 보이는 북한체제와 대결하여 승리할 수 있는 체제가 필요하다는 것을 역설했다. 이런 점에서 박정희를 비롯한 유신세력은 북한의 극도로 조직된 동원체제가 갖는 우위성에 따른 정치·군사적인 부담을 극복하기 위해 유신체제를 만들었다고 본다. 이런 동원체제적인 성격을 가진 정권을 수립하기 위해서는 해방 이후 형태로나마 존재해 온 3권분립의 원칙을 바탕으로 하는 의회민주주의의 공식적 조직의 전면적 개편이 불가피했다. 특히 북한을 압도하는 정치질서를 만들려면 한 사람의 지도자를 중심으로 온 국민이 똘똘 뭉쳐 마치 전쟁에 돌입한 국가의 전시비상체제를 방불케 하는 일종의 국민총동원체제의 창출이 바람직하다고 보았다. 그러기 위해서는 복잡한 절차와 형식을 강조하는 민주주의보다 훨씬 우월한 것으로 보이는 동원체제를 도입했다. 일찍이 박정희는 "한국의 현실에서는 서구식 민주주의가 맞지 않으므로," 앞으로 민주주의를 실시할 단계에 이르기까지는 민주주의를 보류해야 한다는 견해를 표명한 바 있다.[8] 미래에 민주주의를 달성하기 위한 목적 때문에 당분간은 비민주주의적 수단을 써도 그것은 정당화될 수 있다는 주장이다. 목적이 좋은 만큼 비민주적인 방법을 쓰는 것은 얼마든지 정당화될 수 있다는 논리이다. 다시 말해 유신이 내세운 민족중흥, 부국강병의 중상주의적인 목표가 민주주의보다 훨씬 더 중요한 가치였다.

### 2) 권위주의세력의 제도화방안에 대한 비교분석

왜 박대통령을 비롯한 유신세력은 다른 제도화방안을 선택하지 않고 집정관적인 관료주의적 동원체제를 한국에 정착시키려고 노력했나? 이제 이베리아반도, 중남미, 아시아, 아프리카 등의 권위주의정부와 비교해 가면서 한국의 유신세력이 왜 집정관체제를 제도화방안으로 선택했는지 살펴보자. 60년대와 70년대에 제3세계국가의 많은 권위주의 지도자들은 그들의 통치를 안정시키고 정통성을 획득하기 위해서 다음과 같은 제도적 방안을 채택했다. ① 조합주의적 통치방식(corporatist legitimacy formula), ② 일당제 통치방식, ③ 패권정당 통치방식(hegemonic party legitimacy formula).9) 이 방식들은 상호 배타적이지 않기 때문에 권위주의세력은 2개 이상의 제도를 복합적으로 사용하여 그들의 정권을 안정화시키려고 노력했다. 예를 들면 멕시코의 민중주의적인 카리스마 지도자 카데나스(Cardenas)는 그의 통치기간(1934~1940년) 동안에 강력한 일당제 권위주의적 정권을 수립하기 위하여 광범위한 조합주의적 정책을 실시했다. 이제 유신헌법을 도입하면서 한국의 권위주의 리더

---

8) 박정희, 『국가와 혁명과 나』,(서울: 향문사, 1963), p.62.

9) Juan Linz, "The Future of an Authoritarian Situation or the Institutionalization of an Authoritarian Regime: The Case of Brazil," Alfred Stepan(ed.), *Authoritarian Brazil: Origins, Policies, and Future*(New Haven: Yale University Press, 1973), p.240.

십이 채택할 수 있었던 정통성 획득방식을 비교시각의 관점에서 살펴보자.

첫번째 제도화방안은 군부지도자들이 이익집단이나 다른 사회단체들을 정치지배의 도구로 재조직하는 조합주의 방식이다. 그런데 한국의 유신세력이 이러한 제도화방안을 채택하기에는 사회적 조건이 맞지 않았다. 조합주의 통치방식은 권위주의 지도자들의 감독·지시하에서 기업가단체, 노동조합, 농민조합 및 다른 직업단체들이 그들의 이익을 대변하도록 조직되고 통제된다. 이러한 이익집단들은 권위주의 지도자에 의해 주어진 특권과 형식적인 대표성을 독점하는 대신 정부는 이들 이익집단들의 활동을 감독한다. 권위주의 지도자들은 이러한 이익단체들의 집단적인 반정부활동을 좌절시키기 위하여 다양한 수단과 방법을 동원한다. 스테판은 조합주의의 두 극단적인 형태를 '융합적인'(inclusionary) 것과 '배타적인'(exclusionary) 것으로 분류했다.[10] 융합적 조합주의에서는 경제인단체, 전문직능 결사체, 노동자와 농민 같은 중요한 노동조합이 권위주의 정치과정에 통합되어 있다. 멕시코의 카데나스, 브라질의 바가스(Vargas), 아르헨티나의 페론, 그리고 1968년에서 1975년 사이 페루의 군부지도자들에 의해 이러한 융합적 조합주의 방식이 시행되었다. 반면에 배타적 조합주의에서는 권위주의 집권세력이 주로 강압적인 수단을 사용하여 이익집단들을 정치적으로 무력화시킨다. 포르투갈의 살라자르(Salazar)와 많은 라틴아메리카의 군부지도자들이 이러한 통치방식을 사용했다. 살라자르 시기의 포르투갈에서 보는 것처럼 조합주의 방식이 국민의회와 같은 의회제도와 결합되는 수도 있다.

조합주의적 통치방식은 조합주의의 기초가 되는 문화적 배경과 유

---

10) Alfred Stepan, *State and Society: Peru in Comparative Perspective*(Princeton: Princeton University Press, 1978), pp.75-117.

기적 국가주의(organic statism)의 전통이 강한 이베리아와 라틴아메리카 국가에서 많이 나타난다. 유기적 국가주의의 핵심적인 내용은 유기적인 전체 내에 모든 구성원들이(개인, 가족, 사적 조직 등) 그들의 고유한 기능을 수행하는 데 있어서 전체를 위해 개별이익을 희생시켜야 한다는 점이다.11) 따라서 유기적 국가주의는 대부분 '개인주의적 민주주의'(individualistic democracy)를 거부하는 대신에 조합주의적 대표체제의 형태로 대체된다.12) 실제로 유기적 민주주의는 종종 정치참여의 패턴을 재조직하고 의회구성을 조작하는 데 기여한다.

한국은 이베리아와 라틴아메리카의 여러 국가와는 달리 유기적 국가주의의 전통을 찾아보기 힘들다. 그러나 유신세력들이 이익집단에 전혀 관심이 없었다는 것은 아니다. 유신 이전에 이미 권위주의세력들은 노동조합과 도시빈민들의 집단행동을 통제할 수 있는 방법을 강구했다.13) 그리고 의사, 변호사, 판사, 대학교수 등 중산층의 정치적 요구를 차단시키기 위해 국가비상사태를 선언하고 집단행동을 주도하는 인사들에게 압력을 가하거나 이들을 제거하려고 노력했다. 이처럼 유신세력은 이익집단의 단체행동 등을 탄압은 했으나 이들 집단들을 체계적인 조합주의 방식으로 조직화하려고 하지는 않았다. 그 이유의 하나는 이 방식이 유신 지도자들에게는 생소했기 때문이다.

두번째 제도화방안은 파시스트국가나 사회주의국가 지도자들에 의해 종종 채택되는 일당제 통치방식이다. 단일정당은 다양한 방식으로

---

11) *Ibid.*, p.35.

12) Linz, *op. cit.*, p.241.

13) 이 시기 한국의 노동운동에 대한 자세한 논의는 다음을 참조. Choi Chang Jip, "Interest Conflict and Political Control in South Korea: A Study of the Labor Unions in Manufacturing Industries, 1961~1980," Unpublished Ph.D. Dissertatioon, University of Chicago, 1983.

권위주의 지도자에 의해 조직되고 지도된다. 즉 일당제는 이데올로기의 강도, 동원의 효과, 침투의 정도에 따라 다양하게 나타난다. 예를 들면 단일정당이 1차 세계대전과 2차대전 사이의 동유럽에서 중요한 역할을 수행했는데, 야노스(Janos)의 지적처럼 단일정당은 '정치적 대중동원의 주요한 도구'였다.14) 반면에 린스에 따르면 스페인의 단일정당은 동원조직으로 발전되지 못했고 프랑코정권에서의 역할도 극히 미미했다.15) 더욱이 같은 권위주의정권 내에서도 단일정당의 역할은 시간에 따라 변한다. 일반적으로 사회·경제적 근대화가 진행되면 권위주의정권에서의 단일정당의 역할과 중요성은 흔히 감소하는데, 이는 국가경영에 있어서 정부관료제의 성장과 함께 관료의 중요성이 증대하는 데 따라 일어나는 현상이다.

그런데 한때 일당제가 권위주의정권의 보편적인 특징으로 생각한 적이 있다. 물론 일당제가 권위주의정권에서 발견되는 가장 빈번한 통치형태인 것은 사실이나, 모든 권위주의정권이 일당제를 채택하고 있지는 않다. 헌팅턴(Huntington)과 무어(Moore)는 "권위주의와 일당정치 사이의 관계가 명백히 필연적인 것은 아니다"고 지적했다.16) 결국 단일정당은 권위주의정권의 보편적 특징이라기보다는 부차적인 특징으로 간주되어야 한다.

---

14) Andrew Janos, "The One-Party State and Social Mobilization: East Europe between the Wars," in Samuel Huntington and Clement Moore(eds.), *Authoritarian Politics in Modern Society*(New York: Basic Books, 1970), p.219.

15) Juan Linz, "From Falange to Movimento-Organizcion: The Spanish Single Party and the Franco Regime, 1936-1968," in Samuel Huntington and Clement Moore (eds.), *ibid.*, p.149.

16) Samuel Huntington and Clement Moore, "Conclusions: Authoritarianism, Democracy, and One-Party Politics," in Samuel Huntington and Clement Moore (eds.), *ibid.*, p.509.

그런데 권위주의 지도자들의 일당제 수립 노력이 성공하기란 결코 쉽지 않다. 왜냐하면 그들은 안정된 일당제 정권을 수립하고자 할 때에 종종 국내외의 저항에 직면하게 된다. 냉전시기에는 우익군부 출신 지도자들이 민간엘리트와 대중에게 일당제를 설득할 수 있는 합리적인 이유가 없었기 때문에 일당제 정권을 수립할 기회는 거의 없었다. 반면에 좌익군부 출신 지도자들은 우익 지도자들보다 일당제 사회주의정권을 정당화하기가 쉬웠다. 그러나 서구자본주의 세계에 경제·안보상으로 밀접히 연계되어 있는 국가에서는 좌익 지도자들도 기존의 경제제도와 안보구조를 해체하고 일당제 사회주의정권을 세우기란 매우 어려웠다. 이러한 시도는 국민의 지지를 얻기 전에 먼저 군부 내의 저항을 극복해야 한다. 한국의 유신세력이 일당제 방식을 도입하지 않은 이유는 명백하다. 첫째는 국내의 예상되는 저항이었다. 한국에는 일당제를 전체주의적 공산체제와 동일시하는 성향이 강했기 때문에 유신세력이 일당제를 도입하여 군부의 동의나 민간엘리트의 지지를 획득할 수 없다는 것을 잘 알고 있었다. 북한 공산정권과 대치하고 있는 상황에서 권위주의 지도자들이 그들의 통치를 정당화시키기 위해서는 민주주의라는 장식품이 필요했기 때문에 유신체제를 '한국적 민주주의'를 실현하기 위한 제도라고 주장했던 것이다. 둘째, 유신 지도자들은 미국을 의식했기 때문에 일당제를 도입할 수 없었다. 한국은 군사적으로 주한미군과 미국의 군사원조에 의존하고 있었으며 또한 경제적으로도 미국의 자본과 시장에 의존하는 정도가 매우 높았기 때문에, 미국정부는 한국정치에 지배적인 영향을 미쳐 왔는데 미국은 일당제를 받아들일 수 없었다.

마지막 제도화방안은 패권정당제 통치방식이다. 이것은 권위주의 지도자가 강력하고 안정된 지배정당을 건설하여 반대세력을 무력화하고 종속적으로 만드는 방식이다. 이 방식은 한 개 이상의 정당을 허용하기 때문에 형식적으로는 다당제의 형태를 취하지만, 실제로는 권위주의 지도자들이 강압적 수단의 사용이나 위협, 그리고 선거제도의 조작을 통하여 반대정당의 정치적 도전을 배제하기 때문에 '가짜' 민주주의이다. 관제집권당(official government party)이 근본적으로 강압적인 권력을 통해 창출되고 유지된다고 하더라도 정기적인 선거에 의해 집권당이 유권자의 광범위한 지지를 받아야 패권정당이 될 수 있다. 그래서 집권당이 그들의 지배를 합리화하는 주장——예를 들어 군부출신 지도자들만이 외부 적의 위협으로부터 나라를 방위할 수 있다거나, 경제성장이나 국가번영이나 강대국이 될 수 있다는 주장——을 내세워 유권자들의 막강한 지지를 모을 수 있어야 한다. 이러한 관제집권당이 오랜 기간 동안 선거에서 승리할 정도로 안정된 대중적 지지기반을 확보하면, 그것을 패권정당(hegemonic party)이라 할 수 있다. 그렇지 않다면 그 정당은 유동적 지배정당(fluid dominant party)에 불과하다. 이러한 패권정당과 유동적 지배정당의 구별은 권위주의 정치상황이 얼마나 제도화되어 있는지 여부를 설명하는 데 도움을 준다. 신생 관제정당이 패권정당으로 전환했을 때에는 제도화가 훨씬 진전된 상태일 것이다.

사실 한국에서 권위주의세력은 1963년 군정종식 후 계속집권을 위해 패권정당제 수립방식을 도입했으나 실패한 결과 유신체제를 구상했다.[17] 권위주의세력은 1962년 민주공화당을 비밀리에 사전 조직하면서 패권정당의 열망을 가지고 있었으나 처음부터 그들의 의도대로는 되지 않았다. 박정희가 군복을 벗은 후 공화당 후보로 선거에 나가 대통령으로 당선되어 계속 집권하려는 계획은 군부의 반대에 직면하게

---

[17] Kim Yong-Ho, "Authoritarian Leadership and Party Dynamics: The Rise and Fall of the Democratic Republican Party in South Korea, 1962~1980," Ph.D. Dissertation, 1989.

되었다. 반대세력을 제거한 후에야 박정희는 다른 동료들과 함께 군복을 벗은 후 공화당에 입당하여 1963년 군정하에서 실시된 대통령선거에 참여했다. 이 선거에서 공화당이 승리하여 패권정당제라는 새로운 정치질서를 수립할 수 있는 기회가 마련되었다. 그러나 '민정'에서 공화당의 패권정당 수립 노력은 여러 가지 이유에 의해 좌절되었다.

공화당은 패권정당을 수립할 수 있는 좋은 조건을 가지고 있었음에도 불구하고 실패했다. 군정 말기에 많은 5·16 주체들이 군복을 벗고 공화당에 참여하면서 강하고 안정된 대중정당을 창건하기 위해 강력한 사무국 조직을 갖추었다. 이를 통해 그들은 공화당이 '종이정당'(paper organization)이나 최고지도자의 개인적인 정치도구로 전락되는 것을 방지하려고 했다. 그리하여 공화당은 한때 당원을 170만명까지 확보하고 1967년 선거에서 대승하여 패권정당의 가능성을 보여주었다. 이외에 공화당은 패권정당이 될 수 있는 좋은 사회적 조건을 가지고 있었다. 즉 한국사회는 새로운 강력한 정당을 건설하는 데 흔히 장애물로 등장하는 인종적·종교적·언어적 분열이 없었다. 그리고 60년대 초에 패권정당 건설의 과제가 제기되었을 때에는 사회적 동원(social mobilization)이 낮은 수준이었으므로, 공화당 창당세력들은 그들의 사회적 통제와 시민사회 침투를 방해하는 자율적인 사회세력들의 저항을 비교적 적게 받았다. 한편 북한의 위협은 효과적으로 대중을 동원하고 사회를 통제할 수 있는 기회를 제공했다. 더욱이 공화당은 60년대에 고도의 경제성장을 이룩했기 때문에 풍부한 정치자금을 동원할 수 있었다. 이러한 높은 경제성장은 당의 지도력에 대한 국민의 신뢰를 높여 주었고, 대중의 지지를 확장하고 안정화시키는 데 매우 유리했다. 이러한 좋은 조건에도 불구하고 공화당은 패권정당이 되지 못했다.

1971년 선거에서 공화당은 국민의 지지를 대폭 상실했다. 당시 대통령선거에서 공화당의 박정희 후보는 세대교체를 이룬 야당의 김대중

후보에게 겨우 승리했다. 그리고 국회의원선거에서 공화당의 의석비율은 1967년의 77.9%에서 56.2%로 급격히 감소했다. 이것은 1960년대 공화당 내부의 변화와 밀접히 연관되어 있었다. ① 공화당 사무국은 점점 당을 통제하는 힘을 잃어 갔다. ② 당이 점차 행정부에 의존하는 정도가 증대되었다. ③ 3선개헌 후 공화당은 박정희 대통령의 개인적인 정치도구로 전락하여 자율성을 거의 완전히 상실했다. 박대통령과 그 측근들은 70년대 초 그들의 정치적 지배를 확고히 하기 위해 어떤 처방의 필요성을 느꼈다. 박대통령이 개인의 장기집권을 위해 유신을 선포함으로써 패권정당 통치방식은 더 이상 추진될 수 없었다. 이미 설명한 것처럼 박정희는 유신헌법을 비롯하여 새로운 제도를 도입했는데 이는 정당을 정치과정에서 거의 완전히 배제하고 자신의 개인통치를 강화시키는 것이었다.

이처럼 한국의 경우 유신정권이 정치제도보다 박정희 대통령의 개인적인 리더십에 의존하는 바가 컸기 때문에 제도화에 성공하기가 어려웠다.[18] 그리고 유신체제를 중앙정보부를 중심으로 비밀리에 고안했기 때문에 집권엘리트들의 합의와 지지는 매우 허약했다. 그리하여 정권유지 과정에서 반대세력을 통제하는 방식 등을 둘러싸고 집권세력 내부의 갈등이 증가했다. 그리고 집권엘리트들은 유신체제 자체에 대한 확신이나 지지보다 박대통령 개인에 대한 충성이 더욱 강했다. 결국 유신세력은 기본적으로 박대통령의 개인적인 통치를 가능하게 하기 위해 정치과정에 대한 관료적·강압적 수단에 의존함으로써 국민의 자발적인 지지를 얻어 정권을 안정화시킬 수 있는 여지를 마련하지 못했다.

---

18) 한배호, 앞의 책, p.326.

### 3) 권위주의체제의 제도화에 영향을 미치는 변수

이제 유신정권이 제도화에 실패한 원인을 비교분석의 시각에서 살펴보자. 비교역사적 방법을 통해 한국을 비롯한 이베리아, 중남미, 아시아, 아프리카 등의 권위주의체제의 제도화 노력을 비교·분석하여 이러한 제도화과정에 영향을 미친 변수들을 설명하고자 한다. 첫째, 국민으로부터 정당성을 확보할 수 있는 권위주의적 통치방식에 대한 집권세력 내부의 합의와 지지의 정도가 제도화에 크게 영향을 미친다. 권위주의세력이 제도화에 성공하려면 단결된 지도력과 정치적 프로그램에 대한 높은 합의 등 강한 내적 응집력이 필요하다. 고도로 단결된 지도력만이 행동의 분열을 막고 반대세력을 효과적으로 통제할 수 있다. 흔히 권위주의체제에는 카리스마 지도자가 나타나 집권세력 내의 파벌싸움을 중재한다. 그런데 카리스마 지도자가 있는 동안에 정치적 경쟁의 규칙이 마련되지 못할 경우에 이 정권은 이 지도자가 사라지면 어려움을 겪게 될 것이다. 그러므로 권력이 최고지도자의 수중에 집중되어 있다 하더라도 그것을 개인화(personalize)하는 대신에 제도화하는 것이 필요하다. 집권세력 내의 경쟁적인 지도자와 파벌 사이에 정치적 문제해결의 절차에 대한 합의가 있으면 권위주의정권은 계속 영속성을 유지하기가 쉽다. 따라서 집권세력은 군부의 정치적 역할, 통치과정에 있어서 당의 기능, 대중동원의 방식과 범위, 후계자문제, 정치엘리트의 충원방식, 기타 정치조직간의 역할분담 등과 같은 근본적인 문제에 대한 합의를 필요로 한다.

권위주의정부의 제도화에 가장 큰 영향을 미치는 두번째 변수는 권위주의정부가 들어설 당시의 국가적 상황이 얼마나 위기상황이었는지 여부이다. 일찍이 린스는 권위주의정부가 탄생할 때의 정치・경제적인 상황이 이 정부의 장래에 지대한 영향을 미친다고 주장했다.[19] 대부분의 안정된 권위주의정부는 심각한 국가적 위기상황에서 등장한 결과, 시민사회 내에 권위주의정부를 지지하는 세력이 존재하고 있다. 예를 들면 멕시코혁명 후 장기간의 정치적 테러와 폭력에 시달린 국민들이 카데나스정부의 개혁을 지지한 결과 그후 권위주의정부의 제도적 기반이 되어 오랫동안 정치적 안정을 달성할 수 있었다. 이외에도 외부의 적을 물리쳐 국가적 위기상황을 해결한 터키의 아타터크(Ataturk), 공산정권에 본토를 완전히 빼앗긴 장개석정부, 스페인과 유고슬라비아의 내전 후 등장한 프랑코정권과 티토정권 등이 대표적인 사례이다.

권위주의체제의 제도화에 영향을 미치는 세번째 변수는 리더십 스타일이다. 일반적으로 카리스마 지도자나 민중주의적(populist) 지도자는 장기적으로 권위주의정권을 안정시키거나 광범위한 대중의 지지를 확보하여 정권의 제도화에 기여할 가능성이 높으나, 관료주의적 지도자는 그렇지 못하다. 물론 카리스마 지도자만으로는 장기적으로 안정된 권위주의정권을 창출하기에 부족하지만 이러한 지도자 아래에서 권위주의정당이나 다른 정치제도를 고안할 수 있는 기회가 마련될 수 있다. 예를 들면 멕시코의 카리스마 지도자 카데나스는 권위주의 정당제도의 수립을 도왔다. 그리고 비교적 덜 성공적인 경우이지만, 터키의 케말(Kemal), 스페인의 프랑코(Franco), 이집트의 낫세르(Nasser), 그리고 아르헨티나의 페론(Peron) 등은 새로운 정치제도를 도입하여 권위주의정권을 안정시키기 위해 그들의 카리스마를 이용했다. 흔히 카리스마 지도자는 보통 사람과 다른 비범하거나 초자연적인 능력을 가졌다는

---

19) Juan Linz, "The Future of an Authoritarian Situation or the Institutionalization of an Authoritarian Regime: The Case of Brazil," Alfred Stepan(ed.), *Authoritarian Brazil: Origins, Policies, and Future*(New Haven: Yale University Press, 1973), p.237.

대중의 광범위한 믿음에 바탕을 두고 있기 때문에, 권위주의정권의 정치적 안정을 확보하는 데 유리하다. 즉 소수세력을 제외한 대다수의 국민들이 정치지도자의 카리스마를 믿을 뿐만 아니라 지도자 자신도 백성들을 잘 이끌어 나가야 한다는 사명감에 빠져 있다.

그런데 이러한 카리스마적 지도자가 군부에서 나오려면 상당히 특별한 환경이 필요하다. 린스는 "많은 사람들이 카리스마 지도자라는 용어를 사용하지만 군대의 정규적 채널에서 카리스마를 가진 지도자가 나타날 때는 내전이나 국제전을 겪은 후뿐이다"고 주장했다.20) 군대조직상의 특성은 종종 카리스마적인 지도자의 등장을 방해한다. 즉 "관료적인 업적이나 서열을 중시하는 군대조직은 카리스마가 나타날 최적의 환경은 아니다."21) 이러한 점은 한국의 경우에도 그대로 적용된다. 한국전쟁에도 불구하고 1961년 쿠데타를 통해 권력을 장악한 군부세력은 대중의 지지를 모을 수 있는 카리스마적인 지도자를 가지고 있지 못했다. 쿠데타의 주역인 박정희 소장과 김종필 중령은 어떤 실질적인 카리스마도 없었다. 박정희는 전형적인 관료주의적 지도자인 반면에 김종필은 정치적 역동성을 소유한 인물이었지만 민중적인 호소력은 부족했다. 더욱이 유신 이전 시기에 김종필세력은 거의 모두 제거되었고, 권위주의세력 내에서 박대통령의 권위에 도전할 수 있는 인물은 아무도 없었다. 로버트 터커의 표현을 빌면, 박정희는 '총통형'(führer-like) 지도자였기 때문에22) 정당을 비롯한 정치제도 위에 군림하기를 원했으므로 유신정권을 제도화하는 데 기여하지 못했다.

민중주의 지도자도 카리스마 지도자처럼 권위주의세력이 새로 도입

---

20) Linz, *ibid.*, p.241.

21) *Ibid.*, p.241.

22) Robert C. Tucker, *The Soviet Political Mind*(2nd ed.; New York: Praeger, 1970), Ch.1.

한 정치제도에 대한 대중의 지지를 모아 정치적 안정을 도모할 수 있다. 비록 권위주의정권의 제도화과정이 기본적으로 엘리트들의 조작에 의존하지만 권위주의정권을 제도화하려면 반대세력이 정치적 도전을 생각하지 못할 정도로 안정된 대중적 지지기반을 필요로 하기 때문에 권위주의세력은 대중의 지지기반을 확대·강화해야 한다. 민중주의적 지도자는 관료주의적 또는 엘리트적 지도자보다 권위주의 신질서에 대한 대중의 지지기반을 건설하는 데 훨씬 효과적이다. 더욱이 민중을 위한 복지정책, 토지분배, 부의 재분배, 최저임금의 상승, 유급휴가제, 연금제도 확대 등은 성장위주의 저임금정책보다 대중기반을 육성하고 유지하는 데 더욱 효과가 있다. 이러한 민중주의적 정책을 통하여 권위주의정권은 사회의 다수계급인 노동자와 농민의 지지를 얻을 수 있다. 그렇지 못할 때에는 반대세력이 도시노동자나 농민을 동원하여 정치적 도전을 할 기회를 갖는다.

　권위주의정권의 제도화에 영향을 미치는 네번째 중요한 변수는 이러한 정부가 들어서기 전에 다당제를 비롯한 민주주의제도를 얼마나 오랫동안 경험했느냐 하는 것이다.[23] 다시 말해 권위주의 리더십이 등장하기 전에 다원적이고 경쟁적인 민주제도의 경험이 적을수록 권위주의정권을 제도화시킬 가능성이 높다. 일반적으로 권위주의정권은 다원적이고 경쟁적인 민주정치가 확고하지 못한 국가에서 출현한다. 그런데 민주정치의 경험이 없는 국가에서는 권위주의정권을 제도화시키려는 정치세력들이 대다수 국민의 지지를 얻는 데는 큰 어려움이 없다. 반면 참정권을 포함한 국민의 기본권제도, 다당제, 입법부, 다원주의적 이익집단 제도 등을 비롯한 민주주의를 경험했거나, 비록 문제가 많지만 경쟁적인 정당정치를 경험한 국가에서는 권위주의세력이 국민

---

[23] 오창헌, "유신체제 제도화의 실패에 관한 연구," 『한국정치학회』(28집 2호, 1994년), p.193.

들의 민주주의에 대한 기억을 완전히 제거하기 힘들며, 또한 시민사회와 정치사회의 폭넓은 지지를 얻기가 쉽지 않다. 특히 과거에 경쟁적 선거나 정당정치의 활동영역이 넓었던 국가에서는 권위주의세력이 새로운 정당을 건설하거나 다른 조직을 통해 시민사회에 침투하기가 매우 힘들다. 따라서 권위주의 리더십이 시민사회의 지지를 얻기 위해서는 과거의 정치구조를 해체해야 한다. 권위주의정권을 안정화시키려면 과거의 경쟁적 선거나 개방적 정치제도에 대한 기억과 잠재적인 호소, 그리고 과거에 정립되었던 정당인, 관료 및 기업가 사이의 연계를 통제할 필요가 있다. 그리고 구시대 정치인을 규제하고 형식적인 들러리 야당을 조작해 내는 등 몇몇 수단들이 효과적으로 사용되어야 한다.

　권위주의정권의 제도화에 영향을 미치는 다섯번째 변수이자 마지막으로 들 수 있는 것이 국제환경이다. 국제환경의 영향을 논의하는 데 있어서 분석적 차원에서 세 가지 수준과 두 가지 영역으로 나누어 볼 수 있다. 세 가지 수준이란 권위주의정권이 통치하던 당시의 세계적 수준(global level)의 환경, 아시아·중남미·아프리카 등 지역적 수준(regional level)의 환경, 그리고 그 나라와 다른 나라간의 양자간 수준(bilateral level)의 관계 등으로 나누어진다. 그리고 대외환경은 정치적 영역과 경제적 영역으로 나누어 볼 수 있다. 물론 국제정치체제와 국제경제체제가 별도의 동학(dynamics)을 가지고 있는지, 그렇지 않으면 하나의 체계(one system)로 움직이는지에 대한 논쟁은 국제정치경제학의 오랜 쟁점 중의 하나이다. 필자는 양자가 동전의 양면처럼 하나의 세계체제(global system)를 구성하고 있으나 서로 다른 동학(dynamics)에 의해 움직이고 있기 때문에 분석적 차원에서 분리해서 설명하는 것이 바람직하다고 본다. 즉 기본적으로 민족국가를 구성단위로 하는 국제정치체제와 세계시장을 구성단위로 하는 국제경제체제는 서로 연동화(synchronized)되어 있지 않기 때문에 양자를 별도로 고찰해야 할 것이다. 여기서는 주로 권위주의정권의 제도화에 영향을 미친 70년대의 세계적 수준의 정치경제환경을 논의한 후 다음 장에서 구체적으로 세계적 수준을 포함한 지역 및 양자간 수준의 외부환경의 영향을 분석하고자 한다. 먼저 70년대 국제정치체제의 일반적인 환경을 살펴보자.[24]

린스는 60년대와 70년대의 냉전이라는 국제정치환경이 권위주의 지도자, 특히 우파 지도자의 정치제도화 노력을 매우 어렵게 한다고 주장했다.[25] 그에 의하면 권위주의정권의 제도화는 단순히 정책이나 행정의 문제가 아니라 국민들의 지지와 복종을 얻을 수 있는 정치적 상징이 필요하고, 특히 지금의 어려움을 참고 견딜 수 있는 미래의 유토피아를 담은 이데올로기가 필요하다. 그런데 좌우진영이 대립하고 있는 국제사회에서 이러한 정치적 이데올로기는 개방적이고 경쟁적인 자유민주주의와 미래에 공산주의사회를 건설하기 위해 전체주의적 공산당독재를 정당화하는 사회주의로 양분되어 있어, 제3세계의 권위주의 지도자들은 양자 중에서 택일하지 않을 수 없는 국제환경에 놓여 있었다. 비록 멕시코, 이집트, 스페인, 유고 등에서 권위주의정권이 오랫동안 존속하고 있었고 또한 많은 제3세계국가들이 비동맹회의에 참여하여 정치적 연대를 모색했으나, 자유민주주의나 사회주의의 대안이 될 수 있는 새로운 정치적 이데올로기는 제시하지 못했다. 더욱이 과거 1930년대에 맹위를 떨쳤던 파시스트 이데올로기에 대한 국제적인 지지는 거의 기대할 수 없었다. 이런 국제환경 속에서 제3세계의 많은 권위주의 지도자들이 사회주의 일당제 정치제도를 선호하는 경향이 있었다.

한편 제3세계국가를 자유진영으로 끌어들이려는 미국의 대외정책은

---

24) 이에 관한 자세한 논의는 다음을 참조. 김용호, "제3·4공화국의 대외정책," 한국정치외교사학회 편, 『한국외교사 Ⅱ』(서울: 집문당, 1995), pp.381-416.

25) Linz, op. cit., pp.250-253.

권위주의정부의 제도화에 걸림돌이 되는 경우가 많았다. 미국이 제3세계국가에서 정치적 혼란을 이용한 좌익세력의 득세를 방지하기 위해 권위주의정권의 등장을 묵인하는 경향은 있었지만, 이러한 정권의 제도화 노력에 대해서는 여러 가지 방법으로 제동을 걸었다. 미국의 군사적·경제적 원조에 의존하는 많은 제3세계국가의 권위주의정권은 적어도 입으로나마 민주주의를 지지하고 궁극적으로 다원주의적 자유민주주의체제를 건설하겠다는 약속을 하지 않을 수 없었다. 따라서 새로운 정치질서를 수립하려는 권위주의세력의 도덕적 기반은 훼손되게 마련이다.

70년대의 국제경제환경은 60년대에 비해 일반적으로 권위주의세력에게 불리하게 작용했다. 70년대 들어 국제경제환경이 악화되자 외국의 자본 및 기술, 그리고 수출에 의존하는 외부지향적인 산업화정책을 추진하던 많은 권위주의정권은 시련을 겪게 되었다. 더욱이 이 정권은 경제성장을 통한 정부의 효율성을 바탕으로 국민의 지지를 확보하기 위해 노력했기 때문에 대외경제환경의 변화에 매우 민감했다. 1971년 닉슨 대통령이 달러화의 10% 평가절하와 함께 금태환정지, 수입상품에 대한 10% 임시과징금의 부과 등을 포함한 신경제정책을 채택함으로써 권위주의정권의 경제성장정책이 어려움을 겪게 되었다. 전후 세계경제의 안정된 발전과 함께 제3세계국가의 산업화를 도와주었던 브레튼 우즈체제(Bretton Woods System)라는 비교적 안정된 국제통화체제와 관세 및 무역에 관한 일반협정(GATT)에 기초한 자유무역체제가 흔들리게 됨으로써 보호무역의 징조가 나타나기 시작했다. 이로써 제3세계국가의 대외경제진출이 어려워지게 되었다. 더욱이 1973년 제1차 석유파동과 1978~79년의 제2차 석유파동은 한국을 포함한 많은 신흥공업국가에게 위기감을 불러일으켰다. 아랍·이스라엘간의 중동전에서 아랍산유국들이 석유를 무기로 이스라엘에 대한 세계 각국의 지지를 철회하도록 위협했다. 한편 1978년 이란의 회교혁명으로 촉발된 제2차 석유파동은 세계경제를 고물가시대로 몰아넣어 소위 침체 속의 인플레이션이라는 스태그플레이션 현상이 일어나 세계경제는 불황기로 접어들었다. 이런 상황에서 미국을 비롯한 세계 각국이 군사안보에 못지 않게 경제안보를 중시하게 됨으로써 경제민족주의가 전세계적으로 팽배하게 되었다. 특히 '무역정책이 외교정책'이라는 주장이 보여주듯이 국가간의 관계에서 경제통상문제가 정치·군사적인 문제에 못지 않을 정도로 그 중요성이 강조되었다. 그런데 여기서 강조해야 할 점은 이러한 국제경제환경의 변화가 모든 권위주의정부에게 부정적인 영향을 끼친 것은 아니었다는 것이다. 예를 들면 제1차 석유파동으로 인해 중동특수가 발생하자 한국은 건설업을 비롯하여 많은 기업이 중동에 진출하여 엄청난 외화를 벌여들여 중화학공업화에 투자할 수 있었다.

## 3. 70년대 후반의 국내정치과정 분석

위에서 살펴본 권위주의정권의 제도화에 영향을 미치는 변수들, 즉 제도화방안에 대한 집권세력 내의 합의와 지지의 정도, 권위주의정권 등장 당시의 국가적 위기상황의 정도, 카리스마 또는 민중주의적 리더십의 강도, 권위주의정권 등장 이전의 민주적 경험의 정도, 그리고 국제환경의 영향 등을 중심으로 70년대 후반의 한국의 국내정치과정을 연도별로 주요사건을 중심으로 분석하고자 한다. 70년대 후반의 한국 정치과정의 핵심은 유신체제를 정착시키려는 집권세력과 이에 저항하는 반대세력간의 정치적 경쟁이었다. 이미 지적한 것처럼 유신세력은 박대통령의 개인적인 리더십에 지나치게 의존하는 가운데 경제발전과 국가안보체제 확립이라는 정부의 효율성을 강조하면서 권위주의정부를 안정시키기 위해 노력했다. 또한 유신세력은 물리적인 힘으로 반대세력을 탄압하다가 다시 정치적 타협을 모색하는 등 여러 가지 수단과 방법을 동원했다. 예를 들면 유신헌법에 대한 국민투표 재실시, 정치범 석방, 여야 영수회담 등 반대세력에 상당히 유화적인 정책을 실시하는가 하면, 정부에 대한 비판적인 국회발언을 이유로 야당 국회의원을 탄압하는가 하면 정부에 대한 일체의 비판을 허용하지 않는 긴급조치9호를 발동하고 재야인사들의 반정부행동을 강압적인 방법으로 대응하는 등 강경정책을 실시했다. 이처럼 권위주의 정치과정은 기본적으로 힘의 논리에 기초하고 있지만 언제나 정치적 갈등을 힘으로 해결하지 않고 타협과 유인(cooptation) 등 여러 가지 수단을 동원했다. 그리고 월남의 공산화, 미국의 압력 등 상황적인 요인에 의해 집권세력과 반대세력간에 일시적인 타협이 이루어져 새로운 국면을 맞이하는 등 정치과정이 매우 유동적이었다.

### 1) 1975년 국민투표 재실시의 배경 및 경과

1975년 1월 박정희는 반정부세력을 제압하기 위해 유신헌법의 존속여부에 대해 국민투표를 다시 실시하기로 결정했다. 정부가 국민투표 재실시를 결정한 배경을 보면 반대세력의 개헌운동을 차단시키기 위한 것이었다. 72년 박대통령이 유신체제를 매우 전격적으로 도입한 결과 반대세력은 속수무책이었다. 더욱이 유신정권이 반대세력의 주요 인사들을 감시하는 것은 물론 강압적으로 탄압했기 때문에 권위주의세력에 저항하기가 매우 힘들었다. 그러나 74년을 고비로 새로운 반대세력이 조직되기 시작하고, 리더십이 허약했던 반대당인 신민당도 김영삼이 새로 당수가 되어 유신철폐운동을 전개하기 시작했다. 특히 유신반대, 인권유린 등을 바로잡으려는 여러 종교단체들이 등장했다. 1974년 들어 개신교에서는 그 동안 개별적으로 유신에 반대하다가 투옥되는 목사의 수가 늘어나면서 반정부단체를 결성하고 매주 목요일에 기도회를 여는 등 체계적인 유신반대운동을 전개하기 시작했다. 그리고 천주교에서도 지학순 주교의 구속을 계기로 정의구현사제단이 만들어져 조직적인 저항운동을 전개하게 되었다. 그 동안 야당은 유진산 당수의 리더십 아래 내부적으로 분열과 반목을 거듭했으나 74년에 김영삼이 당권을 장악한 후 11월에는 4년 임기의 대통령직선제, 대통령 권한 축소, 국정감사권의 부활 등을 내용으로 하는 '개헌안요강'을 작성하여 발표한 후 개헌운동에 나섰다. 또한 신민당은 12월에 결성된 소위 재야의 개헌운동단체인 '민주회복국민회의'와 긴밀히 제휴했다. 1975년 1월 김영삼은 연두기자회견에서 새해 정책목표를 '민주회복을 위한 개헌투쟁'으로 선언한 후 재야와의 연대투쟁은 물론 해외의 민주세력과 제휴하기 위해 미국과 일본 방문에 나섰다. 여기서 우리들이 주목해야 할 점은 유신반대세력들이 '민주회복'을 주장하고 나섰다는 점이다. 이론적 논의에서 설명한 것처럼 민주제도를 경험한 나라에서 권위주의정권을 안정화시키려면 과거의 개방적 정치에 대한 국민의 기억을 제거하고 반대세력이 가지고 있던 과거의 대중적 지지기반을 완전히 붕괴시켜야 한다. 한편 반대세력은 권위주의정권의 부당성을 강조하면서 과거의 민주적 제도로 돌아갈 것을 주장함으로써 대중의 기억을 되살리고자 노력하는 것은 물론 권위주의 반대운동에 과거 자신들을 지지했던 대중들이 동참해 줄 것을 호소한다.

    이러한 배경 아래 박정희 대통령은 1975년 1월에 유신헌법에 대한 국민투표를 다시 실시할 것을 선언했다. 유신정권의 국민투표 실시방

침은 국민투표독재(plebiscitary dictatorship)의 전형적인 수법이었다. 이는 독재자들이 자신의 통치를 정당화하기 위해 형식적인 국민투표 방식을 통해 국민의 지지를 만들어내는 것이다. 박대통령도 국민투표 실시를 발표하면서 유신헌법에 대한 공개적인 찬반토론을 금지시켰으며, 또한 국민투표가 부결되면 자신이 퇴진하겠다고 위협함으로써 자신의 퇴진에 따른 정치적 혼란을 우려하는 많은 유권자들이 유신헌법에 찬성하도록 유도했다.

박정희정부가 유신헌법에 대한 국민투표를 실시하기로 발표하자 신민당과 재야는 일제히 보이콧할 것을 결정한 후 국민투표 불참운동을 전개했다. 미국을 방문하고 있던 김영삼은 로스앤젤레스의 연설회에서 "우리는 기만적인 국민투표 기도를 박정희의 제4의 쿠데타로 단정한다. 국민투표라는 이름을 내걸어 민의를 조작하는 행위는 결코 승복할 수 없다"고 말했다.26) 그러나 신민당과 재야의 국민투표 불참운동은 별로 효과적이지 못했다. 집권세력은 반대세력의 국민투표 불참운동을 봉쇄하고 탄압하는 한편 막강한 국가조직을 동원하여 유권자들로 하여금 유신헌법에 찬성하도록 유도했다. 1975년 2월 22일에 실시된 국민투표에서 유권자의 79.8%가 참여하고, 유효표의 73.1%가 유신헌법 존속에 찬성했다. 이러한 결과는 1972년에 유효표의 91.5%가 찬성한 것에 비해 현저히 국민의 지지가 떨어진 것을 의미하는데, 이런 현상이 일어난 이유는 여러 가지 측면에서 찾아볼 수 있다. 지난 1972년 유신헌법을 도입하면서 실시한 국민투표는 계엄령 아래에서 진행되었으나 이번에는 긴급조치 아래 실시되었기 때문에 유권자들의 반대에 대한 두려움이 약화되었을 것으로 보인다. 더욱이 72년에는 계엄령하에서 반대세력이 아무런 활동도 할 수 없었으나 이번에는 국민투표

---

26) <한국일보> 미주판, 1975년 1월 22일.

불참운동을 제한적으로나마 전개할 수 있었다. 더욱이 유권자들에게 72년에는 유신의 정체가 무엇인지 불분명했으나 2년 이상을 지내면서 정부의 강압적인 정치적 탄압과 사회에 대한 통제 등으로 인해 점차 불편함과 부당함을 깨닫게 되었다는 것을 의미한다. 따라서 이번 국민투표의 결과는 유신정권의 제도화가 조금도 진전되지 않고 있으며, 오히려 반대세력이 증대하고 있다는 것을 보여주었다.

### 2) 월남의 공산화와 유신체제의 강화

이론적 논의에서 설명한 것처럼 권위주의정권이 등장할 당시에 외부 적의 침공이 임박했다거나 또는 오랜 내전으로 인해 국민들의 위기의식이 높은 경우 제도화에 성공할 가능성이 높다. 그런데 권위주의세력은 제도화 초기단계에서 이러한 위기가 완전히 해소되지 않았다는 것을 강조함으로써 자신들의 통치를 정당화하는 경향이 있다. 한국의 권위주의세력이 유신체제를 도입할 당시에는 국가적 위기의식이 상대적으로 약했으나 1975년 월남이 패망하여 공산화되자 국제공산주의세력의 다음 목표가 한국이 될지도 모른다는 우려 때문에 안보 위기의식이 팽배하게 되었다. 사실 유신체제를 1972년에 도입하지 않고 1975년 월남 패망 후에 도입했더라면 그 정당성을 주장하기가 쉬웠을 것이다. 더욱이 박정권은 국제환경의 변화를 국내정치에 효과적으로 이용했다. 즉 유신세력은 월남패망을 계기로 방위세를 도입하고 기존의 중·고·대학의 학생회조직을 학도호국단으로 개편했으며, 또한 민방위대를 신설하는 등 권위주의체제의 기반을 강화했다.

1975년 2월 국민투표 실시 후 형식적이지만 유권자들의 유신헌법에 대한 지지를 바탕으로 박정권은 정치범을 사면하는 등 반대세력에 유화적인 정책을 채택했다. 그러나 사면받은 정치범들은 고문 등에 시달린 사실을 폭로하는 집회를 갖는 등 유신정권에 대한 정치적 도전을 강화했다. 박정희와 반대세력간의 대립은 1975년 4월 사이공이 공산주의자들에 의해 함락되어 베트남이 멸망하자 새로운 전기를 맞게 되었다. 당시 북한의 김일성이 중국, 소련 등을 방문하여 남한과 전쟁할 준비가 다 됐다며 지원을 요청했다는 보도가 있었다.27) 박정권은 세계 공산주의의 다음 목표가 바로 남한 적화라는 것을 강조하면서 유신반대세력이 국론을 분열시켜 총화단결을 해친다는 구실 아래 정치적 반대세력을 탄압했다. 박정권은 1975년 4월 8일 긴급조치7호를 발동하여 군인들이 고려대학교를 접수하고 유신에 반대하는 학생들을 체포했다. 이어 동년 5월 13일에는 긴급조치9호를 선포하여 유신에 대한 어떠한 반대도 금지시켰다. 이러한 긴급조치와 베트남의 멸망은 반대세력이 국민의 호응을 얻기 힘들도록 만들었다. 더욱이 1975년 5월 박대통령이 김영삼 신민당 당수를 청와대에 초청하여 영수회담을 개최한 후 김은 지금까지의 유신정권에 반대하는 강경투쟁은 현저히 완화됐다. 이에 편승하여 박정권은 국군전력 증강을 위한 무기구입에 사용하기 위해 새로 방위세를 제정했고, 또한 중·고·대학 학생회를 폐지하고 학도호국단을 구성하여 학생회를 중심으로 한 대학생들의 반정부활동을 봉쇄하는 한편 민방위제도를 도입하여 시민사회를 통제했다.

    이러한 정부의 '총력안보체제' 구축에 모두 동참한 것은 아니다. 1975년 10월 8일 국회에서 야당의 김옥선 의원은 안보의 미명 아래 박정권이 독재를 호도하고 있다고 비난했다. 김옥선은 국회 본회의 발언을 통해 긴급조치에 의해 개헌논의도 집회도 시위도 금지하고 있는 현실을 비판했다. 그러면서 "인도차이나 사태 후 우리나라 전역에서 일어났던 안보

---

27) <조선일보>, 1996년 5월 23일; 김정렴, 『아, 박정희』, pp.222-223 참조.

궐기대회는 관제데모였기에 가능했지 않느냐"고 주장했다.28) 이러한 국회연설이 북한에 이적행위가 된다는 구실을 내세워 집권세력은 김의원을 제명하겠다고 위협하여, 결국 김의원이 의원직을 자진 사퇴했다. 지난해 정일형 의원사건과 이 사건을 통해 국회는 유신체제하에서 자율성이 전혀 없는 허수아비 정부기관이라는 것을 보여주었다. 또한 이 사건을 통해 신민당을 포함한 반대세력들이 단결되어 있는 것이 아니라 유신에 대한 태도나 반대 투쟁방법에 대해 견해차이가 있다는 것을 보여주었다. 정일형, 김옥선 의원을 비롯한 많은 인사들이 유신은 철폐되어야 한다고 믿으면서 정면으로 비판한 반면, 다른 일부에서는 국내외 정세를 고려해 볼 때 유신의 필요성을 부분적으로나마 인정하고 유신체제 내에서 비판을 전개하는 것이 필요하다고 믿었다. 특히 김영삼 총재는 월남패망 후 박정희 대통령과 단독회담을 가진 후 전자에서 후자로 노선을 변경함에 따라 유신을 정면으로 비판한 김옥선 의원을 적극적으로 보호하지 않았다.29)

이러한 사건에도 불구하고 유신반대세력의 조직적인 움직임이 현저히 둔화되어 박대통령은 유신체제가 어느 정도 안정되었다고 판단했다. 1975년 12월 박대통령은 개각을 단행하고 김종필 총리의 후임에 외무관료 출신 최규하를 임명했다. 그리고 1976년 2월에는 3년 임기의 2기 유신정우회 의원 73명을 선정했는데, 50명이 유임되고, 23명은 신인으로 구성되었다. 유임되지 못한 의원들의 사유는 개별적으로 천차만별이지만 전체 유신정우회 의원의 3분의 1이 새로 임명된 것은 정치엘리트 수준에서도 유신세력이 아직 탄탄히 결집되지 못하고 있다는 것을 시사해 주었다.

---

28) 이영석, 『야당40년사』(서울: 인간사, 1987), pp.334-335참조.

29) 앞의 책, pp.334-335참조.

### 3) 야당과 재야의 반대운동

유신 이전에 한국국민과 정치인들이 민주적 제도와 개방적 정치를 경험했기 때문에 유신세력이 국민들의 이러한 기억을 제거하거나 반대세력을 잠재우는 것은 쉽지 않았다. 권위주의 집권세력은 반대세력을 물리적으로 탄압하거나 분열시키거나 일반대중과 유리시키거나 또는 많은 인센티브를 제공하여 회유하는 등 여러 가지 수단과 방법을 동원했다. 이러한 유신세력의 공세로 인해 월남의 공산화 후 반대세력은 효과적으로 유신철폐운동을 전개하지 못하고 있었다. 특히 유신반대세력들이 분열되어 있었는바, 먼저 야당과 재야세력간에는 의견차이가 있었다. 야당은 기본적으로 의회 내에서 점진적인 방법으로 민주화를 추진하려고 했고, 재야세력은 유신국회에 안주할 것이 아니라 유신철폐만이 유일한 방법이라고 주장했다. 1976년 3월 1일 재야의 윤보선, 김대중, 함석헌, 문익환, 그리고 정일형 의원 등은 민주구국선언을 명동성당에서 발표하고 유신철폐와 박대통령 하야를 요구했다. 소위 명동사건으로 일컬어지는 이 사건으로 수십명이 체포되었으나 야당은 이를 외면했다. 비록 신민당은 '명동사건'의 진상을 규명하고 구속자 석방을 요구하는 결의문을 채택했으나 적극적으로 동조하지는 않았다.

한편 야당과 재야세력 내에 여러 파벌들이 공존하고 있어서 정부의 공작정치가 가능했다. 1976년 5월 25일 신민당 전당대회에서 재선을 노리는 김영삼 당수는 이를 저지하려는 이철승 계열의 방해로 대회장에 입장하지 못하고 당사에서 별도의 전당대회를 가졌다. 이 대회는 일명 '각목대회'로 불렸는데, 그 이유는 이철승, 신도환, 고흥문, 정해영, 정운갑, 김원만 등이 비주류연합을 형성한 후 각목을 가진 깡패들을 이용하여 김영삼 당수의 재선출을 저지하기 위해 전당대회 출입을 막았기 때문이다.30) 이철승파와 김영삼파는 서로 상대편의 불법성을 들고나와 신민당은 양분되었다. 김영삼의 양보로 9월 11일 새 전당대회를 열어 이철승이 대표최고위원에 선출되어 2년간 당을 이끌어 나가게 되었다. 이철승은 중도통합론을 내세워 유신체제를 기본적으로 인정하면서 박정권과 협력할 것은 협력하고 비판할 것은 비판한다는 입장을 취했다. 그는 "지금 우리의 현실을 타개하기 위해서는 앞서 말한 순진하고 낭만적인 정치나 음흉하고 사술적인 투쟁방식으로도 어렵거니와, 그렇다고 일거에 모든 것을 요절내 버리려는 천하재단식(天下裁斷式)의 급진적 데마고그적인 방법으로도 어렵다. 우리는 이미 '올 오어 나싱'의 폐해를 충분히 당해 왔다. 정치는 현실이다. 지피(知彼) 없이 지기(知己) 있을 수 없다. 우리는 실리 없는 맹목적 명분보다 실리 있는 명분을 찾아야 한다"고 주장했다.31) 이에 비당권파는 이철승의 '중도통합론'을 비판하면서 그의 인책퇴진과 전당대회소집을 요구하는 등 정치적 공세를 취했다. 또 '명동사건'으로 의원직을 상실하게 된 정일형 의원은 의원총회 고별연설을 통해서 "자유민주주의는 폐기할 수 없다"고 강조함으로써 신민당의 분발을 촉구했던 것이다. 결국 이철승은 최고위원회에서 중도통합론은 당론이 아니며 그의 "개인적 정치철학"일뿐 이라고 해명하지 않을 수 없었다.32)

30) 익명을 요구하는 당시 야당 지도자의 증언.
31) 이철승, "내가 말하는 정치발전," 『신동아』(1977년 9월), pp.109-110.
32) 익명을 요구하는 당시 야당 지도자의 증언.

### 4) 중화학공업화를 통한 유신체제의 정당화

이러한 유신반대세력의 분열과 아울러 중동의 건설경기로 인하여 계속되는 고도성장은 유신체제를 유지하는 데 큰 도움을 주었다. 이처럼 유신정권은 대외경제환경의 변화를 적극적으로 활용한 결과 유신과 함께 추진되고 있던 중화학공업화에 필요한 엄청난 재원을 확보할 수 있었다.33) 중동에 1977년 이후에는 매년 최고 10만명의 한국 건설요원들이 진출했다.34) 그리고 중동에서 벌어들인 외화 통계를 보면 1973년 전체 해외건설 수주액 1억 7,426만달러 중 중동지역 수주액은 겨우 2,405만달러에 불과했으며, 1974년에도 전체 해외건설 수주고 2억 6,060만달러 중 중동지역은 8,880만달러에 지나지 않았기 때문에 동남아지역 수주고가 1억 4,220만달러로 더 비중이 높았다. 그러나 1975년에는 전체 8억 1,480만달러 중 중동 수주고가 7억 5,120만달러로 해외건설 수주고의 대부분을 차지하게 된다. 이 당시 동남아지역 수주고는 4,290만달러로 급전 직하했는데 이는 베트남에서의 철수를 반영한 것이었다. 1976년 중동 수주고가 24억 2,900만달러, 1977년 33억 8,700만달러에 이어 1978년에는 79억 8,200만달러로 절정을 이룬 후 1979년에는 59억 5,800만달러로 하향곡선을 그린다.35) 한국이 중동에서 엄청난 달러를 벌어들이게 된 것은 1973년 10월 발발한 제4차 중동전쟁과 그로 인해 촉발된 오일

---

33) 유신정권 수립을 전후하여 중화학공업화정책의 태동에 관한 자세한 분석은 다음을 참조. 조인원, 『국가와 선택』(경희대학교 출판국, 1996).
34) 한국정치문제연구소, 『정풍 9: 박정희시대 경제비화』(서울: 동광출판사, 1987), p.100.
35) 앞의 책, pp.63, 73, 85.

쇼크 이후 엄청난 오일달러를 확보한 중동 산유국이 의욕에 찬 국토개발계획에 맞춰 대형공사를 마구 발주하기 시작하자 한국의 건설회사 등이 대거 진출한 덕이었다. 이러한 중동특수에 따라 벌어들인 엄청난 재원을 바탕으로 중화학공업화를 추진하는 것은 물론 고도경제성장을 달성할 수 있었다.

그러나 박정권의 경제적 업적이 유신체제에 대한 대중의 지지기반을 확대하는 데는 기여하지 못했다. 왜냐하면 박대통령의 영도 아래 유신정권은 일관되게 산업노동자를 희생시키는 저임금정책의 성장위주 경제발전을 추진했기 때문이다. 농민을 위한 새마을운동은 기본적으로 농민의 생활환경 개선정책에 불과하여 공업화정책을 버리고 농업에 우선적으로 투자한 것은 아니었다. 더욱이 새마을운동은 관료주의적인 동원방식에 의존한 결과 유신체제에 대한 대중적인 지지를 정치적인 틀로 담아낼 수 있는 방안을 마련하지 못했다. 그리고 유신엘리트들은 주로 도시중산층 출신이어서 노동자와 농민을 위한 분배지향의 정책을 추구하지 않았기 때문에 대중적 지지기반을 확장하는 데 장애가 되었다. 비록 권위주의세력이 도시보다 정부의 권위에 쉽게 복종하는 농촌지역에서 상대적으로 많은 지지세력을 확보하고 있었지만 그 지지기반이 점차 불안정해졌다. 유신 이전 시기부터 일어나고 있던 농촌에서 도시로의 대규모 이농현상과 농촌개발의 경시로 인해 유신에 대한 농민들의 지지는 상대적으로 점차 줄어들었다. 한편 도시지역에서 유신세력의 지지기반은 취약했다. 도시유권자들은 농촌보다 정치의식이 높아서 유신정권에 대해 비판적이었고, 또한 정부의 경제성장정책이 노동자의 희생에 바탕을 두고 수행되었기 때문에 그들의 지지를 얻기는 어려웠다. 도시노동자와 하층민을 제외한 도시의 상층과 중간계층은 전체 유권자에서 차지하는 수가 작았고, 이들은 정부의 경제업적과 정치행동에 민감했기 때문에 유신에 대한 이들의 지지는 변덕

스러웠다.

더욱이 70년대의 놀라운 고도경제성장은 유신정부에게는 유리한 점과 불리한 점이 섞여 있었다. 단기적으로는 유신정권이 높은 경제성장 때문에 국민의 자발적인 지지나 묵인을 받을 수 있었고 또한 더 높은 경제성장을 지속시키기 위해서는 박대통령의 계속집권이 필요하다고 유권자에게 호소할 수 있었다. 그러나 장기적으로는 산업화가 가져온 사회변동이 잠재적으로 권위주의정권의 지지기반이 되었던 신민적이고 복종적인 정치문화, 온정주의, 그리고 농촌의 지지를 약화시켰다.

### 5) 한미관계의 갈등과 반대세력의 강화

유신체제를 도입한 이래 박정권은 미국을 비롯한 외국으로부터 인권탄압에 대해 심한 공격을 받기 시작했다. 1976년 10월부터 미국의 언론들은 소위 '코리아게이트'라고 불리는 한국 중앙정보부의 미의회 뇌물공작과 재미 한국인에 대한 탄압을 보도하기 시작했다. 재미 한국인 박동선이 박대통령의 지령에 따라 미국 상·하원 의원들에게 뇌물을 주고 대한원조를 유리하게 하려고 한 비합법적인 로비활동을 미법무부가 조사하고 있다고 보도했다. 12월에는 미국주재 한국중앙정보부원 김상근이 미국에 정치적 망명을 요청하고, 미국 내 한국정보부원의 활동에 대해 제보한 것으로 보도했다. 더욱이 김형욱 전 정보부장이 미국에 망명한 후 미국 의회에서 증언함으로써 일이 더욱 복잡하게 되었다. 이러한 미국언론의 보도에도 불구하고 박정권은 보도관제를 통해 76년 12월 정부가 이 사건을 발표할 때까지 일반에게 알리지 않았다. 이 사건이 매듭되기도 전에 77년 1월에 새로 취임한 미국의 카터 대통령이 일방적으로 주한미군철수를 발표하여 한미간에 불편한 관계가 깊어졌다. 박정권은 이러한 사건들을 이용하여 국민의 민족적 감정에 호소하여 정권에 대한 지지를 유지하려고 노력했다. 박정권은 주한미군철수에 따른 자주국방을 달성하기 위해서 유신체제가 계속 필요하다고 강조했다. 박대통령이 대외관계를 이용하여 자신의 대내정치적 기반을 다지려는 노력은 상당히 성공적인 것으로 보였다.

  1977년 5월 27일 미군철수문제를 이용하여 박대통령은 이철승 야당당수와 회담하고 협조관계를 다졌다. 이와 함께 박정권의 정치를 최소화하려는 탈정치화전략은 계속되었다. 6월에 실시된 보궐선거에 공화당과 신민당이 모두 후보를 공천하지 않기로 결정함으로써 군소정당과 무소속끼리 경쟁한 결과 선거과열을 막았다. 이러한 유신세력의 탈정치화전략(depoliticization strategy)은 정치적 갈등을 정치사회에서 해결하지 못하도록 만들어 결국 반대세력들의 정부와 정책에 대한 비판이 비정상적인 방법에 의존하도록 만들었다. 더욱이 카터 대통령이 인권외교를 주장하면서 한국의 인권상황을 문제로 삼자 재야세력은 인권운동을 강화했다. 1977년 3월 1일 재야세력은 미군철수를 반대하고 민주주의의 회복을 주장했으며, 박정희정권에 대한 외국의 압력촉구 등의 내용을 담은 '민주구국헌장'을 선포했다. 게다가 1977년에 들어서면서 평화시장 노동자들이 노동환경과 저임금에 항의시위를 하고 우림방직과 동일방직에서도 유신기간중에 예외적으로 대규모 노동쟁의가 일어났다. 이것은 유신체제가 노동운동을 탄압하기 위해 개정한 노동법의 효율성이 상당히 떨어졌다는 것을 뜻했고, 이후부터 노동운동은 점차 격렬해져 단순한 노동운동의 범위를 벗어나 반유신체제운동이라는 정치적 성격을 띠기 시작했다. 여기에 학생운동세력이 가세함으로써 대학가 데모가 더욱 가열되었다. 1977년 10월 대학가에서 유신철폐 데모가 연일 계속되자 정부는 대학 휴업령 등으로 이에 임시 대처했다.

이러한 반대세력을 제압하는 수단의 하나로 박정권이 국민회의 대의원선거를 조기에 실시하여 국민의 지지를 받고 있다는 것을 보여주고자 했다.36) 그런데 1978년 7월에 시행된 대의원선거는 종래보다 입후보자가 현저히 줄어들었다. 아무런 정치적 영향력을 행사하지 못하는 대의원에 대해 많은 정치지망자들이 실망한 결과이다. 대통령 임기 6개월 전인 1978년 12월에 박대통령은 2,583명의 대의원 중 1명을 제외한 전원 찬성으로 대통령에 당선되었다.

### 6) 1978년 총선과 박대통령 시해사건

1978년 12월 12일 실시된 국회의원선거에서 공화당은 야당의 심각한 도전을 받았다. 득표율에 있어 공화당은 31.7%, 신민당은 32.8%를 기록하여 비록 명목상의 집권당이었지만 공화당의 지위가 손상되었다. 신민당은 61석을 차지하여 유정회 77석, 공화당 68석에 이어 제3의 국회 교섭단체가 되었지만, 집권당보다 더 많은 국민의 지지를 받았다는 것을 무기로 유신체제에 대한 정치적 도전을 강화했다. 신민당은 새 국회 구성에서부터 종래의 온건노선에서 강경노선으로 선회했다. 신민당은 1979년 3월 국회 개원식에서 유정회 출신으로 국회의장에 내정된 백두진 의원의 선출을 거부했다. 신민당은 그가 국민이 선출한 국회의원이 아니고 대통령이 추천한 유정회 소속 의원이라는 이유를 내세웠다. 집권세력의 위협에 굴복하여 신민당이 나중에 승복했으나 이철승 당수는 이로 인해 당내에서 심각한 비판을 받게 되었다. 결국 그는 5월에 실시된 전당대회의 당수경쟁에서 김영삼에게 패배했다. 김영

---

36) 당시 민주공화당 지도자의 증언.

삼은 이철승 당수의 중도통합론이 결국 유신체제를 유지시켜 주는 것이라고 비판하면서 유신철폐를 당면과제로 내세우고 대의원들의 지지를 획득했다.

김영삼은 당수에 취임하자마자 일련의 정치적 공세를 취했다. 그는 야당 성향을 가진 무소속의원을 설득하여 신민당에 입당시켜 신민당이 유정회에 이어 제2의 원내 교섭단체가 되어 공화당을 압도했다. 68명의 의원을 가진 공화당도 이에 맞서 15명의 무소속의원을 영입한 결과 83명으로 제1당이 되었다. 무소속의원 영입에 이어 김영삼 당수는 외신기자회견에서 통일문제를 논의하기 위해 북한의 김일성을 만날 용의가 있다고 천명했다. 이러한 반대당 당수의 행동은 정부의 남북대화에 대한 독점을 위협하는 것이며 통일의 위업을 달성하기 위해 유신체제가 필요하다는 정부의 입장에 대한 비판을 의미한다. 정부와 결탁한 것으로 보이는 상이군인들과 깡패들이 신민당 당사에 몰려와 김당수를 위협했으나 그는 물러서지 않았다. 오히려 그는 국회의 야당 대표연설에서 박대통령이 너무 오래 권좌에 있는 것을 맹공하고, 대통령직선제와 긴급조치9호의 철폐를 요구했다.

여야간의 정치적 대결이 1979년 8월 들어 더욱 악화되어 심각한 정치적 위기를 몰고 왔다. 가발 생산업체인 YH회사에 근무하는 여공 200여명이 회사를 파산시키고 미국으로 도주한 사장을 찾아내 체불한 임금을 지불해 주도록 요구하면서 신민당사를 찾아 농성에 들어갔다. 그리고 노동자들은 체불임금문제와 집단실업사태를 해결하기 위해 파산한 회사를 자기들이 경영할 수 있도록 해달라고 요구했다. 정부는 신민당사에 경찰을 동원한 뒤, 당사 내에서 농성중인 노동자들에게 해산할 것을 명령했으나 이를 듣지 않자, 1천여명의 경찰이 당사에 들어가 노동자들을 체포하는 바람에 아비규환이 되었다. 1명의 여공이 죽고 신민당 소속 국회의원을 포함한 100여명이 부상을 당하고 198명의 여공들이 체포되었다.

마침내 정부는 김영삼 당수가 취임한 이래 전개되고 있는 반대당의 정치적 도전을 차단하기 위해 극단적인 방법을 모색했다. 김영삼에 반대하는 같은 당 소속 인사를 동원하여 김의 당수직을 빼앗아 버린 것이다. 지난 전당대회에서 자격미달의 대의원들이 김당수에게 찬성표를 던져 당선되었기 때문에 당선무효라는 주장을 내세워 김당수의 당내 반대자들이 법원에 제소를 했는데, 이러한 당수권한정지 가처분 신청이 받아들여져 당수직을 수행할 수 없는 형편이 되었다. 많은 사람들은 이러한 농간이 박정권의 비호하에 이루어지고 있다고 믿었다.

그러나 김당수는 법원의 판정에 불복하고, <뉴욕타임즈> 기자와의 회견에서 "미국정부는 독재정부와 민주주의를 열망하는 다수 중에 어느 쪽을 택할 것인지 분명히 해야 할 시기가 왔다"고 주장했다.[37] 김당수의 정치적 공격이 계속되자, 공화당과 유정회는 그의 행동이 미국의 내정간섭을 요구하는 사대주의적 발상으로 국가와 국회의 위신을 추락시켰다는 이유로 국회에 김당수의 의원직 제명결의안을 제출하여 통과시켰다. 이에 반발하여 신민당 의원은 전원 사표를 제출했다. 이 사건이 계기가 되어 부산과 마산지역에서 대규모 학생·시민들의 봉기가 일어났다. 정부는 부산지역에 계엄령을, 마산지역에 위수령을 발동했으나 학생과 시민들의 항의는 계속되었고, 또한 서울을 비롯한 다른 지역으로 파급되어 나갔다.

이러한 소요에 어떻게 대처할 것인지에 대해 유신의 핵심세력들은 의견을 달리했다. 차지철 경호실장은 강경진압을 주장하는 반면 김재규 정보부장은 상대적으로 온건한 대응방식이 필요하다고 보았는데, 박대통령은 전자의 입장에 기울어져 있었다. 이런 상황에서 10월 26일

---

[37] Yong-Ho Kim, *Party Dynamics in South Korea: The Rise and Fall of the Democratic Republican Party*(London: Macmillan, forthcoming), p.341.

박대통령, 김계원 비서실장, 차지철 경호실장, 김재규 정보부장이 참석한 만찬에서 김정보부장은 박대통령과 차실장을 저격했다. 왜 김재규가 박대통령을 살해했는지에 대해서는 아직도 정확하게 알 수 없다. 김재규는 법정에서 학생 및 주민봉기를 무력으로 진압하려는 박대통령과 차실장의 계획은 엄청난 희생이 따를 것으로 예상되었기 때문에 이를 막기 위해 박대통령과 차실장을 살해했다고 자신의 행동을 정당화했다. 차실장이 부산에 보낸 공수부대가 학생과 주민들을 무자비하게 다루어 많은 사상자를 냈는데, 곧 있을 것으로 예상되는 서울의 대규모 봉기를 이런 방식으로 대응할 경우 엄청난 피를 뿌리게 되었을 것이라고 김재규는 주장했다. 다시 말해 국민의 희생을 막고 유신체제를 붕괴시켜 민주화를 도모하기 위해 거사를 했다고 주장했다. 그러나 이 사건을 조사한 계엄사 합동수사본부는 김재규의 정치적 동기를 완전히 다르게 발표했다. 수사본부는 김이 대통령이 되려는 정치적 야심을 품고 이런 일을 저질렀다고 주장했다. 다시 말해 개인적인 정치적 야심을 달성하기 위해 쿠데타를 기도했으나 실패로 돌아갔다는 주장이었다.

 이 사건 후 김재규 정보부장은 사태를 장악하지 못하여 체포되고, 최규하 총리가 대통령권한대행을 맡아 계엄령을 선포하고 계엄사령관에 육군참모총장 정승화를 임명했다. 박대통령의 개인통치를 위해 만들어졌던 유신체제는 그의 죽음으로 인해 표류하게 되었다. 즉 모든 권력이 박대통령의 손에 집중되어 있던 상태에서 그의 갑작스런 죽음은 심각한 권력공백을 가져와 한국은 새로운 정치적 위기를 맞은 것이다.

## 4. 맺음말

　유신체제의 등장이나 종말, 그리고 통치과정을 자세히 분석해 보면 박정희 대통령이라는 집정관의 역할이 매우 중요하다는 것을 알 수 있다. 따라서 라틴아메리카에서 60년대에 군부지도자들의 합의 아래 군부라는 집단이 통치하면서 다른 군부지도자들이 계속 집권하는 형태의 관료적 권위주의체제와 유신체제는 여러 가지 측면에서 다르다. 오히려 유신체제는 과거 라틴아메리카에서 발견되는 1인독재의 권위주의체제와 더욱 유사하다. 물론 유신정부가 '정치적인 것'을 배제시키는 탈정치화(depoliticization)전략 아래 새마을운동, 향토예비군, 민방위대, 학도호국단 등을 비롯한 관료적 동원기관을 통해 국민의 지지를 확보하기 위해 노력했기 때문에 관료적 요소가 많았으나, 유신체제가 라틴아메리카의 관료적 권위주의체제처럼 군부가 집단적으로 통치하는 형태는 아니었다.

　그럼 왜 한국의 유신세력들은 라틴아메리카, 아시아, 아프리카 등에서 볼 수 있는 관료적 권위주의체제(브라질, 아르헨티나 등), 조합주의체제(포르투갈, 칠레 등), 일당체제(대만, 싱가포르, 스페인 등), 패권정당체제(멕시코 등) 등을 도입하지 않고 집정관체제를 통해 정치적 안정을 달성하려고 노력했나? 한국의 군부는 5·16으로 권력을 장악한 후 미국의 압력에 의해 군복을 벗고 민간정치인으로 변신하여 통치에 나선 결과, 라틴아메리카처럼 군부가 군복을 입고 집단적으로 통치하는 관료적 권위주의방식을 채택하기 힘들었다. 그리고 유신세력이 이베리아반도나 라틴아메리카 등 가톨릭문화에서 발견되는 유기적 국가주의(organic statism) 전통에 바탕을 둔 조합주의체제를 고안해 내기도 어려웠다. 더욱이 한국은 남북한이 대치하고 있는 상황에서 일당체제를 도입하는 것은 거의 불가능했다. 왜냐하면 거의 모든 국민들이 1당독재와 공산당독재를 동일시하는 경향이 있었으며 미국의 압력이 심할 것이기 때문이다. 사실 한국의 권위주의세력은 5·16 직후 패권정당 방식을 통해 정권안정과 제도화를 추진했으나 박정희 대통령이 이러한 방식을 지지하지 않은 결과 결국 유신을 통해 1인독재의 집정관체제를 도입하게 된 것이다.

유신정권도 결국 권위주의체제를 제도화시키는 것이 얼마나 어려운 작업인가를 보여준 채 역사 속으로 사라졌다. 아시아, 중남미, 아프리카 등지에서 60년대와 70년대에 등장한 권위주의정권이 거의 예외 없이 제도화에 실패했다. 왜 이들 정권이 제도화에 실패했는가? 권위주의정권의 제도화에 관한 이론적 논의와 70년대 후반 유신체제의 국내 정치과정에 대한 경험적 분석에서 자세히 설명한 것처럼 제도화방안에 대한 권위주의세력 내부의 합의와 지지가 미약했고, 권위주의정권이 등장한 시기의 국가적 위기상황이 대체로 심각하지 않았기 때문에 시민사회 내 유신에 대한 지지세력이 약했으며, 대부분의 제3세계국가에서처럼 우리나라에서도 유신정권이 등장하기 전의 민주정치는 파행적이었으나 민주제도에 대한 경험으로 인해 과거의 개방적 정치를 동경하게 되었고, 유신체제 아래에서 카리스마적 지도자나 민중주의적 지도자가 부재한 상황에서 권위주의정권에 대한 대중적 지지기반을 수립하기가 어려웠다. 특히 국제환경이 자유민주주의와 사회주의로 양분되어 있어서 제3의 정치체제인 권위주의체제가 외부의 지원을 받기도 쉽지 않았다. 이러한 이유로 인해 거의 모든 권위주의정권은 제도화에 실패하여 붕괴되고 과도기를 거쳐 민주화로 나가게 되었다.

여기서 우리들이 주목해야 할 점은 권위주의정권의 제도화에 영향을 미친 국제환경이다. 60년대와 70년대에 등장한 권위주의정권은 거의 예외 없이 제도화에 실패하여 오랫동안 존속하지 못했으나 30년대와 40년대에 등장한 스페인의 프랑코정권, 멕시코 제도혁명당의 패권정당체제, 대만의 국민당정부 등은 상당히 장기간 정치적 안정을 이룩할 수 있었다. 이런 점에 비추어 볼 때, 30년대와 40년대의 국제환경은 권위주의정권을 제도화시키는 데 매우 유리했으나 60년대와 70년대는 매우 불리했던 것으로 볼 수 있다. 더욱이 80년대 후반 이후에는 세계적인 민주화추세 속에 새로운 권위주의정권의 등장은 상상할 수도 없으며 싱가포르의 이광요체제 등 기존의 권위주의정권도 심각한 외부의 압력을 받고 있다. 따라서 위에서 제시한 5가지 변수 중 국제환경 변수가 권위주의정권의 제도화 여부를 설명하는 데 가장 높은 비중을 두고 다루어져야 할 것으로 본다.

## 참고문헌

&lt;1차자료&gt;
1) 한글문헌
&lt;동아일보&gt;, &lt;조선일보&gt;, 기타 일간지.

&lt;2차자료&gt;
1) 한글문헌
(1) 단행본

金榮國 外,『韓國政治思想』, 서울: 博英社, 1991.
김영래,『한국 이익집단과 민주정치발전』, 서울: 대왕사, 1990.
김영명,『한국 현대정치사: 정치변동의 역학』, 서울: 을유문화사, 1992.
김호진,『한국정치체제론』, 서울: 박영사, 1994.
권영달・노찬백・정주신 공저,『한국정치론』, 서울: 지구문화사, 1993.
東亞日報社 編,『現代史를 어떻게 볼 것인가, Ⅳ』, 서울: 東亞日報社, 1990.
박사월・김형욱,『김형욱 증언』, 뉴옥: 독립신문사, 1983.
李祥雨,『秘錄 朴正熙 時代, 1~3』, 서울: 중원문화사, 1986.
李澣斗,『維新共和國: 그 歷史의 現場』, 서울: 梅山出版社, 1986.
장창국,『육사졸업생』, 서울: 중앙일보사, 1984.
조인원,『국가와 선택』, 경희대학교 출판국, 1996.
최장집,『현대한국정치의 구조와 변화』, 서울: 까치, 1989.
\_\_\_\_\_ 편,『한국자본주의와 국가』, 서울: 한울, 1985.
한국기독교사회문제연구원,『1970년대 민주화운동과 기독교』, 서울: 한국기독교사
　　　　회문제연구원, 1983.
한국산업사회연구회 편,『오늘의 한국자본주의와 국가』, 서울: 한길사, 1988.
한국정치학회 편,『현대한국정치와 국가』, 서울: 법문사, 1986.
_____ 편,『현대한국정치론』, 서울: 법문사, 1986.
韓培浩,『한국정치변동론』, 서울: 法文社, 1994.
한상진,『한국사회와 관료적 권위주의』, 서울: 문학과지성사, 1988.
한승헌 외,『유신체제와 민주화운동』, 서울: 춘추사, 1984.
한용원,『韓國의 軍部政治』, 서울: 대왕사, 1993.

(2) 논문
강민, "관료적 권위주의의 한국적 생성,"『한국정치학회보』제17집, 1983.
김영명, "한국의 정치변동과 유신체제," 최상룡 외,『현대 한국정치와 국가』, 서
　　　울: 법문사, 1987.
김용호, "제3・4공화국," 한국정치외교사학회,『한국현대사의 재조명, 1945~1980
　　　년대의 정치외교분석』, 서울: 평민사, 1989.
\_\_\_\_\_, "민주공화당의 패권정당운동," 서울대학교 한국정치연구소,『한국정치연

_____, 구』제3호, 1991.

_____, "제3·4공화국의 대외정책," 한국정치외교사학회, 『한국외교사 II』, 서울: 집문당, 1995.

_____, "정당 및 이익집단의 형성과 변천," 광복50주년기념사업위원회, 한국학술진흥재단, 『광복50주년 기념논문집 2, 정치』, 서울: 신흥인쇄, 1995.

_____, "한국의 여당," 윤정석·신명순 공편, 『한국정당정치론』, 서울: 법문사, 1996.

_____, "대통령 및 국회의원 선거제도의 변화," 『국회보』 353호, 1996년 3월.

박광주, "집정관적 신중상주의 국가론," 최상룡 외, 『현대한국정치와 국가』, 서울: 법문사, 1987.

오창헌, "유신체제 제도화의 실패에 관한 연구: 정치적·제도적 변수를 중심으로," 『韓國政治學會報』, 1994.

李祥雨, "維新體制, 그 權力의 幕後 6: 朴大統領의 幕後人物들," 『新東亞』, 1985.

이정복, "산업화와 정치체제의 변화," 『한국정치학회보』 제19집, 1985.

崔完圭, "권위주의체제 성립의 정치경제학적 분석: '維新' 체제의 경우," 『韓國과 國際政治』, 1988.

2) 영어 문헌
(1) 단행본

Chang Dal-Joong, *Economic Control and Political Authoritarianism: The Role of Japanese Corporations in Korean Politics*, Seoul: Sogang University Press, 1989.

O'Donnell, Guillermo A., *Modernization and Bureaucratic-Authoritarianism: Studies in South American Politics*, Berkeley: University of California Press, 1973.

Kim Suk-Joon, *The State, Public Policy and NIC Development*, Dae Young Munwhasa, 1988.

Yong-Ho Kim, *Party Dynamics in South Korea: The Rise and Fall of the Democratic Republican Party*(London: Macmillan, forthcoming),

(2) 논문

Im Hyug-Baeg, "The Rise of Bureaucratic Authoritarianism in south Korea," *World Politics*, Vol.39, No.4, 1987, pp.231-257.

Chung Jin-Young, "States, Politics, and Economic Strategies: South Korea and Brazil under Military Rule," Ph.D Dissertation, University of Illinois, 1990.

Kim Yong-Ho, "Authoritarian Leadership and Party Dynamics: The Rise and Fall of the Democratic Republican Party in South Korea, 1962~1980," Ph.D. Dissertation, 1989.

Lee Young Jo, "Legitimation, Accumulation, and Exclusionary Authoritarianism: Political Economy of Rapid Industrialization in south Korea and Brazil," Ph.D Dissertation, Harvard University, 1990.

Lim Hyun-Jin, "Dependent Development in World System: the Case of South Korea, 1962~1979," Ph.D. Dissertation, Harvard University, 1982.

Sohn Hak-Kyu, "Political Opposition and the Yushin Regime: Radicalization in South Korea, 1972~79," Ph.D Dissertation, University of Oxford, 1988.

# 1970년대 후반기의 민주화운동과 유신체제의 붕괴

마 인 섭

## 1. 서 론

이 연구는 1970년대 후반기 민주화운동의 사회구조적 기반, 운동 중심집단에 의한 구조의 동원, 이에 대한 국가의 대응, 그리고 동원과 대응의 결과로서 유신체제의 붕괴에 관한 연구이다.

1970년대 후반기 부국강병을 내세운 유신 권위주의체제의 정통성을 지탱해 주던 경제성장이 산업고도화전략의 성공에 따라 비약적인 성과를 거두었음에도 불구하고, 권위주의정치에 대한 시민사회의 저항은 거세어져 갔고 그에 대한 정권의 대응도 강경해져 정치적 불안정과 긴장은 유신 권력집단이 기대했던 바와는 달리 오히려 고조되었다.

권위주의정치에 대항하는 시민운동은 이미 이승만정권과 유신 이전의 박정희 군사정권기에도 있었다. 그러나 한국 현대정치사에서 반체제 민주화운동이 체계적으로 일어나고 이에 대한 권위주의정부의 억압과 배제의 정치적 대응이 본격화된 시기는 유신체제 이후의 일이다. 특히 1970년대 후반기의 반체제운동은 운동의 중심세력, 운동의 이념성, 동원자원의 내용과 범위 그리고 운동의 조직적인 체계와 연계 등 여러 측면에서 크게 발전된 양상을 보였다. 유신정부의 대응도 그 정도와 방법에 있어 1960년대의 그것보다 광범위하고 체계적인 모습으로 나타나기 시작했다. 말하자면 유신 후반기는 사회적 기반이 확대된 반체제세력의 도전과 권위주의정권의 억압적 대응의 악순환이 본격화된 시기이며, 이 악순환의 진폭은 80년대에 들어서면서 상호작용적으로 증폭되어 마침내 1987년 민주개방으로 연결된 중요한 시기라 할 것이다.

이 연구의 목적은 1970년대 후반기의 민주화운동이 유신체제의 붕괴와 어떤 인과적인 연관을 가지는가를 살펴보는 것이다. 이를 위하여 이 연구는 다음의 몇 가지에 주목했다. 첫째, 민주화운동의 사회경제적 기반이 되는 시민사회구조의 변화를 70년대 한국경제의 발전과정과 연관하여 살펴본다. 중화학공업화에 의한 산업고도화의 경제적인 성공이 민주화운동의 기반이 되는 시민사회의 구조에 중요한 변화를 가져왔고, 유신체제의 붕괴는 이러한 운동의 사회적 기반의 변화에 의해 상당부분 설명될 수 있는 정치적 결과라고 본다. 둘째, 1970년대 후반기의 민주화운동을 주도한 시민사회의 중심세력과 그 성격, 이념과 전략, 동원자원 그리고 운동의 전개과정을 살펴본다. 셋째, 민주화운동에 대한 유신정권의 대응 내용을 주로 긴급조치를 중심으로 살펴본 후 유신체제 말기에 시민사회의 도전과 유신정권의 대응이 상호작용적으로 정치적 긴장과 불안정을 고조시키고 마침내는 유신의 붕괴에 이르는 과정을 살펴본다. 마지막으로 70년대 후반기 민주화운동의 역사적인 의의와 한계점을 살펴본다.

　유신체제의 붕괴는 민주화운동의 직접적인 결과가 아니라 군부 권력집단 내부의 분열과 투쟁에서 비롯된 박정희 대통령의 죽음의 결과였다. 그러나 1970년대 후반기의 정치·경제적인 상황을 살펴보면 구조적으로 확대·성장한 체제반대세력과 권위주의세력 사이의 고조되어 가는 정치적 긴장으로 유신체제의 취약성은 커져 가고 있었다. 더구나 70년대 말기의 잇따른 대규모 반체제운동에 대한 대응전략을 둘러싼 권력집단 내부의 균열과 갈등이 박대통령의 죽음과 무관하지 않음을 고려할 때 산업구조의 변화, 민주화운동의 확산, 그리고 유신체제의 붕괴는 상당한 정도의 인과관계가 있다.

## 2. 중화학공업과 민주화운동

### 1) 중화학공업화의 성공과 산업의 고도화

　중화학공업화는 큰 성공을 거두었다. 중화학공업화의 성공적인 결실이 나타난 1973년과 1978년 사이의 평균 경제성장률은 11.2%에 달했고, 같은 기간중 수출은 3.94배로 늘어났으며 이것은 한 해 평균 무려 32.1%가 증가한 것이었다.[1] 무엇보다도 중요한 중화학공업화의 성공은 그 전략으로 의도하고 기대했던 산업구조의 고도화, 즉 2차산업의 육성, 그 가운데서도 비내구성 소비재산업으로부터 내구성 소비재와 생산재산업으로의 전환의 달성이었다. 중화학공업화가 본격적으로 진행된 1970년

---

1) 대한상공회의소, 『한국경제 20년의 회고와 전망』(서울: 대한상공회의소, 1982).

대의 1차산업 생산이 국민총생산에서 차지하는 비율은 제2차 경제개발5개년계획 기간(1967~1971)중 27%에서 제3차계획 기간(1972~1976)에는 23.7%로, 다시 제4차기간(1977~1981)에는 17.2%로 크게 감소했다. 반면에 제조업의 부가가치생산은 같은 기간중 각각 22.3%와 30.0%로 증가했다. 제조업생산의 구조도 크게 개선되어 2차기간중 경공업생산 60.7%, 중공업생산 39.3%이던 것이 3차기간중에는 53.2%와 46.8%로, 다시 4차기간 중에는 47.1%와 52.9%로 되어 1970년대 말에는 내구성소비재와 생산재 산업으로의 전환을 성공적으로 달성했다.[2] 상품수출의 구조도 비약적으로 개선되었다. 총수출 중 1차산업 생산품이 차지하는 비율은 1962년의 72.6%에서 1980년에는 10%로 격감했고, 2차산업 생산품의 수출 중 경공업제품 수출은 1962년의 20.3%에서 1970년의 69.7%로 크게 신장되었으나 1980년에는 48.4%로 줄었다. 중화학제품의 수출은 꾸준히 증가하여 1962년 전체 수출의 7.1%에서 1970년 12.8%로, 다시 1980년에는 41.6%로 폭증했다.[3]

거센크론(A. Gerschenkron)은 성공적인 후발산업화의 징후로 갑작스런 도약, 규모생산, 생산재생산의 박차, 정부의 강제적이고 포괄적인 역할, 그리고 농업분야의 쇠퇴 등을 나열했는데, 1980년 한국경제의 모든 통계수치들은 이 후발산업화의 성공적인 모형과 일치했다.[4]

---

2) 대한상공회의소, 『한국자본주의』(서울, 1990), p.191.
3) 한국무역협회, 『무역연감』, 각년도.
4) Alexander Gerschenkron, *Economic Backwardness in Historical Perspective*(Cambridge: Harvard University Press, 1962), pp.343-344.

## 2) 민주화운동의 사회적 기반

　중화학공업화의 성공으로 인한 한국경제의 비약적인 성장은 박정희 정권이 기대했던 국민의 유신체제에 대한 지지와 정치적 안정을 가져오지 않았다. 오히려 경제성장이 본격적으로 가시화되던 70년대 중반부터 학생운동은 그 규모와 횟수, 내용과 방법에 있어서 더욱 치열해졌고, 종교단체, 진보적 지식인 그리고 재야운동가들의 반체제운동도 더욱 거세어져 갔다. 간헐적으로 일어나던 소규모 노동운동과 농민운동도 점점 대형화·조직화되고 그 쟁점도 정치화하여 체제반대운동으로 발전했다. 반체제운동의 발전은 유신체제의 정통성에 심각한 타격을 주었고, 체제와 반체제의 갈등과 긴장은 권력집단 내부의 균열로 이어지고, 결국 대통령의 암살과 유신체제의 붕괴로 이어졌다. 유신정권의 놀라운 경제적 업적에도 불구하고 체제반대운동이 더욱 증가하게 된 이유는 무엇인가? 경제의 비약적 성공을 가능케 한 국가와 사회의 구조가 오히려 반체제 민주화운동을 부추긴 것은 아닌가? 결국 중화학공업화를 통해 성공적인 업적을 달성한 유신정부는 바로 그 성공으로 반체제운동의 사회적 기반이 확대되는 구조적 여건을 스스로 제공한 셈이었다.

### (1) 계급구조의 변화

　중화학공업의 성공적인 진행은 사회계급구조의 급격한 변화를 동반했다. 계급구조의 양적인 구성에서 가장 두드러진 변화는 노동계급과 중간계급의 폭증과 이에 상응하는 농어촌인구의 격감이었다. 계급구조의 질적인 변화로는 각 계급의 내부구성이 다양해져 계급 내부의 이질성이 증가했으며, 계급간의 이해관계가 복잡해지고, 계급적 성격에 기반한 집단행동이 나타나기 시작했던 것이다. 1970년대는 한국의 사회계급구조가 선진산업사회의 모형으로 진화하는 결정적인 시기였으며, 한국의 계급이 사회변혁의 중요한 행동단위가 되고 따라서 연구분석의 유효한 단위로 발전한 단계라고 할 수 있다.

〈표 1〉 한국사회의 계급구성(1960~1980)　　(단위: %, 1,000인)

| 연도 | 1960 | 1970 | 1975 | 1980 |
|---|---|---|---|---|
| A. 자본가계급 | 0.5 | 0.6 | 0.9 | 1.1 |
| B. 신중간제계층 | 4.3 | 5.7 | 6.8 | 8.7 |
| 　임금취득중간층 | 2.4 | 3.3 | 3.9 | 5.3 |
| 　국가부문 | 1.7 | 1.8 | 1.8 | 2.0 |
| 　민간부문 | 0.7 | 1.5 | 2.2 | 3.3 |
| 　인텔리층 | 1.9 | 2.5 | 2.9 | 3.4 |
| C. 비농자영업자층 | 10.5 | 13.6 | 14.7 | 17.1 |
| D. 농어민층 | 65.2 | 51.7 | 42.5 | 33.5 |
| E. 노동자계급 | 11.8 | 24.1 | 31.5 | 37.2 |
| 　단순사무원 | 0.9 | 3.1 | 4.0 | 5.1 |
| 　단순판매원 | 0.6 | 1.9 | 2.2 | 2.2 |
| 　서비스노동자 | 1.9 | 2.6 | 2.8 | 3.1 |
| 　산업노동자 | 7.1 | 15.8 | 20.9 | 24.0 |
| 　(생산공정노동자) | (3.6) | (8.9) | (13.4) | (15.0) |
| 　실직노동자 | 1.3 | 0.7 | 1.6 | 2.8 |
| F. 주변적 무산자층 | 7.7 | 4.3 | 3.6 | 2.5 |
| 　자유노무자 | 3.2 | 1.7 | 1.1 | 0.4 |
| 　가사고용인 | 1.8 | 1.7 | 1.5 | 0.6 |
| 　실직비노동자 | 2.7 | 0.9 | 1.0 | 1.5 |
| 합　　계 | 100 (7,522) | 100 (10,543) | 100 (11,638) | 100 (12,708) |

자료: 서관모, "한국 화이트칼라 노동자의 구성," 서관모·심성보 외, 『현단계 한국사무직 노동운동』(서울: 태암, 1989), p.24.

<표 1>은 1960년과 1980년 사이의 한국 사회계급구조의 양적인 구성을 보여준다. 한국의 노동계급은 생산직 산업노동자가 1970년의 7.6%에서 1980년에는 24.0%로 크게 증가했고, 여기에 단순사무직 노동자(사무, 판매, 서비스노동자)와 실업노동자를 포함할 경우 경제활동인구에 대한 노동자의 구성비율은 37.2%에 이른다. 전체 경제활동인구가 크게 증가하고 있음을 동시에 고려할 때 70년대의 10년간 노동계급의 절대적인 크기의 증가도 엄청난 것이었다.

이와 같은 현상은 중간계급에서도 마찬가지였다. 관리직 임금중간층과 지식인으로 구성되는 신중간계급과 비농자영업자를 포함하는 한국의 중간계급은 1970년의 19.3%에서 1980년의 25.8%로 꾸준히 증가했다. 노동계급과 중간계급의 폭발적인 증가는 중화학공업화의 집중적인 추진의 결과였는데, 제철, 조선, 기계, 전자와 석유화학 등의 대규모 사업장의 건설과 함께 생산직과 단순사무직 노동자 및 공공분야와 민간분야의 관리직 업종에 수요가 집중되었고, 산업의 전반적인 활성화에 따라 비농자영업의 인구도 따라서 증가한 것으로 보인다. 두 계급의 양적인 증가는 당연히 농어촌지역 인구의 급격한 감소로 설명되는데, 1970년에 51.7%이던 이 지역의 경제활동인구는 1980년에는 33.5%로 축소된다.

노동계급과 중간계급의 양적인 증가가 반드시 민주화운동의 활성화와 연결되는 민주화운동의 구조적 필요조건이나 충분조건은 아니다. 그러나 민주화운동의 잠재적인 동원자원의 확대라는 측면에서 두 계급의 양적인 증가는 큰 의미가 있다.

(2) 민주화운동의 구조적 기반의 성장

민주화운동의 구조적인 성장, 즉 각 사회계급이 민주화운동에 참여하거나 동조하게 되는 과정에 대한 인과적인 설명을 위해서는 사회계급구조의 양적 구성의 변화에 더하여 각 계급 내부구조의 변화, 계급내·계급간 이익관계의 변화, 계급역량의 변화, 그리고 계급연합 또는 계급간 전략적 제휴 등 보다 질적인 부분의 논의가 필요하다. 예를 들어 노동계급의 경우 계급이익 갈등의 사회경제적인 구조에 대한 인식과 상대적 박탈감의 정서가 확산되고, 그 불만이 조직적 그리고 정치적인 행동으로 표현되는 과정을 살펴보아야 한다. 대개 노동조직에 대한 참여가 증대되고 조직적 단결력이 증가할 때 노동계급의 계급능력(class strength)은 커진다. 경제적 이해관계를 공유하거나 전략적인 목적으로 다른 계급과 연합이 형성되는 경우에도 계급능력은 크게 신장된다. 1970년대 후반기 중화학공업화가 성공적으로 진행되는 과정에서 계급내·계급간의 변화양상은 민주화운동의 사회적 기반을 확대하고 공고화하는 방향으로 발전했다. 이 시기 민주화운동과 관련된 주요 계급들의 성격변화를 개괄적으로 살펴본다.

① 중간계급

70년대 후반기 한국의 중간계급은 그 양적인 구성이 증가함에 따라 그 정치적 성향과 태도가 정치변동의 중요한 변수가 되었다. 중간계급은 본질적으로 자본가계급과 노동자계급 사이의 이중적인 성격을 지니고 있고, 특히 신중간계급은 내부의 구성이 더욱 복잡하고 이질적이어서 하나의 계급으로서 응집적인 집단운동이 되기에는 지극히 제한적이다. 그러나 여론형성의 주체로서, 개별 유권자로서, 그리고 사회운동의 중요한 동원자원으로서의 역할은 매우 중요하다. 또 다양한 시민운동의 주체로서의 역할은 현대 민주주의사회에서도 매우 중요하다.

70년대 후반기 한국의 중간계급은 양적인 팽창과 함께 내부의 이질성도 크게 증가했는데, 주요 집단별로 성격을 간단히 살펴본다. 민간과 공공분야의 관리직과 임금중간층을 포함하는 신중간계급은 사회경제적인 특권, 존경과 권위를 상대적으로 많이 받는 집단일 뿐 아니라 유신체제가 지향하는 발전주의이념에 능동적으로 동조하는 부분이었다. 따라서 중간계급의 상층을 구성하고 있는 이 부분은 유신체제에 대해 적극적인 충성을 표시하거나 보수적으로 동의하는 집단이었다. 과학자, 교수, 언론인, 법률가와 종교인 등 지식인집단도 상대적으로 사회적 특권을 많이 받는 집단이므로 대부분은 정치적 성향이 보수적이거나 수동적이지만, 진리·정의와 인권 등 보편적인 가치를 추구하는 까닭에 그들 중 진보적인 소수는 체제저항운동의 견인역할을 했는데, 이는 공산주의나 파시스트 독재체제하에서도 흔히 발견되는 유형이다. 계급의 이중적 성격이 두드러지는 도시의 자영상공인 집단은 경제의 부침에 민감하기 때문에 시위사태로부터 발생하는 사회적 불안정이 가져올 경제적 불이익을 우려하기도 했지만, 70년대 후반기에는 도시에서의 학생시위와 반정부운동에 점차 동조하는 경향을 띠었다. 특히 대도시 시장의 중소상인들은 학생들의 반정부운동에 좀더 동정적이었다.

　종합적으로 1970년대 후반기 중간계급의 정치적 태도의 중심성향은 대체로 유신체제에 대해 온건하게 지지하는 보수적인 성향으로부터 비판적인 진보의 축으로 이동하고 있었던 것으로 판단된다. 물론 이질적인 계급구성과 응집적인 조직의 부재로 인하여 능동적인 집단운동으로의 발전에는 본질적인 한계가 있었으나, 이 운동력의 부재가 곧 권위주의정치에 대한 수동적인 지지나 보수적인 정치성향을 의미하는 것은 아니었다. 그것은 앞서 언급한 바와 같이 중간계급의 일부분은 정치적 여론형성과 민주화운동의 핵심적인 역할을 수행했고, 사태의 발전에 따라서는 체제저항운동에 적극적으로 참여하는 잠재적 동원력은 커져 가고 있었다. 유신체제 붕괴 직전에 있었던 소위 '일반시민'

들의 반정부시위에의 동참 사례들은 이같은 추측을 지지해 준다. 불행히도 이 시기 중간계급의 정치적 성향과 태도를 밝혀 줄 여론분석과 같은 경험적인 자료는 거의 없다. 아마도 선거결과가 유일한 자료일 것이다.

유신헌법에 따라 73개 선거구에서 2인씩 대표를 선출하는 1973년 2월의 제9대 국회의원선거에서 집권 민주공화당은 38.7%를 득표하여 신민당의 32.5%에 근소한 승리를 거두었으나, 다른 야당인 민주통일당이 득표한 10.2%까지 감안하면 완벽하게 패배했다.[5] 1978년의 제10대 국회의원선거에서는 민주공화당이 31.7%, 신민당이 32.8%, 민주통일당이 7.4%를 득표하여 사상 처음으로 집권당이 제1야당에게조차 패배했다. 70년대에는 여촌야도의 투표성향이 강하여 여당이 농촌지역의 득표에 크게 의존하고 있었는데, 1978년 선거에서는 이러한 경향이 더욱 두드러져 중간계급 인구가 집중된 서울과 부산에서 민주공화당은 26.6%와 29.7%를 득표한 반면 신민당은 60.3%와 52.0%를 각각 득표했다.[6] 이것은 이 시기 중간계급의 중심성향이 민주화운동을 집단행동으로 주도하지는 못했으나 유신체제에 대한 반대와 민주화운동에 대한 지지의 축으로 기울어지고 있음을 보여준다. 실지로 70년대 말기의 반정부시위는 대도시에서 발생했을 뿐 아니라 그 동원규모도 점차 대형화되어 시위는 민주화 학생운동을 넘어 도시 중간계층이 참여하는 시민운동의 성격으로 발전했다.

② 노동계급

1970년대 후반기 한국의 노동은 체제반대세력의 한 능동적인 구성원이 될 수 있는 몇 가지 중요한 구조적인 여건을 갖추게 되었는데,

---

5) 중앙선거관리위원회, 『大韓民國選擧史』 제2집.
6) 중앙선거관리위원회, 『大韓民國選擧史』 제3집.

이것은 중화학공업화에 의한 급속한 산업구조의 변화에서 비롯되었다. 노동운동이 활성화된 구조적인 환경으로는 한국노동의 열악한 노동조건이 있었다. 중화학공업화에는 대규모의 자본과 기술이 집중적으로 투여되었으나 한국경제는 여전히 노동집약적인 성격에서 벗어나지 못하고 오히려 강화되었다. 한국경제의 여전히 중요한 부분으로 남아 있던 노동집약적인 경공업이 전체 고용의 30%를 차지했고, 전략산업이었던 기계, 조선, 금속, 자동차와 전자산업 등은 처음부터 조립수출산업으로 시작하여 여전히 노동집약적인 성격을 벗어나지 못했다. 수출관련 제조업고용이 전체 제조업고용의 58.6%를 차지하는 국가주도 수출경제의 전형인 한국의 경우 수출경쟁력을 위한 노동의 통제는 한층 더 절실해진 상태였다.[7] 1980년 한국 노동자의 62.5%가 10만원 이하, 그리고 89.13%의 노동자가 30만원 이하의 임금을 받았는데, 이것은 당시 도시거주자 월평균 소비지출이 25만원이었던 점을 감안하면 대부분의 노동자가 생계유지수준 이하의 임금을 받고 있었다는 것을 의미한다.[8] 단순생산직 노동자의 월평균 근로시간도 1975년의 217시간에서 1980년의 223시간으로 증가했는데, 이것은 같은 시기 미국의 159시간, 일본의 164시간, 그리고 싱가포르의 194시간에 비교해 볼 때에도 매우 높은 노동강도였다.[9]

노동자들의 상대적 박탈감은 노동계급 내부의 이질성의 증가와 차별적 대우로부터 더욱 심화되었다. 경공업수출산업으로부터 중화학공업으로 전환되는 과정에서 노동계급은 양적으로 팽창했을 뿐 아니라

---

7) 한국은행, 『경제통계연감』 1963년, 1972년; 경제기획원, 『한국통계연감』 1981년.

8) 박현채, "민중의 계급적 성격규명," 김진균, 『한국사회의 계급연구』(서울: 한울, 1985), p.68.

9) ILO, *Labor Statistics Yearbook*, 1981.

계급이익의 내부적인 분화도 급속히 진행되어, 노동 내부에서도 가치박탈이 가장 심한 부분에서 노동운동의 중심이 형성되고 이 중심으로부터 노동운동과 계급의식이 확산되기 시작한 것은 주목할 만하다. 이 시기 노동자들의 임금구조를 여러 기준으로 살펴보면, 1980년을 기준으로 생산직노동자들은 단순사무직 노동자보다 약 60% 정도 낮은 임금을 받았고 농어촌 노동자들의 임금보다도 낮았던 반면, 노동시간은 단순사무직의 210시간에 비해 223시간으로 오히려 높았다.10) 생산직노동자 가운데서도 주요 수출상품이었던 섬유와 의류 등의 경공업수출산업의 노동자들은 식품이나 음료 등의 내수소비재산업의 노동자보다 임금이 낮았다. 중화학공업 노동자들의 임금수준은 대체로 높은 편이었으나 그 중에서도 조립기계, 조립금속, 조립장비 등 조립산업 노동자들의 임금수준은 섬유산업 노동자들의 임금수준과 비슷했다.11) 고용인의 크기를 기준으로 한 기업의 크기별로도 임금차별이 있어 작은 기업일수록 임금이 낮았다. 재벌소유의 대기업이 팽창하던 이 시기에 이들 사업장은 상대적으로 좋은 대우를 받았다. 교육정도와 성별에 의한 임금차별도 심했는데, 여성노동자의 임금은 남성노동자 임금의 단지 44.4%에 불과했고 4년제 대학 학력자의 임금은 중학교 이하 학력자 임금의 3배 이상이었다.12) 이러한 노동계급 내부의 차별적인 분화는 나중에 살펴보게 될 이 시기 노동운동의 중요한 사례들이 주로 중소규모의 여성노동자들이 집중된 경공업 수출산업과 조립 수출산업의 사업장에서 일어난 현상을 설명해 준다.

 1970년대 후반기의 노동운동은 당시로서는 새로운 사회현상으로 주목받았으나, 소수의 사업장에서 독립적·간헐적인 폭발의 형태로 일어

---

10) 노동부, 『노동백서』, 1975.
11) 한국경영자총연합회, 『노동경제연감』 1982년, 1983년.
12) 노동부, 『직종별 임금실태 조사보고서』, 각호.

났을 뿐 그 자체가 유신체제를 위협하는 정도의 반체제운동이었다고 볼 수는 없다. 이 시기 노동운동은 그 구조적 기반의 확대와 여건의 성숙에도 불구하고 반체제와 민주화의 정치적인 투쟁으로 발전하기에는 아직 계급의 조직과 힘의 축적이 부족했다. 그러나 이 시기의 간헐적인 비조직적 노동투쟁은 대학생 운동가와 종교단체 등 계급 외부 단체와의 연계에 의해 활성화되기 시작했고, 노동계급 내부구조의 변화는 이러한 민주화운동의 전략적인 연계를 용이하게 한 구조적인 환경이었다.

③ 농 민

유신정부의 정책적인 노력이 중화학공업화에 집중되어 한국농업의 문제가 누적적으로 악화되어 가는 동안에도 농민들은 유신 권위주의 체제에 대한 전통적인 지지집단이었다. 이 시기 한국농민의 체제순응적인 성향에 대한 여러 문화적인 설명(예를 들면 권위에의 순종, 조화적인 사회관, 왕에 대하여 충성스런 백성 등 전통적인 유교문화의 영향)이 있지만, 이 시기 한국의 농민들은 각국 농민사회의 주요 연구들의 발견처럼 토지를 상업적 축적의 수단이 아니라 공동체적인 삶을 영위하는 수단으로 생각하는 경향이 지배적이었으므로, 생업에의 심각한 위협을 받는 경우를 제외하고는 체제순응적인 성향을 유지하고 있었던 것으로 보인다.[13]

---

13) 이는 소위 도덕경제론에 기인한 농민사회의 보수성이다. 한국 농민사회가 완벽한 봉건체제를 거친 유럽이나 아시아의 다른 농민사회와도 구별되지만, 이와 같은 해석은 이 시기 한국의 경우에도 원용할 수 있는 상당한 적실성이 있다고 본다. James C. Scott, *The Moral Economy of the Peasant: Rebellion and Subsistence in Southeast Asia*(New Haven: Yale University Press, 1976). 도덕적 경제로서의 농민사회에 대비되는 합리적 농민의 입장에 대해서는 Smuel

1970년대 후반기에는 전례 없던 농민들의 집단행동이 간헐적으로 일어났는데, 소위 전남 함평 고구마사건(1976), 전남 구례 경지정리 부조리사건(1976), 춘천 농민회사건(1978), 그리고 경북 영양 오원춘 납치사건(1979) 등이 그것이다. 이러한 농민의 저항사건들은 농민들의 자생적 운동이라기보다는 가톨릭농민회와 크리스찬아카데미 등 주로 종교단체의 농민권익 보호운동의 지원을 받아서 이루어진 외생적인 것이었다. 그러나 농촌지역의 소득이 격감하는 반면 농가부채는 1971년의 가구평균 29,500원에서 1980년에는 808,400으로 급증했는데, 물가상승률에 따른 자연증가를 감안하더라도 10년 사이에 27배의 농가부채의 증가는 가히 기록적인 수치였다. 또 추곡수매와 노풍피해 보상을 둘러싼 농민의 불만도 누적되어 갔다.

　70년대 후반기에 농민투쟁의 사례는 집중적으로 발생하기 시작했고 일부는 정치적인 성격을 띠기도 했지만, 이 시기 농민운동은 노동운동과 마찬가지로 그 사회적·정치적 파장은 크지 않았고 권위주의체제의 중요한 위협이 되지도 못했다. 운동은 국지적·간헐적이었으며 그것도 주로 경제적인 이슈가 중심이었다. 그러나 비록 외생적이긴 했으나 농민의 불만은 집단투쟁으로 표출되기 시작했고 농민운동의 중요한 사례들이 나타나기 시작했다.

---

　L. Popkin, *The Rational Peasant: The Political Economy of Rural Society in Vietnam* (Berkeley: University of California Press, 1979) 참조.

## 3. 민주화운동의 영역별 중심집단

앞 절에서는 민주화운동의 사회적 기반의 성장을 구조의 변화를 중심으로 살펴보았다. 이제 이 절에서는 그 사회구조적인 기반을 바탕으로 운동자원을 동원하고 민주화운동을 선도한 행위자로서의 운동중심집단과 그 집단별 민주화운동의 주요 사례들을 개괄적으로 살펴볼 것이다. 민주화운동의 중심세력을 크게 대학생, 교회와 종교단체, 지식인, 그리고 노동의 네 집단으로 분류하여 살펴본다.

### 1) 학생운동

한국 현대정치사에서 학생은 항상 저항운동과 변혁운동의 전위대이며 모태였다. 4·19혁명과 한일회담반대, 삼선개헌반대, 교련반대 등 유신 이전의 주요 반정부시위에는 늘 대학생들의 대규모 저항이 중심이 되었다. 자연히 학생운동은 공권력과의 마찰이 빈번했고 정치활동관련 복역자 수로도 1970년과 1979년 사이 총 2,704명 중 학생과 청년이 1,197명으로 전체의 44.3%를 차지했다.14) 1970년대 학생운동의 추세를 살펴보면 유신체제 초기부터 1973년까지는 예상치 못했던 강력한 권위주의체제의 등장으로 민주화운동이 잠재했던 시기로 거의 운동사례가 없었다. 이 소강상태가 지난 후 1974년의 민청학련사건을 전후하여

---
14) 한국기독교교회협의회 인권위원회, 『1970년대의 민주화운동(Ⅲ)』 pp.2066-2067.

다시 활성화되었으나, 1975년 긴급조치9호의 선포와 유신정부의 체계적인 억압으로 다시 위축된다. 긴급조치9호의 상황하에서 학생운동은 1977년 후반 서울소재 대학생들의 유신철폐, 긴급조치철폐, 학원자유, 노동자권익 등을 쟁점으로 한 대규모 시위가 전국적으로 확산됨으로써 다시 활성화되었다.

1970년대 후반 대학생들의 민주화운동은 사실상 1974년의 민청학련 사건으로 시작되었다. 유신 초기의 잠재기를 지난 학생운동은 1974년의 전국민주청년학생총연맹(민청학련) 사건 직후에는 오히려 더 위축되었지만, 이후 유신체제의 붕괴에 결정적인 역할을 한 70년대 말의 학생운동은 이 사건으로부터 확대·발전된 것이었다. 민청학련이 유신체제에 반대하는 성명서로 발표한 '민족·민주·민중선언'은 70년대 말 학생운동의 이념축이 되었으며, 이 사건 이후의 학생운동은 전국적으로 보다 조직적이고 체계적인 반유신투쟁으로 발전했고, 종교인·문인·언론인·교수 등 진보적 지식인과 단체들이 학생운동과 연계를 형성하게 되었다.

학생운동은 70년대 말부터 캠퍼스 밖의 민주화세력과 연계를 형성하게 되는 중요한 고리역할을 하게 되는데, 이것은 78년과 79년 그리고 80년대에 이르기까지 민주화운동세력의 확장에 결정적으로 기여한다. 우선 학생운동은 외곽집단 가운데서도 종교단체의 지원을 크게 받았고 대학간의 운동연계도 가톨릭학생연합회, 기독교학생총연맹, 학생사회개발단 등 교회활동을 중심으로 한 단체를 통하여 이루어졌다. 학생운동의 핵심집단은 캠퍼스를 떠난 후에는 민주청년협의회, 민주수호청년협의회 등 운동권 출신 청년단체로 발전하여 학생운동을 지원했고, 학생운동 출신의 지식인과 재야정치인도 다수 배출했다. 심지어 민주·민중의 이념을 내세운 학생들은 노동자, 농민, 도시빈민과의 연계도 적극적으로 시도하게 되는데, 야학과 위장취업 등의 방법을 통하여 노동운동과 도시빈민의 저항운동을 계몽하고 조직화하는 작업도 체계적으로 진행했다. 이렇게 학생운동은 민주화운동의 중심부를 확대 생산하는 모태가 되었다.

1974년의 민청학련사건은 유신정부의 과잉대응으로 정치·사회적인 파장은 컸으나 기실 학생운동 그 자체로서는 크게 성공적이지 못했던 반면, 70년대 말 이후의 학생운동이 조직적 연대로 발전하게 된 것은 70년대 중반기에 축적된 운동세력의 결과였다. 이런 의미에서 학생운동이 민주화운동의 한 가운데 위치하기 시작한 것은 바로 1970년대 후반기부터이다.

### 2) 교회와 종교단체

한국의 교회와 종교단체가 정치적 현실에 참여하고 정치적 반대운동에 직·간접으로 개입하게 된 것도 1970년대이며, 그 후반기에는 교회와 종교단체가 민주화운동의 또 다른 중심이 된다. 물론 교회 전체가 정치적 문제에 참여한 것은 아니지만 일부 진보적인 성직자와 종교관련 단체들은 인권운동과 민주화운동에 깊숙이 개입했다. 종교단체는 억압받는 사람들의 대리인이기도 했고, 핍박받는 인권의 옹호자이기도 했으며, 부당하게 탄압받는 자들의 보호자와 피난처이기도 했다.

70년대 한국의 교회는 학생운동, 지식인운동, 노동운동과 농민운동 등 거의 모든 사회운동에 개입했다. 특히 70년대 후반기에는 그 개입의 정도가 심화되었고 성격도 인권운동으로부터 유신반대의 정치투쟁으로 성격이 변화했다. 성직자와 종교단체에 대한 탄압을 자제하던 유신정부는 1973년 박형규 목사의 구속에 이어 1974년 민청학련사건과 관련하여 천주교 원주교구의 지학순 주교를 체포·기소했다. 이는 정권의 교회에 대한 직접적인 탄압으로서 신·구교회의 유신반대와 민주회복운동을 가속화시키는 중요한 계기가 되어 1970년대 말에는 교회와 종교단체의 민주화운동이 크게 활성화되었다. 지주교사건으로 이후 민주화운동의 한 중심세력이 되는 '천주교정의구현전국사제단'이 결성되는데 사제단의 이름으로 발표된 '제1차시국선언문'은 유신헌법의 철폐, 민주헌정 회복과 이를 위해 투쟁하는 교회의 권리를 주장하여 공식적으로 정치적 반대운동을 선언했다. 1976년에는 신·구교회의 성직자들이 서명한 '민주구국선언'이 낭독되었고, 이 선언은 긴급조치 9호로 침체되었던 민주화운동에 새로운 전기가 되었다. 이후 재야정치인, 민주인사, 지식인들과 성직자들의 연대가 활발해져 1977년에는 '민주구국헌장'이 1978년에는 '3·1민주구국선언' 등 일련의 시국선언문을 발표했다. 종교단체는 노동자와 농민의 인권과 권익을 보호하는 과정에서 유신정부와 마찰하게 됨으로써 노동운동과 농민운동이 반정부·반유신의 성격을 띠게 되고 정치적으로 활성화하는 데 기여하게 된다.

### 3) 지식인운동

교수, 언론인, 문인들의 운동은 그 성격상 운동의 폭과 사회적인 충격이 크지 않았지만, 강의·강연과 문학작품과 저항언론의 유포성과 상징성으로 민주화운동 전반에 미치는 영향은 매우 컸다. 70년대 말 지식인의 집단적인 민주화운동의 사례로는 1977년 해직교수 13인의 '민주교육선언'과 동아·조선 언론자유투쟁위원회의 '민주민족언론선언', 1978년 전남대 교수 11인의 '우리의 교육지표' 선언, 1979년 자유실천문인협의회의 '문학인선언' 등이 있다. 그러나 소규모의 집단적 특성과 물리적인 동원능력의 한계로 지식인의 민주화운동은 주로 재야정치인, 종교단체와의 연대투쟁의 형식으로 나타났다.

### 4) 노동운동

유신체제의 등장과 함께 급감했던 노동쟁의는 1975년 1,045건, 77년 1,864건, 79년 1,697건으로 다시 증가했고, 노사분규의 내용을 보면 70년의 70%이던 임금분쟁은 79년 47.9%로 감소한 대신 해고반대가 2.5%에서 12.6%로 크게 늘어나고 권리분쟁이 25%에서 26.5%로 다소 늘어나 노사분규의 원인이 임금으로부터 노동자의 권리로 전환되고 있음을 보여준다.15) 70년대 후반기에 노동쟁의와 노동운동이 증가한 사회 경제적인 원인과 이 시기 노사분규와 노동운동이 주로 섬유, 방직, 목재 등의 경공업 수출산업과 악기, 조립금속, 조선, 전기 등의 조립 수출산업에 집중된 것은 이미 설명했다. 70년대 후반에는 통계수치가 보여주듯이 소규모의 노사분규가 잦았지만 정치·사회적인 영향은 그다지 크지 않았던 것으로 보인다. 그러나 규모와 빈도에서 노동운동은 점차 증가하는 추세였고, 그 노동운동의 발생원인도 민주노조의 설립 등과 같은 상당히 정치적인 성격을 띠게 되어 노동운동의 정치적 성향이 증가한다는 점에서 매우 중요했다.

70년대 후반기 노동운동의 상징이 된 것은 1978년의 동일방직사건과 1979년의 YH무역 노동자사건이었는데, 두 경우가 모두 여성노동자들에 의한 노동운동이었다는 것은 70년대 후반기 노동운동의 한 중요한 특징을 대변해 준다. 특히 YH무역사건은 여성노동자들에 의한 노

---

15) 경제기획원, 『경제백서』, 1980.

동운동이 유신체제의 붕괴로 이어지는 데 결정적인 역할을 한 사건이 되었다. 동일방직사건은 여성근로자들이 민주적인 노조의 구성을 위해 오랫동안 투쟁해 오다가 회사와 경찰의 폭력적 탄압을 받은 사건이고, YH무역사건 역시 민주노조의 결성과 이에 대한 회사의 폐업조치에 항의하는 투쟁과정에서 야당당사 농성과 경찰의 폭력적 강제해산이 빚어낸 사건이었다. 두 사건은 도시산업선교회와 가톨릭노동청년회(JOC)가 개입하여 민주노조운동을 지원한 사례로 이 시기 종교단체의 노동운동과의 연대를 대표한다.

그러나 이 시기 노동운동은 정치적인 동기가 중심이 된 것은 아니며, 심지어 유신정국의 경색과 붕괴로 이어진 YH사건도 발생원인은 다분히 경제적인 것이었다. 이 시기 노동운동의 특징으로 주목되는 민주노조운동도 반유신의 정치적 투쟁이 주목표라기보다는 임금과 노동자의 권익보호가 주요 목적이었던 것으로 보인다.

## 4. 도전·대응의 와선(渦線)과 유신체제의 붕괴

반체제운동의 구조적인 성장과 이에 대한 유신정권의 폭력적인 억압의 대립으로 유신체제 말기의 정치적 긴장은 고조되었고, 그만큼 유신체제의 취약성은 증대했다. 더구나 유신체제 말기에는 반체제운동에 대한 대응전략을 둘러싸고 표출된 권력집단 내부의 분열은 권력투쟁의 양상으로 발전했고, 이것은 마침내 박정희 대통령의 암살과 유신체제의 붕괴로 이어졌다. 결국 유신 권위주의체제의 붕괴는 권력투쟁에 의한 대통령의 죽음이 그 직접적인 원인이 되었고 그것은 상황에 따라 피할 수도 있는 사건이기도 했지만, 유신체제 말기의 시민사회와 국가의 갈등구조를 살펴보면 권위주의체제의 붕괴와 연결될 수 있는 정치적 긴장과 체제의 취약성이 구조적으로 증가하고 있었던 것으로 보인다. 결국 유신 권위주의체제의 붕괴는 우발적인 암살사건의 결과라기보다는 앞서 논의한 바대로 시민사회 내의 반체제세력과 반체제 운동의 구조적 성장과 유신의 강경해져 가는 대응 사이의 구조적인 위기로부터 비롯된 것이었다. 이 절에서는 유신정권의 체제반대세력에 대한 대응을 9개의 긴급조치들을 중심으로 살펴보고 체제와 반체제 사이의 작용과 반작용의 악순환이 유신체제의 붕괴에 이르는 과정을 살펴본다.

### 1) 유신 초기의 대립과 긴급조치의 발동(1972. 10~1974. 8)

유신정권의 사회통제의 중요한 특징은 1974년 이후 9개의 초헌법적인 긴급조치의 발동으로 대표된다. 이 긴급조치들은 선포와 해제, 선포, 그리고 재선포를 반복하면서 그 내용과 사회통제의 수위를 조절했지만, 대체로 정치, 경제, 사회의 포괄적인 영역에 걸쳐 입법, 사법과 행정 등 모든 국가기구의 헌법에 기초한 정상적인 권력의 행사를 초월하는 강력한 사회통제의 수단이었다. 따라서 이 긴급조치들의 선포시기와 선포배경, 그리고 긴급조치의 내용들을 살펴봄으로써 유신정권의 사회통제의 형태와 내용을 분석해 보고자 한다.

1972년 10월 17일 유신시대의 서막인 대통령 특별담화와 함께 계엄사령부 포고1호로 전국 대학이 휴교되고 신문과 통신의 사전검열제가 실시되었다. 11월 22일에는 유신헌법이 국민투표를 통하여 확정되고 12월 15일 통일주체국민회의 선거, 23일 대통령 선출, 27일 대통령 취임과 유신헌법 공포 등 불과 2달 열홀 사이에 유신체제는 그야말로 전광석화와 같이 등장했다. 이후로부터 1973년 중반까지는 유신체제의 갑작스런 등장의 충격과 유신 초기의 억압적인 환경, 그리고 반체제세력의 대안모색으로 반체제운동은 일시적인 잠재기에 들어갔다. 73년 4월 도시선교회와 전국기독교학생총연맹(KSCF)의 남산 부활절 연합예배와 시위, 5월 기독교인들의 신앙선언문 발표와 고대 김낙중 교수와 학생들의 유인물 살포 등 소규모의 간헐적인 저항이 있었을 뿐이었다.

1973년 후반에 들어 유신체제 반대운동은 본격적으로 시작되었다. 1973년 8월 중앙정보부에 의한 김대중 납치사건이 계기가 되어 1973년 10월 서울 문리대 학생회의 선언문 낭독과 시위는 유신반대의 학생운동에 기폭제가 되었다. 4·19기념탑에서 비상총회를 가진 서울 문리대 학생회는 정보파쇼정치의 중단과 자유민주체제의 확립, 대일경제 예속관계의 중지와 국민생존권의 확립, 그리고 중앙정보부의 해체와 김대중사건의 진상규명 등을 요구하는 선언문을 낭독하고 시위를 했다. 이후 서울 소재 여러 대학에서 같은 내용을 주장하는 학생시위가 이어졌다. 1973년 11월에는 경북대학 학생들의 가두시위를 시작으로 학생시위가 지방대학으로 확산되어 유신체제 등장 이후 유신반대 학생운동이 활성화되기 시작했다. 대안을 모색중이던 재야운동도 학생운동에 고무되어 1973년 11월 재야인사 15인이 시국선언문을 발표했고, 종교계에서는 NCC 인권협회를 구성하고 인권선언문을 발표했다. 1972년 동일방직과 원풍모방의 노조민주화운동으로 확산조짐을 보이던 노동운동도 유신체제 등장 초기인 1973년 중반까지는 소수 기업에서의 노동조합 결성과 임금인상요구 파업에 그쳤으나, 1973년 후반부터는 다시 노동조합 결성운동이 활발히 전개되기 시작했다.[16]

---

16) 이 시기 주요 노동운동 사례는 남한제지, 태양공업, 삼원섬유, 콘트롤데이타 등의 노조결성운동과 삼립식품 노동자의 임금인상요구 파업 등이 있다.

1973년 후반에 들면서 활성화되기 시작한 유신반대운동에 대한 유신정권의 첫 대응은 유화정책이었다. 연이은 학생시위가 전국적으로 확산되기 시작하던 1973년 12월 초에 유신정부는 73년 하반기 구속학생들을 석방하고 학사처벌을 백지화하는 조치를 취했다. 그러나 이 유화조치는 유신반대운동을 진정시키지 못했다. 오히려 당시 야당이던 신민당의 헌법개정과 민주주의 회복요구가 학생시위로 이어졌고, 마침내는 12월 24일 종교계, 학계, 언론계 등 재야인사 대표 30여명이 민주회복국민회의를 발족하고 개헌청원 백만인서명운동을 전개하여 유신반대운동은 더욱 활성화되었다.

　유신헌법 철폐와 민주회복 요구에 대한 유화정책에 실패한 유신정권은 정당과 사회의 점증하는 압박에 대해 초강경의 대안을 채택했는데, 1974년 1월 8일의 긴급조치 제1호와 제2호의 선포가 그것이었다. 이후 긴급조치는 1979년 12월 8일 제9호가 해제되기까지 약 6년간 유신체제유지를 위해 유신정권이 채택한 억압적 규범이었다. 선포된 총 9개의 긴급조치 가운데 제3호는 경제와 산업 및 국민생활에 관한 통제를 내용으로 하고, 제5호는 제1호와 제4호의 해제, 제6호는 제3호의 해제, 제8호는 다시 제7호를 해제하는 것을 내용으로 하여 반체제운동에 대한 적극적이고 억압적인 대응을 내용으로 하는 것은 제1, 제2, 제4, 제7, 그리고 제9호 조치이다.

　유신헌법 제53조에 규정된 대통령 긴급조치권은 "천재지변 또는 중대한 재정·경제상의 위기에 처하거나 국가의 안전보장 또는 공공의 안녕질서가 중대한 위협을 받거나 받을 우려가 있어 신속한 조치를 취할 필요가 있다고 판단되는 경우에 대통령이 내정·외교·국방·경제·재정·사법 등 국정 전반에 걸쳐" 내리는 특별한 조치이다. 그러나 실제 선포되고 시행된 긴급조치의 내용, 특히 제1, 제2, 제9호의 내용들은 대통령의 긴급조치권으로 국민의 자유와 권리를 무제한으로 제한하는 초헌법적인 성격을 지니고 있었다.

개헌논의의 금지를 내용으로 하는 긴급조치 제1호와 이를 사법적으로 뒷받침하기 위하여 비상군법회의의 설치를 규정한 제2호는 1973년 중반 이후 활성화되어 가고 있던 유신반대운동에 대한 유신정권의 초강경 억압정책이었다. 긴급조치 제1호의 내용과 제2호의 주요 내용은 다음과 같다.

<긴급조치 제1호 전문>[17]

1. 대한민국 헌법을 부정, 반대, 왜곡 또는 비방하는 일체의 행위를 금한다.
2. 대한민국 헌법의 개정 또는 폐지를 주장, 발의, 제안 또는 청원하는 일체의 행위를 금한다.
3. 유언비어를 날조, 유포하는 일체의 행위를 금한다.
4. 전 1, 2, 3항에서 금한 행위를 권유, 선동, 선전하거나 방송, 보도, 출판, 기타 방법으로 이를 타인에게 알리는 일체의 언동을 금한다.
5. 이 조치에 위반한 자와 이 조치를 비방한 자는 법관의 영장 없이 체포, 구속, 압수, 수색하며 15년 이하의 징역에 처한다. 이 경우에는 15년 이하의 자격정지를 병과할 수 있다.
6. 이 조치에 위반한 자와 이 조치를 비방한 자는 비상군법회의에서 심판, 처단한다.
7. 이 조치는 1974년 1월 8일 17시부터 시행한다.

<긴급조치 제2호의 주요내용>[18]

1. 대통령 긴급조치에 위반한 자를 심판하기 위하여 다음과 같이 비상군법

---

17) 한국연감사, 『한국연감』, 1974, pp.183-184.
18) 앞의 책, p.184.

회의를 설치한다.
2. 비상군법회의는 대통령 긴급조치를 위반한 자가 범한 일체의 범죄를 관할 심판한다.
3. 비상군법회의의 심판권은 심판부에서 행한다.
6. 비상고등군법회의와 비상보통군법회의에 검찰부를 각 배치한다.
9. 비상군법회의의 재판관과 검찰관은 국방부장관의 의견을 들어 국군 현역장관급 장교와 군법무관 중에서 법무장관의 의견을 들어 판사, 검사 또는 변호사의 자격이 있는 자 중에서 대통령이 임명한다. 이 경우 검찰관은 군법무관과 검사 중에서 임명한다.
10. 중앙정보부장은 비상군법회의 관할 사건의 정보, 수사 및 보안업무를 조정, 감독한다.
11. 이 긴급조치에 정하지 않은 사항은 군법회의법을 준용한다.
15. 고등법원 또는 지방법원은 그 법원에 계류중인 대통령 긴급조치에 위반한 자에 대한 형사사건을 그 법원에 대응한 심급의 비상군법회의에 이송하여야 한다.

긴급조치 제1호는 유신헌법에 반대하는 일체의 행위를 금하여 헌법개정논의 이외에도 유언비어의 날조·유포와 앞 행위의 권유·선동·선전, 방송·보도·출판 등의 행위를 동시에 금하는 매우 포괄적인 통제내용을 담고 있었다. 긴급조치 제2호는 제1호 제6항을 보완하는 비상군법회의의 설치와 구성, 그리고 관할에 관한 내용으로 비상군법회의의 심판부와 검찰부의 구성에 법무장관과 국방부장관이 관여하고, 수사와 보안에는 중앙정보부장이 관여하며, 군법회의법을 포괄적으로 준용하는 것을 내용으로 함으로써 유신체제의 반대세력에 대한 광범위하고 무제한적인 통제장치를 마련했다. 긴급조치 발동으로 개헌청원 백만인서명운동을 주도한 전 사상계 사장 장준하, 백범사상연구소 대표 백기완, 도시산업선교회 김경락 목사 등 재야인사들과 학생들이 구속되는 등 1974년 8월 긴급조치 제5호로 긴급조치 제1호가 해제되기까지 약 9개월 동안 총 48명이 긴급조치 1호의 위반으로 비상군법회의에 의해 처벌되었다.[19]

| 명 칭 | 소 재 | 관 할 |
|---|---|---|
| 비상고등군법회의 | 국방부본부 | 전 국 |
| 비상보통군법회의 | 국방부본부 | 전 국 |

〈표2〉 양심수(복역자) 법령별 분류(1970~1979)

|  | 70 | 71 | 72 | 73 | 74 | 75 | 76 | 77 | 78 | 79 | 계 |
|---|---|---|---|---|---|---|---|---|---|---|---|
| 국가보안법·반공법 | 6 | 27 | 25 | 33 | 28 | 25 | 9 | 6 | 4 | 98 | 261 |
| 집회 및 시위에 관한 법 |  | 4 | 2 | 45 |  | 8 | 1 | 1 |  | 11 | 72 |
| 공무집행방해 및 폭행 |  | 8 |  |  | 1 | 9 | 1 |  | 18 | 1 | 38 |
| 국가보위법·노동법 |  |  |  | 46 |  |  |  |  |  |  | 46 |
| 계엄포고령 |  | 8 | 1 |  |  |  |  |  |  | 44 | 53 |
| 내란죄 |  | 4 |  | 4 |  |  |  |  |  |  | 8 |
| 방화죄 |  |  |  |  |  |  |  | 6 |  | 3 | 9 |
| 경범죄처벌법 |  | 11 |  | 102 | 110 | 10 |  | 1 | 96 | 854 | 1,184 |
| 긴급조치 제1호 |  |  |  |  | 48 |  |  |  |  |  | 48 |
| 긴급조치 제4호 |  |  |  |  | 142 |  |  |  |  |  | 142 |
| 긴급조치 제9호 |  |  |  |  |  | 95 | 56 | 103 | 213 | 113 | 580 |
| 소요죄 |  |  |  |  |  |  |  |  |  | 108 | 108 |
| 사문서위조법 |  |  |  |  |  |  |  |  |  |  |  |
| 국가모독죄 |  |  |  |  |  |  |  |  |  |  |  |
| 기타·미상 | 1 | 94 | 11 | 4 | 2 | 13 | 4 | 3 | 16 | 7 | 155 |
| 계 | 7 | 156 (11) | 39 | 234 (102) | 331 (110) | 160 (10) | 71 | 120 (1) | 347 (96) | 1,239 (854) | 2,704 (1,184) |

주: 매년 수치는 구속·구류자를 모두 포함한 것. 괄호 안은 구류자의 수.
자료: 한국기독교교회협의회 인권위원회, 『1970년대 민주화운동(III)』(서울: 한국기독교교회협의회, 1987), pp.2064-2065.

---

19) 한국기독교교회협의회 인권위원회, 『1970년대 민주화운동』(서울: 한국기독교교회협의회, 1987).

긴급조치 제1호와 제2호의 삼엄한 통제 가운데서도 유신반대의 학생운동은 지속되어 74년 3월에는 경북대 학생들이 '반독재민주구국선언'을 발표했고, 학생운동의 전국적인 조직화와 연합시위를 기도한 전국민주청년학생총연맹(민청학련)이 결성되어 '민중·민족·민주선언'을 발표하는 소위 민청학련사건이 발생했다. 이 사건을 계기로 유신반대운동의 중심이었던 학생운동에 대한 특별조치로 1974년 4월 3일 긴급조치 제4호가 다시 선포되었다. 제4호는 민청학련 관련자와 관련행위에 대한 규정뿐 아니라 차후 학생운동 전반에 대한 중형벌 부과, 그리고 대학의 폐교까지를 포함하는 강경한 조치를 내용으로 했다.

<긴급조치 제4호의 주요내용>[20]

1. 전국민주청년학생총연맹과 이에 관련되는 제단체의 조직, 가입, 활동에 관여하는 일체의 행위를 금함.
2. 단체나 그 구성원의 활동에 관한 문서의 제작, 출판, 운반, 소지, 배포, 전시, 구매 등 일체의 행위를 금함.
3. 1974년 4월 8일까지 이 조치에서 금한 행위에 대하여 고지한 자에 대한 처벌 면제.
5. 교내외에서의 일체의 개별적·집단적·정치적 행위의 금지.
7. 긴급조치위반 학생에 대한 학사처벌과 위반자 소속학교의 폐교처분.
8. 이 조치에 위반한 자 및 방관한 자는 사형, 무기 또는 5년 이상의 유기징역에 처함.
9. 이 조치에 위반한 자는 법관의 영장 없이 체포, 구속, 압수, 수색함.
11. 시·도지사의 요청에 따른 군지역 사령관의 병력출동 지원 의무.

긴급조치 제4호에 의해 무려 1,224명의 학생과 지식인들이 연행되고

---

20) 앞의 책, pp.185-186.

그 중 253명이 구속되었으며 142명이 처벌되었다.[21]

## 2) 초기 긴급조치의 해제와 전략적 유화(1974. 8~1975. 4)

제4호가 선포된 1974년 4월부터 8월까지 학생운동은 시위의 빈도, 규모와 투쟁의 정도에 있어 현저히 줄어들어 긴급조치 제1호에 이은 제4호의 또 다른 강경책은 어느 정도 유신정권이 의도했던 효력을 가져다주었다. 이것은 긴급조치 제4호의 발동에 의한 대규모 구속과 처벌, 그리고 도피로 학생운동을 주도했던 학생운동가들의 활동이 크게 위축된 것이 가장 큰 원인이었지만, 그 해 8월 15일 광복절 기념행사장에서의 대통령 저격미수사건과 대통령부인의 죽음으로 인한 반공 및 반일 분위기와 사회적 긴장, 대통령에 대한 시민의 동정, 사회불안정에 대한 시민여론의 비판적 분위기 등도 학생운동 위축에 영향을 미쳤다. 11월에는 비무장지대에서 북한이 구축한 땅굴이 발견되었다는 유엔군사령부의 발표가 있었고, 이어 그 달 22일에는 포드 미국 대통령이 내한, 한미정상회담과 공동성명을 발표하여 한반도의 안보불안에 대한 분위기가 고조되기도 했다.

1974년 8월 23일에 정부는 유신정권 최강경의 억압기제였던 긴급조치 제1호와 제4호를 전격적으로 해제하는 긴급조치 제5호를 선포했고, 그해 12월 31일에는 경제와 산업 및 국민생활에 대한 포괄적인 규제를 내용으로 했던 긴급조치 제3호를 해제하는 긴급조치 제6호를 선포하여 긴급조치는 사실상 모두 해제되었다. 긴급조치 위반자를 심판하기 위하여 비상군법회의의 설치를 규정한 긴급조치 제2호는 긴급조치

---

21) 앞의 책.

제1호의 해제와 함께 사실상 해제되었다. 일련의 긴급조치의 해제로 시작된 유신정권의 유화정책은 1975년 2월 15일 민청학련 관련 구속자들을 석방할 때까지 지속되었다.

　1974년 8월 이후 정부가 유신체제의 핵심적인 사회통제 기제인 일련의 긴급조치들, 특히 제1호와 제4호를 갑자기 해제한 이유는 무엇일까? 이 시기 유신정권이 긴급조치들의 해제와 조치관련 구속자들의 석방을 포함하는 포괄적인 유화정책을 편 것은 몇 가지 측면에서 유신 초기의 체제정착을 위한 선제적 강경정책에 비해 체제반대세력의 행동에 대한 전략적인 대응으로 해석할 수 있다. 우선 1974년 여름 대통령 저격미수와 대통령부인 피격사건 이후 한동안 반일감정과 반일데모가 고조되고 땅굴사건으로 안보 불안감이 확산되어 유신반대운동이 다소 침체하기는 했으나, 학생들의 시위는 여전히 계속되어 유신체제의 핵심적인 사회통제 기제로 고안된 긴급조치들을 해제할 특별한 사유가 발생한 것은 아니었다고 판단된다. 오히려 유신정부는 대통령 저격미수사건과 땅굴사건, 그리고 포드 미국 대통령의 방한 등 일련의 사태를 통하여 유신체제의 강화와 안정을 위한 대책을 모색하고, 그 방편으로 반일·반공의 시민정서를 유신체제에 대한 국민적 지지의 확인으로 연결하려 했던 것으로 보인다. 이듬해인 1975년 2월 12일에 있었던 유신헌법에 대한 찬반 국민투표가 그것이었고, 일련의 유화정책은 국민투표에서의 국민적인 지지를 극대화하기 위한 전략이었다는 것이다. 유신헌법 철폐뿐 아니라 긴급조치 해제와 구속자석방이 학생시위의 중요한 내용이었기 때문에 긴급조치 해제와 구속자석방은 유신반대 학생시위의 수위를 적어도 일시적으로는 낮출 수 있었으며, 유신반대운동의 주요 투쟁대상이었던 긴급조치를 해제하여 반대운동의 명분을 빼앗고 유신반대운동에 대한 보수적 유권자들의 저항감을 유발하여 고립시켜 국민투표에서 그 반사적인 지지를 확보하려했던 의도가 다분히 엿보인다. 유신헌법에 대한 국민투표는 투표율 78.8%에 찬성 73.11%로 1973년 제9대 국회의원 선거 결과에 비하면 상당히 높은 수준의 지지였고[22] 유신정부의 '전략적 유화정책'은 성공을 거두었다고 평가할 수 있다. 유신정부는 국민투표 직후인 2월 15일 민청학련과 관련된 구속자들을 석방 조치했다.

### 3) 강경선회의 서막, 긴급조치 제7호(1975. 4. 8)

긴급조치의 해제와 국민투표에 나타난 유신헌법에 대한 국민의 지지는 유신정권의 희망과는 달리 정치적 안정으로 연결되지 않았다. 오히려 학생운동을 비롯한 유신반대운동은 더욱 격렬해지고 전국의 각 대학에서는 연일 대규모 시위가 이어졌다. 학생들은 유신헌법개정, 학원자유보장, 언론기본법 보장, 민주질서회복 등을 요구했으며 일부 교수들도 지지를 표명했다. 긴급조치 해제가 선포된 1974년 8월 이후에도 유신철폐와 구속자석방을 요구하는 학생들의 시위는 이어졌고, 10월에는 2천여명의 고려대생들이 강당에 모여 '구국선언문'을 발표하고 격렬한 가두시위를 벌이기도 했다. 이후 학생들의 시위는 더욱 격렬해져 연일 6~7건의 시위가 있었다. 1975년 3월 24일 서울대생 1천여명이 '학원민주화를 위한 자유성토대회'를 개최했고, 4월 8일에는 고려대생 2천여명의 대규모 시위가 있었다. 국민투표 이후 유신정부는 유신반대운동에 대해 인내를 보이지 않았다. 유신정부는 4월 8일의 고려대에서의 시위를 기점으로 유신반대운동에 대해 초강경 대응으로 급선회하여 고려대에 휴교령을 내리고 군대를 진주시키는 긴급조치

---

22) 합동통신사, 『합동연감』, 1976, p.121.

제7호를 선포했다.

<긴급조치 제7호 전문>[23]

1. 1975년 4월 8일 17시를 기해 고려대학교에 대해 휴교를 명한다.
2. 동교 내에서 일체의 집회·시위를 금한다.
3. 전 1, 2항을 위반한 자는 3년 이상 10년 이하의 징역에 처한다. 이 경우 10년 이하의 자격정지를 병과할 수 있다.
4. 국방부장관은 필요하다고 인정할 때 병력을 사용하여 동교의 질서를 유지할 수 있다.
5. 이 조치에 위반한 자는 법관의 영장 없이 체포·구금·압수수색을 할 수 있다.
6. 이 조치에 위반한 자는 일반법원에서 관할 심판한다.

긴급조치 제7호는 단일 대학에서의 학생시위에 대하여 휴교를 명하고 집회와 시위를 금하며, 조치에 따라 군대를 진주시킨다는 것으로 내용 그 자체는 단순하고 조치의 대상도 제한적·국소적이었다. 또 조치의 위반자에 대한 심판도 비상군법회의가 아니라 일반법원에서 관할하도록 했다. 긴급조치 제7호의 선포는 전국적인 학생시위를 대상으로 한 것도 아니며 당시 고려대학교에서의 학생시위가 이전의 시위사례들에 비추어 휴교와 군대를 동원한 무력진압에 이를 정도로 심각한 것이 아니었다는 점에서 의외의 강경반응이었다. 더구나 긴급조치 제7호가 선포되던 날 국가보안법, 반공법, 내란예비음모, 내란선동 등의 혐의로 기소되어 재판중이던 인민혁명당 관련자 8명은 대법원에서 사형확정판결을 받았고, 바로 그 다음날인 4월 9일 사형이 집행되었다. 일개 대학의 휴교령을 내용으로 하는 긴급조치의 발동과 인혁당 관련

---

[23] 합동통신사, 『합동연감』, 1976, pp.121-122.

자의 사형 확정판결 및 즉시 집행은 반체제운동에 대한 유신정부의 대응이 초강경으로 급선회했음을 의미했다. 따라서 긴급조치 제7호는 그 내용과 조치의 범위 자체보다는 이를 전후한 시기에 유신정부의 정책적 의도와 변화를 짐작케 해준다는 점에서 큰 의미가 있었다.

긴급조치 제7호는 5월 13일 긴급조치 제8호에 의해 해제되고 같은 날 긴급조치 제9호로 대체되기까지 불과 한 달여 동안 최단기간 존속했다. 그러나 긴급조치 제7호는 유신헌법에 대한 국민투표 이후 유신정부가 유신반대세력에 대하여 다시 강경대응으로 선회하는 전환점이 되었고, 사회통제 기제인 긴급조치를 부활시켰으며, 곧 이어 유신 초기의 초강경의 억압기제였던 긴급조치 제1호의 부활과 다름없는 긴급조치 제9호의 도입부가 되었다는 점에서 큰 의미가 있다. 1974년 8월부터 1975년 4월까지 긴급조치들의 해제와 선포의 과정을 정리하여 살펴보면 긴급조치들의 해제, 보수적 지지자와 수동적 반대자의 지지 확보, 국민투표, 구속자석방과 유화정책, 시위의 확대, 긴급조치의 부활과 강화의 순서로 이어지는 유신정부의 체제반대세력에 대한 전략적 대응행태를 짐작할 수 있다.

### 4) 긴급조치 제9호(1975. 5. 13~1979. 12. 8)

긴급조치 제7호가 선포되었던 1975년의 4월 초 이후 국제정치상황은 매우 긴박하게 진행되었다. 4월 17일 크메르 공산군이 프놈펜시를 점령하여 정부군이 전면 항복했으며, 악화일로로 치닫던 베트남에서는 4월 21일 티우 베트남 대통령이 사임을 발표했고, 4월 23일 포드 미국 대통령은 인도차이나 문제에 대한 개입의 종결을 선언했다. 드디어 4월 30일 베트남정부가 무조건 항복함으로써 베트남전쟁은 종식되고 베트남은 공산화되었다. 5월 8일에는 라오스 좌파가 실권을 장악하여 사실상 공산화되기도 했다. 더구나 북한의 김일성은 4월 18일 중국과 동구 공산국가들을 순방하여 한국의 안보위기감을 고조시켰다. 인도차이나3국의 갑작스런 공산화와 김일성의 호전적인 움직임은 박정희 대통령에게 심각한 위기감을 주었다. 국제정치의 상황은 유신체제가 등장하기 직전과 유사했다. 1960년대 말부터 월남전에서의 패전의 증후는 이미 나타나기 시작했고 미국의 반전여론은 더욱 거세어져 갔다. 한국은 이미 1969년 지상군의 철군을 포함하는 닉슨독트린의 충격을 경험하기도 하여 미군철수와 한국의 베트남화로 이어지는 안보위기가 유신체제 등장의 한 배경이 되기도 했다. 베트남이 미군의 철군으로 패전과 공산화의 길을 가게 된 사실이 박대통령과 유신정부의 안보위기감을 극대화시킨 것은 충분히 짐작할 수 있다.

4월 29일 박정희 대통령은 베트남의 공산화와 관련하여 국가안보를 강조하는 '시국에 관한 특별담화문'을 발표했고, 베트남 패전 이후 국내에서는 반공궐기대회와 안보궐기대회가 연일 개최되었다. 1975년 5월 13일 정부는 유신헌법에 대한 모든 비판과 반대의 행위를 봉쇄하는 긴급조치 제9호를 선포했다. 긴급조치 제9호의 선포에 앞서 발표한 '안보 및 시국에 관한 특별담화문'에서 박대통령은 국론분열이 국가를 위기에서 구하지 못한다는 교훈을 남겼다고 강조하고 국민총화와 총력안보태세의 확립을 호소했다.

"북한 공산집단이 작금의 인지사태에 편승하여 남침이 가능하다고 오판할 우려가 증대되었기 때문에 오늘의 시국은 일대 난국이다. 이와 같은 미증유의 난국에 처해서 우리 국민 각자가 해야 할 일은 불필요한 국력의 낭비와 국론분열 그리고 국민총화를 저해하는 일체의 행위에 종지부를 찍는 일이다. (중략) 따라서 국민총화를 공고히 다지고 국론을 통일하여 국민 모두가 일사

불란하게 총력안보태세를 갖추어 나갈 수 있도록 하기 위해 긴급조치를 선포한다."24)

긴급조치 제9호는 유신체제의 등장과 함께 선포되었던 긴급조치 제1호의 내용을 확대·보강한 것으로 사회통제의 수준을 유신 초기의 초강경 수준으로 환원한 것이었다.

<긴급조치 제9호 주요내용>25)

1. 다음 각 호를 금한다.
   가) 유언비어를 날조·유포하거나 사실을 왜곡하여 전파하는 행위.
   나) 집회, 시위 또는 신문, 방송, 통신 등 공중전파 수단이나 문서, 도화, 음반 등 표현물에 의하여 대한민국 헌법을 부정, 반대, 왜곡 또는 폐지를 주장, 청원, 선동, 또는 선전하는 행위.
   다) 학교당국의 지도·감독하에 행하는 수업, 연구, 또는 학교장의 사전허가를 받았거나 기타 의례적·비정치적 활동을 제외한 학생의 집회, 시위, 또는 정치관여 행위.
   라) 이 조치를 공연히 비방하는 행위.
2. 제1에 위반한 내용을 방송, 보도, 기타의 방법으로 공연히 전파하거나 그 내용의 표현물을 제작, 배포 판매, 소지 또는 전시하는 행위를 금한다.
5. 주무장관은 이 조치 위반자, 범행 당시의 그 소속 학교, 단체나 사업체 또는 그 대표자나 장에 대하여 다음 각 호의 명령이나 조치를 취할 수 있다.
   가) 대표자나 장에 대한 소속 임직원, 교직원, 또는 학생의 해임이나 제적의 명령.
   나) 대표자나 장, 소속 임직원, 교직원, 또는 학생의 해임이나 제적의 명

---

24) 이상우, 『秘錄 朴正熙 時代(3)』(서울: 중원문화, 1985), p.307에서 재인용.
25) 합동통신사, 앞의 책, p.122.

령.
다) 방송, 보도, 제작, 판매 또는 배포의 금지조치.
라) 휴업, 휴교, 정간, 폐간, 해산 또는 폐쇄의 조치.
마) 승인, 등록, 인가, 허가, 또는 면허의 취소 조치.
바) 국회의원이 국회에서 직무상 행한 발언은 그 조치에 저촉되더라도 처벌하지 아니한다. 다만 그 발언을 방송, 보도, 기타의 방법으로 공연히 전파하는 자는 그러지 아니한다.
6. 이 조치 또는 이에 의한 주무장관의 조치에 위반한 자는 1년 이상의 유기징역에 처한다. 이 경우에는 10년 이하의 자격정지를 병과한다. 미수에 그치거나 예비 또는 음모한 자도 또한 같다.
7. 이 조치 또는 이에 의한 주무장관의 조치에 위반한 자는 법관의 영장 없이 체포, 구금, 압수 또는 수색할 수 있다.
9. 이 조치 위반의 죄는 일반법원에서 심판한다.
10. 이 조치의 시행을 위해 필요한 사항은 주무장관이 정한다.
11. 국방부장관은 서울특별시장, 부산시장, 또는 도지사로부터 치안질서 유지를 위한 병력출동을 요청을 받았을 때에는 이에 응하여 지원할 수 있다.
12. 이 조치에 의한 주무장관의 명령이나 조치는 사법적 심사의 대상이 되지 아니한다.
13. 이 조치는 1975년 5월 13일 15시부터 시행한다.

의외의 강경대응이었던 긴급조치 제7호의 선포와 인혁당사건의 전격적인 처리, 그리고 포괄적인 사회통제 기제의 부활인 긴급조치 제9호의 선포는 유신체제에 대한 저항과 도전을 국가안보에 대한 위협으로 판단한 데서 비롯되었다. 더구나 긴급조치 제7호가 선포된 상황에서도 서울소재 대학에서의 학생시위는 계속되었고, 4월 11일에는 서울대 농대생 김상진군이 시국성토대회에 연사로 참여하여 '대통령에게 드리는 공개장'이라는 유서를 남기고 할복자살하는 사건이 일어나기도 했다. 국민총화에 대한 강조는 새삼스러운 것이 아니라 이 시기 박대통령의 연설문에 흔히 등장해 온 주제였지만, 계속된 학생시위에 대한 유신정부의 우려는 베트남사태로 인해 크게 증폭되었다. 특히 베트남의 경우는 계속되는 전쟁중에도 정치인들의 정쟁과 끊임없는 반정부시위로 정치적 불안정이 지속되었고, 이는 전쟁에 깊숙이 개입한 미국의 골칫거리이기도 했으며, 정치적 불안정이 미군의 철군과 패전의 한 원인으로 지적되었다는 점에서 베트남의 패전은 박대통령에게 위기감과 교훈을 동시에 주었던 것으로 보인다.

대통령의 특별담화문 발표, 전국적인 안보·반공궐기대회의 개최, 긴급조치 제9호의 선포 등으로 국민총화와 안보의식을 급격히 고조시킨 유신정부는 학생서클의 해산, 지도교수제의 강화, 경찰의 교내 투입 합법화 및 교내 상주, 교련교육의 연장·강화, 그리고 학도호국단의 창설 등 학생활동에 대한 규제를 강화하는 일련의 조치를 취했다. 특히 학도호국단은 총장이 학생대표를 임명하여 학생대표기구와 학생운동의 연결을 차단했다. 또 교수재임용제를 실시하여 비판적인 교수들을 해직할 수 있는 제도적인 장치도 마련했다. 이와 같은 강경조치들로 대학에서의 학생운동은 크게 위축되었다. 7월 9일에는 사회안전법안, 방위세법안, 민방위기본법안, 교육관계법안 등 4개의 전시입법이 통과되어 국방비확대, 민방위대의 창설, 교수재임용의 제한을 위한 법적인 근거를 마련했다. 1976년 4월부터는 전국적으로 매월 반상회를 실시했다. 이 조치와 입법들은 긴급조치9호의 억압적 장치와 더불어 유신체제 후반기 국민총화와 총력안보를 위한 동원과 통제의 기제들이었다.

긴급조치9호가 발동된 1975년 5월 이후 1977년 9월까지 약 2년여 기간 동안에는 재야지식인이 유신체제에 대한 저항운동의 주축이었다. 9호의 발동 직후인 5월 22일 서울대생 1,000여명이 김상진군 추모식을 거행하고 시위를 벌이는 긴급조치9호하의 첫 데모와 5월 25일의 천주교 정의구현전국학생총연맹의 유신헌법 철폐주장 등 간헐적인 학생시위는 있었으나 이 기간중 학생운동은 대체로 위축된 상태였다. 따라서 소수 재야지식인의 활동은 상징성은 있었으나 운동자원의 한계로 이 시기 민주화운동의 사회적인 파장은 크지 않았던 것으로 보인다.

주목할 만한 재야지식인의 저항활동으로는 재야 각계 원로 225명의 구국동지회 결성(75. 6. 5), 김수환·윤보선 등의 김지하 석방요구(75. 8. 6), 구속자 가족의 목요기도회 부활(76. 1. 15), 재야인사들의 '3·1민주구국선언' 발표(76. 3. 1), 천주교 주교단의 구국선언 지지성명(76. 3. 15), 광주 양림교회 구국선언 지지성명(76. 8. 10), 윤보선 등 10인의 '민주구국헌장' 발표(77. 3. 23), 천주교 정의구현전국사제단의 77선언(77. 4. 18), 그리고 구속자가족협의회 구속인사 석방요구(77. 8. 16) 등을 들 수 있다. 1975년 8월 6일 김수환, 윤보선 등의 인사들이 양심선언을 발표한 시인 김지하의 석방을 요구한 공동성명, 김대중·함석헌·함세웅 신부 등의 인사들이 긴급조치 철폐와 박정희정권의 사퇴를 요구하는 '3·1민주구국선언'을 발표한 후 구속되어 이듬해 관련자 전원에 실형이 선고된 명동사건, 윤보선·정구영·지학순 등 10인이 유신헌법 철폐와 정보정치의 종식을 요구한 '민주구국헌장' 발표, 그리고 정의구현사제단이 명동성당에서 인권회복 기도회를 개최하고 발표한 '77선언' 등은 이후 재야지식인의 민주화운동을 고무하는 중요한 사례였다. 위의 사건 이외에도 박형규·권호경 목사 등의 종교지도자와 이부영·성유보·성낙오 등 기자, 김영삼·김덕룡·김철·김윤식 등의 정치인과 계훈제 등의 저항 지식인들이 긴급조치위반으로 구속되거나 기소되었다.

비록 정치적인 동기는 약했다 하더라도 이 시기의 노동운동도 점차 대형화하고 발생빈도도 잦아져 가는 경향을 띠었다. 75년 6월 말에

YH무역 여공들이 노조설립필증을 받아 후일 유신체제의 붕괴로 연결되는 YH사건의 불씨가 되었고, 76년 7월에는 동일방직 근로자 1,000여명이 농성을 벌여 경찰과 충돌했으며, 77년 2월 초에는 방림방적 여성근로자 6,000여명이 근로조건개선을 요구하는 진정서를 노동청에 제출했다. 그 외에도 다나무역 종업원 단식농성, 청계피복상가 근로청소년의 시위, 시그니텍스 근로자 1,000여명의 농성 등 70년대 전반기에 비해 노동운동이 점차 활성화되었다.

유신체제 후기에 민주화운동이 본격적으로 확산된 결정적인 변화는 역시 학생운동의 활성화였다. 1977년 가을학기 이후 서울시내 대학생들의 민주화운동이 본격적으로 시작되었고, 이후 70년대 말까지 전국적으로 급속히 확산되어 갔다. 10월 7일 서울대생 1,500여명의 민주회복과 학원자유 요구데모 이후 연세대, 고려대, 성균관대, 이화여대, 숙명여대, 서강대, 한신대 등의 서울소재 대학과 전남대, 부산대, 경북대 등 일부 지방대학에서 시위가 발생했다. 이 시기 학생운동의 규모도 수백명에서 수천명으로 증가했으며, 종교단체 학생조직을 중심으로 대학간 운동조직의 연계도 발달해 갔다. 규모와 조직의 발달에 따라 학생들의 시위양식도 체계화되어 단순히 시위로 시작하여 그치는 것이 아니라 여러 가지 선언문들을 낭독·발표했다. 77년 10월 연대생들의 '구국선언서', 77년 11월 서울대생들의 '민주구국투쟁선언문', 78년 5월 한신대생들의 '5·16민주선언문', 78년 6월 서울대생들의 '민주구국선언문'과 '학원민주선언', 비슷한 시기 전남대생들의 '민주학생선언', 78년 고대생들의 '78민중선언' 등 수많은 선언문이 발표된 것도 이 시기 학생운동의 한 특징인데, 이것은 재야지식인들의 여러 민주선언문과 성명의 발표에 영향을 받은 것으로 그 내용은 주로 민주회복, 유신철폐, 긴급조치 해제, 학원자유, 구속자석방, 교련폐지 등이었다.

1977년 이후 종교지도자와 재야지식인의 민주화운동의 한 특징은 민주화운동의 연합적인 노력과 운동연합체의 결성이었다. 먼저 교회조직과 종교단체의 중요성은 강조되어야 한다. 이 시기 학생운동은 주로 교회의 청년단체들을 통하여 서울지역의 대학간 및 지방대학과의 연계가 형성되었고, 노동운동이나 농민과의 접촉도 아직 조직적인 차원은 아니었으나 이들 종교단체를 통하여 시작되었다. 말하자면 교회와 종교단체는 학생운동의 전국적·체계적인 연결, 그리고 농민·노동자와 같은 다른 운동영역과의 연계형성의 산실이 되었다.

  재야지식인의 분야별 민주화운동단체와 연합단체의 결성도 이 시기에 활발했다. 77년 12월에 김병걸, 김찬국, 성래운 등 해직교수들이 해직교수협의회를 창설하고 민주교육선언을 발표했으며, 같은 시기에 조남기 목사를 중심으로 한국인권운동협의회가 결성되었고, 뒤따라 이듬해 5월에는 민주청년인권협의회도 결성되었다. 재야 민주화운동단체들은 범단체적인 연합단체를 결성하게 되는데, 그 대표적인 것이 78년 7월 5일에 재야 12개 단체가 '민주국민선언'을 발표하고 결성한 '민주주의국민연합'이었다. 국민연합은 그 해 8월에는 '8·15선언'을 10월에는 함석헌, 문익환 박형규 등 12개 단체 402명의 재야인사가 '10·17민주국민선언'을 그리고 12월에는 '12·12선거에 대한 우리의 입장'을 발표하여 재야 민주화운동을 결집하는 중요한 선례가 되었다. 1979년 3월에는 함석헌, 김대중 등의 인사들이 '민주주의와 민족통일을 위한 국민연합'을 결성하기도 했고, 79년 4월에는 해직교수협의회와 한국기독자교수협의회가 구속교수 석방, 해직교수 복직 등을 요구하는 공동성명을 발표했다.

### 5) 유신체제의 붕괴(1979. 10. 26)

1978년 이후 민주화운동의 유신정권에 대한 대항의 수위는 점차 높아져 갔고 이에 대한 유신정권의 대응도 거세어져 갔다. 도전과 대응의 와선(渦線)적인 증폭은 1979년 7월에 들어서면서 절정을 향하여 치달았다. 몇 가지 시국사건이 겹쳐 일어나고 대학생들의 대규모의 치열한 시위가 진행되는 가운데 박정희 대통령이 피살됨으로써 유신체제는 갑작스런 붕괴를 맞게 되었다.

7월 초순부터 천주교 안동교구가 가톨릭농민회 회원인 오원춘의 양심선언과 행방불명에 대해 항의하여 지도신부가 긴급조치9호 위반으로 구속되는 소위 오원춘사건이 일어났고, 7월 중순부터는 유신의 붕괴에 결정적인 역할을 하는 YH무역사건이 폐업선언과 함께 내연하기 시작하여 8월에는 이 회사 여성노동자들의 신민당사 농성, 경찰에 의한 강제해산과정에서의 폭력 등이 사회적인 파장을 일으켰다. 경찰은 폭력적인 진압에 이어 이 사건의 배후로 문동환, 고은 등의 인사들을 구속했다. 8월에는 신구교의 종교단체들이 오원춘사건과 YH사건에 항의하는 데모와 농성이 이어졌다.

79년 5월에 선출된 김영삼 신민당 신임총재는 취임 이후 유신정부에 대한 공격의 수위를 고조시켜 왔고, YH사건 이후 정당 수뇌의 입장에서 박정희정권 타도를 공식적으로 선언하여 정치적 긴장을 극대화했다. 극도의 정치적 긴장이 지속되는 가운데 법원이 김영삼 신민당 총재와 총재단에 대한 직무정지 가처분신청을 받아들이고, 10월 4일 국회는 김영삼 총재를 제명 처리하여 정국은 파국으로 치달았다.

유신정권에 대한 최후의 타격은 역시 대학생들의 시위였다. 1979년

가을학기 벽두부터 전국 대학생들의 반유신 시위가 계속되었고 정국의 파국으로 학생시위의 파고는 절정에 이르렀다. 10월 13일 신민당과 통일당 소속 국회의원 전원이 국회의원직을 사퇴하는 사건이 발생하고, 이어 16일에 부산대에서 5,000여명이 김영삼 총재 제명항의, 유신철폐, 독재정권퇴진 등을 요구하는 대규모 학생시위가 일어나 17일에는 인근의 동아대 학생들과 시민들이 시위에 합세했다. 18일에는 마산대와 경남대의 학생시위로 급격히 확산되어 부마사태로 발전했다. 유신정부는 10월 18일 0시를 기해 부산에 비상계엄령을 선포했다가 10월 20일 다시 마산과 창원으로 계엄령을 확대했다.

유신체제는 10월 26일 박대통령의 한 측근이었던 김재규 중앙정보부장의 대통령에 대한 총격으로 사실상 붕괴되었다. 일련의 파국적인 정치현안과 부마사태의 악화에 대한 문책과 그 해결을 위한 전략적인 대안에 대한 입장의 차이로 인한 권력 수뇌부의 알력이 대통령 총격사건의 알려진 원인이다. 김재규 부장이 법정 최후진술에서 자유민주주의의 회복을 위하여 박대통령을 살해했다고는 했으나 박대통령의 죽음은 당시 대통령 경호실장이던 차지철과의 권력갈등이 YH사건, 야당총재의 제명사태, 그리고 이와 연결된 학생과 시민의 대규모 시위인 부마사태로 증폭된 결과였다.

유신체제의 붕괴가 반체제운동에 의한 혁명적 정부전복이나 타협적인 민주화에 의한 것은 아니었다. 그러나 민주화세력의 유신체제에 대한 도전과 유신정권의 억압적 대응의 상호작용이 와선(渦線, spiral)형으로 증폭되던 1970년대 후반기의 상황에 비추어, 유신체제 말기의 정치적 긴장이 어떤 형태로든 민주주의의 등장과 권위주의의 고수 사이의 한 중요한 분수령이 되었을 것이라는 분석은 가능하다. 민주화운동의 구조적 성장과 운동 중심세력의 운동역량의 증가추세로 볼 때 대통령의 죽음이 아니라 하더라도 도전과 대응 사이에서 시간의 문제이

긴 하지만 민주주의로의 전환도 가능했던 것으로 보인다. 유신의 붕괴가 민주화로 연결되지 않고 권위주의 강경세력의 재집권과 신군부 권위주의로의 회귀로 귀착되어 민주전환의 시기가 오히려 연장된 것은 아이러니이다.

## 5. 결론 —— 70년대 후반기 민주화운동의 특징과 한계

1970년대 후반기 민주화운동의 특징을 요약하면 다음과 같다. 첫째, 산업구조고도화에 상응하는 사회계급구조의 변화가 급격히 진행되었고, 그 변화의 내용은 중간계급과 노동계급의 양적 팽창과 계급 내부의 분화였다. 국민경제의 성장에도 불구하고 각 계급의 하부구조로부터 경제적 불만이 확산되고 노동자와 농민의 경우 조직적인 저항운동이 시작되기도 했다. 그러나 이러한 산업화와 계급구조의 변화에 따른 민주화운동의 사회적 기반의 성장은 그 자체가 바로 반체제운동으로 연결된 것은 아니었다. 계급에 기초한 집단들이 체제변환의 대안을 강요할 조직과 응집력을 축적하지 못한 단계였다고 볼 수 있다. 중요한 것은 각 계급의 내부에 조직적으로 활성화된 저항운동의 중심부가 형성되기 시작했고, 이들의 활동을 중심으로 유신체제에 대한 반대운동은 확산되기 시작했다는 것이다. 따라서 이 시기 한국의 사회계급은 비록 잠재적이긴 했으나 사회변혁의 행동단위이며 유효한 분석의 단위가 되었다고 볼 수 있다. 둘째, 70년대 후반기 민주화운동의 중심부는 학생, 지식인, 종교인과 정치인으로 구성되었다. 이 집단들의 운동은 처음부터 반유신과 민주화의 정치적인 것이었고 이념적으로 활성화되고 조직의 단결력도 높은 수준이었다. 1970년에서 1979년 사이에 양심수로 복역한 경우를 직업별로 살펴보면 학생과 청년 1,197명, 농업과 노동 242명, 성직자와 종교단체 종사자 132명, 언론인·문인 84명, 교직 52명, 정치인 70명으로 이 시기 반체제운동의 중심 구성원을 반영해 준다.26) 이 중 노동과 농민은 78년과 79년에 집중되어 유신체제 말기에 활성화된 두 계급의 운동성을 반영해 주지만, 앞서 살펴본 바와 같이 이 운동 역시 학생과 종교단체의 지원과 영향으로 일어난 것이었다. 셋째, 이 시기 노동운동과 농민운동은 비록 자립적이지는 않았고 대부분은 아직 경제적인 쟁점에 머물렀으나, 점차 활성화되고 있었고 소수의 사례에서 보았듯이 반정부의 정치운동으로 발전했다. 넷째, 반체제운동 집단간의 연계가 활발히 진행되기 시작했다. 민주화운동의 중심부를 구성했던 대학생, 지식인, 종교인과 정치인의 연계뿐 아니라 이 운동의 중심부는 노동운동과 농민운동에 조직적으로 개입하여 이 운동들을 반정부운동으로 활성화시키기 시작했다. 다섯째, 70년대 말의 정치적 불안정을 고조시킨 반정부운동에 도시 중간계급의 동조와 참여는 주목할 만하다. 계급의 특성상 특별한 조직적 운동이 없다고 하여 중간계급이 보수적이거나 체제순응적이었다고 할 수는 없다. 앞서 언급한 바와 같이 도시지역에서의 권위주의정치에 대한 저항은 훨씬 높은 수준이었고, 특히 70년대 말에는 도시에서의 반정부시위에 시민들의 참여가 증가했음을 기억할 때 유신 말기의 반정부시위는 점차 시민운동으로 발전하고 있었다. 이 시기 이후 한국의 민주화운동에서 도시중간계급의 역할은 거의 중심적이었다고 할 수 있다.

70년대 후반기에 시작된 민주화운동의 사회적 기반의 확대는 80년대에 중화학공업화의 심화와 자동차, 전자 등의 첨단산업을 거치면서 더욱 성장하고, 특히 노동계급은 운동 중심부의 변화, 사업체간 조직

---

26) 한국기독교교회협의회 인권위원회, 『1970년대 민주화운동』(서울: 한국기독교교회협의회, 1987).

의 연계, 계급 외부세력과의 연계, 정치적 활성화를 통하여 민주화의 한 중심세력으로 발전하는데, 이와 같은 노동운동 발전의 기초는 1970년대 후반기에 이루어진 것이라는 점에서 역사적 의의를 지닌다.

중화학공업화의 성공과 급속한 산업고도화의 결과는 분명 민주화운동에 유리한 사회적 여건을 성장시켰고, 이는 80년대에 계속된 경제발전과 기술산업으로의 도약과정에서 더욱 성숙한다. 그러나 민주화가 진행되고 있는 현재의 시점에서 회고적으로 볼 때, 한국 민주화운동의 기본적인 한계도 바로 1970년대에 민주화운동의 사회적 기반이 급속히 확대되는 것과 똑같은 과정의 연장선상에서 비롯된 것이 아닌가 생각된다. 압축산업화→급속한 계급분화→운동력 증가가 민주개방까지의 과정이었다면, 압축산업화→급속한 계급분화→계급 내부의 차별성과 이질성의 증가→고도성장과 경제적 풍요→중간계급의 보수화→노동운동 중심부의 보수화→진보적 민주주의 대안의 쇠퇴→제한적 민주화가 민주주의 정착기의 과정이라는 것이다. 즉 민주화운동의 사회적 기반의 성장은 고도산업화가 시작된 1970년대 후반기에 시작되었으나 이후 민주화운동의 태생적 한계도 이 시기로부터 비롯되었다는 것이다.

# 참고문헌

<1차자료>
1) 한글문헌
경제기획원, 『경제백서』, 1980.
노동부, 『직업별 임금실태 연구보고』, 각호.
중앙선거관리위원회, 『大韓民國選擧史』, 제2집, 제3집.
한국기독교교회협의회 인권위원회, 『1970년대 민주화운동(I), (Ⅱ), (Ⅲ), (Ⅳ)』,
　　　　서울: 동광출판사, 1987.
한국무역협회, 『무역연감』, 각호.
한국연감사, 『한국연감』, 1974.
합동통신사, 『합동연감』, 1976.

2) 영어문헌
ILO, *Labor Statistics Yearbook*, 1981.

<2차자료>
1) 한글문헌
(1) 단행본
강만길 외, 『한국사 26: 연표2』, 서울: 한길사, 1994.
_____, 『새롭게 타오르는 3·1민주구국선언』, 서울: 사계절, 1998.
김금수, 『한국노동문제의 상황과 인식』, 서울: 풀빛, 1986.
김금수·박현채 외, 『한국노동운동론 1』, 서울: 미래사, 1985.
김녕, 『한국정치와 교회── 국가갈등』, 서울: 소나무, 1996.

김민배, "유신헌법과 긴급조치," 『역사비평』(1995년 가을).
김삼웅, 『한권으로 보는 해방후 정치사 100장면』, 서울: 가람기획, 1994.
_____ 편, 『사료로 보는 20세기 한국사』, 서울: 가람기획, 1997.
김언호, "자유언론운동," 한성헌 편, 『유신체제와 민주화운동』, 서울: 삼민사, 1984.
김인걸 외, 『한국현대사 강의』, 서울: 돌베개, 1998.
김인동, "70년대 민주노조운동의 전개와 평가," 김금수·박현채 외, 『한국노동운동론 1』, 서울: 미래사, 1985.
김진균 외, 『한국사회의 계급연구 1』, 서울: 한울, 1985.
김태홍, "80년 전후의 자유언론운동," 송건호 외, 『민중과 자유언론』, 서울: 아침, 1984.
대한상공회의소, 『한국자본주의: 현황과 과제』, 서울: 대한상공회의소, 1990.
류근일, 『권위주의체제하의 민주화운동 연구』, 서울: 나남출판, 1997.
문규현, 『한국천주교회사 III』, 서울: 빛두레, 1994.
박현채, "70년대 노동자·농민운동," 박현채·한상진 외, 『해방40년의 재인식 II』, 서울: 돌베게, 1986.
_____ 외, 『한국사회의 재인식 1』, 서울: 한울, 1984.
사회발전연구회, 『농민층분해와 농민운동』, 서울: 미래사, 1988.
3·1민주구국선언 관련자, 『새롭게 타오르는 3·1민주구국선언』, 서울: 사계절, 1998.
서관모·심성보 외, 『현단계 한국 사무직노동운동』, 서울: 태암, 1989.
서중석, "3선개헌반대, 민청학련투쟁, 반유신투쟁," 『역사비평』(1988년 여름).
손호철, 『전환기의 한국정치』 서울: 창작과비평사, 1993.
송정남, "한국노동운동과 지식인의 역할," 김금수·박현채 외, 『한국노동운동론 1』, 서울: 미래사, 1985.
원풍모방해고노동자 복직투쟁위원회 편, 『민주노조 10년』, 서울: 풀빛, 1988.
윤일웅, "유신정권과 정의구현사제단," 한성헌 편, 『유신체제와 민주화운동』, 서울: 삼민사, 1984.

이근성, "유신정권과 재야세력의 등장," 한성헌 편, 『유신체제와 민주화운동』, 서

울: 삼민사, 1984.
이목희, "10월유신과 민주노동운동의 외로운 출발," 한국민주노동자연합, 『1970년대 이후 한국노동운동사』, 서울: 동녘, 1994.
이상우, 『비록 박정희시대(3): 반체제민권운동사』, 서울: 중원문화, 1985.
이우재, 『한국농민운동사연구』, 서울: 한울, 1991.
이재오, 『해방후 한국학생운동사』, 서울: 형성사, 1984.
이철, 『길은 사람이 만든다』, 서울: 열린세상, 1995.
이태복, "노동운동 투신동기와 민노련・민학련 사건," 『역사비평』(1994년 여름).
이태호, "1970년대 노동운동의 궤적," 한성헌 편, 『유신체제와 민주화운동』, 서울: 삼민사, 1984.
이해찬, "70년대 지식인・학생운동," 박현채・한상진 외, 『해방40년의 재인식 II』, 서울: 돌베개, 1986.
_____, "유신체제와 학생운동," 한성헌 편, 『유신체제와 민주화운동』, 서울: 삼민사, 1984.
장명국, "해방후 한국노동운동의 발자취," 김금수・박현채 외, 『한국노동운동론 1』, 서울: 미래사, 1985.
전 YH노동조합・한국노동자복지협의회 편, 『YH노동조합사』, 서울: 형성사, 1984.
전철환 외, 『한국사 19: 자주・민주・통일을 향하여』, 서울: 한길사, 1994.
전태일기념사업회 편, 『한국노동운동 20년의 결산과 전망』, 서울: 세계, 1991.
조갑제, 『유고! 2』, 서울: 한길사, 1987.
조선일보 편, 『한국현대사 119대사건』, 서울: 조선일보사 월간조선, 1993.
조희연 편, 『한국사회운동사』, 서울: 죽산신서, 1990.
한국기독교교회협의회, 『노동현장과 증언』, 서울: 풀빛, 1984.
한국기독교산업개발원 편, 『한국사회발전과 민주화운동』, 서울: 정암사, 1986.
한국노동연구원, 『한국의 노동조합(I)』, 서울: 한국노동연구원, 1989.
한국농어촌사회연구소 편, 『한국농업문제의 이해』, 서울: 한길사, 1989.
한국정치연구회 편, 『박정희를 넘어서』, 서울: 푸른숲, 1988,

## 유신시대 반체제운동 일지

## 1973년

<학생>

- 10. 2. 서울대 문리대생 250여명 시위. 교내 4·19기념탑 앞에서 비상학생총회 개최, '자유민주체제 확립' 등을 요구하는 선언문 낭독, 교내시위, 가두진출 시도, 교내 진입한 경찰이 강제해산 및 180명 연행. 유신체제 성립 후 약화됐던 대학생들의 정권반대운동을 재개시키는 계기가 됨. 이후 시위는 전국적으로 확대.
- 10. 4. 서울대 법대생 200여명 유신체제 성토집회 및 교내시위.
- 10. 5. 서울대 상대생 300여명 동맹휴학 및 연좌시위.
- 11. 5. 경북대생 200여명 성토집회 및 가두시위.
- 11. 7. 서울대 상대, 공대, 사대생 동맹휴학 결의.
- 11. 8. 서울대 교양학부, 가정대생 동맹휴학 결의 및 반유신 결의문 채택.
- 11. 9. 서울대 농대, 약대, 치대, 한신대생 동맹휴학 돌입 및 성토집회.
- 11. 12. 이화여대생 4천여명 결의문 채택, 민주주의의 죽음을 알리는 검은 리본 부착 결의.
- 11. 13. 고려대 학생회 간부들 시한부 단식농성 돌입. 감신대, 중앙대, 서울대 문리대생들 동맹휴학 돌입.
- 11. 14. 전남대생들 수업 거부.
- 11. 15. 고려대생 2천여명 가두시위, 경찰과 투석전 및 최루탄전.
- 11. 16. 서울대 상대, 연세대생들 교내시위.
- 11. 17. 연세대 의대생 동맹휴업 결의. 숙명여대생들 수업거부 돌입.
- 11. 26. 연세대, 성균관대, 숭전대생 3,000여명 시위. 서울대 치대생들 단식

농성. 서강대생들 시험거부.
11. 27.    성균관대, 서강대생들 시위.
11. 29.    고려대생들 교문 앞에서 경찰과 투석전.
           한양대, 경희대, 숙명여대생들 가두시위.

&lt;재야 및 지식인&gt;
10. 7.     &lt;동아일보&gt; 기자들, 서울대 10월 2일 시위를 보도하지 못한 것에 대해 항의, 철야농성.
10. 23.    &lt;경향신문&gt; 기자들 국민에게 알려야 할 모든 것들이 기사화되어야 한다는 원칙을 결의.
11. 5.     각계 인사들 11명이 서울 YMCA회관에서 '지식인 15인 시국선언.' &lt;동아일보&gt; 기자들 같은 날 경북대 시위와 위 '시국선언' 기사가 보도되지 않자 철야농성.
11. 12.    기독교방송국 기자들 결의 표명.
11. 15.    한신대 김정준 학장 외 10명의 교수들이 삭발함으로써 학생들의 의사 지지.
11. 20.    &lt;동아일보&gt; 기자들 언론자유의 수호를 결의.
11. 22.    &lt;한국일보&gt; 기자들 '언론자유 확립 결의문' 채택.
11. 27.    &lt;조선일보&gt; 기자들 결의문 채택.
11. 28.    문화방송국 기자들 결의문 채택.
11. 29.    기자협회 결의문 채택, 객관적 사실의 충실한 보도와 언론에 대한 부당한 제재 배격 등을 주장.
12. 27.    각계 인사들 시국간담회. 박정희 대통령에게 시국관련 건의문 발송 결의(31일 발송).

&lt;종교&gt;
11. 22.    학생지도 신·구교 성직자들 가톨릭신대 성당에서 구속학생들을 위한 기도회. 학생들 '전국교회·성당에 보내는 호소문' 배포.

| | |
|---|---|
| 11. 23~24. | 한국기독교교회협의회 '신앙과 인권협의회' 개최. 교계 지도자 30여명 참가, '인권선언' 발표. |
| 11. 27. | 기독교장로회의 교회와 사회위원회, '민주질서회복 기도회' 갖고 성명서 발표. |
| 11. 28. | 한국기독교교회협의회 소속 6개 교단 '구국기도회' 개최. KSCF 회원들은 기도회 후 가두시위. |
| 12. 19. | 청주기독교교회협의회 유신헌법 철폐와 신앙의 자유 보장 등을 요구하는 시국선언문 발표. |

<노동>

| | |
|---|---|
| 1. | 대한모방 노동자들 강제노동 폐지투쟁. 경성방직 노동자들 노동조건 개선투쟁. |
| 1. 21. | 경인에너지 노조결성 투쟁. 7월 1일 남한제지 신탄진공장 노조결성 투쟁. |
| 9. | 삼립식품 노동자들 임금인상 요구파업. |

# 1974년

<학생>

| | |
|---|---|
| 3. | 긴급조치 1호에도 불구하고 개강과 함께 각 대학 및 고교에서 성토집회, 수강거부, 유인물 배포, 농성 등이 전개됨. |
| 4. 3. | '전국민주청년학생총연맹' 사건 발생. 반유신운동을 전국적으로 체계화·조직화하려는 움직임 속에서 학생과 시민이 참여하는 전국 동시다발 시위를 계획했으나 사전 정보누설로 실패, 핵심지도부 피검. 정권의 용공사건화, 자유주의 인사들에 대한 무차별 탄압으로 반대세력들의 연대를 오히려 강화. 민청학련사건을 계기로 재야, 언론계, 야당 등 명망가들 71명이 '민주회복국민회의' 결성. |

|          | 또한 대중 수준의 부문운동들이 진전되는 계기를 이룸. |
|---------|--------|
| 9. 23.  | 이화여대생들 4,000여명 불법적 체포, 구금, 고문의 중지 요구 등을 포함한 결의문 채택. |
| 9. 24.  | 감신대생들 10여명 구속학생 석방 기도회. |
| 9. 25.  | 연세대, 한신대생들 구속학생 석방 기도회. |
| 9. 27.  | 한신대생들 구속학생 석방 기도문 발표, 교수들과 함께 횃불 가두시위. 홍익대생들 구속학생 석방 서명운동 전개. |
| 10. 1.  | 서울대생들 구속학생 석방 서명운동. |
| 10. 2.  | 서울대 치대생들 구속학생 석방 서명운동. |
| 10. 8.  | 서울대 법대생들 구속학생 석방 서명운동. |
| 10. 10. | 고려대생들 2,000여명 구속학생 석방 요구하며 교내시위. 서울대 상대생들 고려대 앞까지 진출하며 가두시위. |
| 10. 14. | 중앙대, 동국대, 건국대, 부산대, 전남대, 충남대생들 '구국선언문' 채택, 성토집회 및 농성, 시위. 이어서 경북대, 동아대, 숭전대, 성심여대, 서울신학대생들 시위. |
| 10. 21. | 광주일고생들 200여명 가두시위. |
| 11. 1.  | 한양대생들 시위. |
| 11. 11. | 경동교회 학생들 횃불시위. |
| 11. 15. | 광주일고생들 200여명 가두시위. |
| 11. 18. | 조선대부고, 경기고생들 시위. |
| 11. 23. | 동성고생들 1,300여명, 경기고생들 40여명 시위. |

<재야 및 지식인>

| 1. 7.   | 문인들 61명 명의로 개헌지지 성명. |
|---------|--------|
| 3. 6.   | <동아일보> 기자들 출판노조 동아일보 지부결성. |
| 9. 23.  | '민주수호국민협의회' 유신체제 규탄 성명서 발표. |
| 9. 28.  | 한신대 교수들 김종필 총리에게 보내는 서한 채택. |
| 10. 24. | <동아일보> 기자들 '자유언론실천선언.' |

11. 17.    '자유실천문인협의회' 결성.
11. 18.    자유실천문인협의회 '문학인 101인 선언' 발표.
11. 22~26. 연세대 교수 30명 '구속교수 구속학생 석방실현 기도회.'
11. 27.    각계 명망가 71명 '민주회복국민선언' 채택.
12. 10.    <한국일보> 기자들 노조결성.
12. 18.    연세대, 숭전대, 경희대, 공주사대, 이화여대 교수들 34명이 '교수 자율권 선언.'
12. 25.    '민주회복국민회의' 결성.

<종교>
1. 17.     도시산업선교 실무자들 한국기독교교회협의회 총무실에서 구국기도회. 유신헌법 철폐, 긴급조치 1·2호 반대하는 성명서 발표.
6. 18.     기독교장로회 총회 선교활동 자유수호에 대한 성명서 발표.
6. 25.     한국기독교교회협의회 국가를 위한 금식기도회 전국적 실시.
7. 23.     지학순 주교 '양심선언' 후 연행됨.
8. 26.     천주교정의구현전국사제단 인천 답동성당에서 기도회 열고 '기도하는 전국사제단의 주장' 발표.
9. 8~12.   영락교회 교인 3,000여명 '국가수호특별기도회' 개최.
9. 11.     가톨릭 교직자, 신자 등 1,500여명 명동성당에서 인권회복기도회. 천주교정의구현사제단과 전국평신도협의회, 결의문 발표.
9. 22.     에큐메니칼 현대선교협의체 '조국과 정의와 민주회복을 위한 기도회.' 가톨릭청년회, 기독학생총연맹 등 12개 단체가 참여, 선언문과 결의문 발표.
9. 23.     '천주교정의구현전국사제단' 정식 발족. 기도회 후 가두시위.
9. 24.     천주교 원주교구 신도 500여명 기도회 후 연좌시위.
9. 26.     천주교정의구현전국사제단 명동성당에서 기도회, 선언문 발표. 350여명 집회 후 가두시위.
10. 9.     가톨릭 성직자 및 신도 5,000여명 가톨릭성년대회 후 민주회복 요

|            |                                                                                                          |
|------------|----------------------------------------------------------------------------------------------------------|
|            | 구하며 가두시위.                                                                                         |
| 10. 20.    | 천주교 인천교구 2,500여명 기도회 후 가두시위.                                                           |
| 10. 27.    | 연동교회 청년학생들 교회창립 기념예배 후 가두시위.                                                    |
| 11. 5.     | 개신교계 지도자들 '민주수호기독자회' 결성, 성명서 발표.                                                 |
| 11. 11.    | 천주교정의구현사제단 전국 12개 교구에서 '인권회복을 위한 기도회.' 7,000여명이 가두시위.            |
| 11. 18~20. | 기독교장로회 선교활동자유수호위원회 경동교회에서 600여명 참여 속에 기도회 개최. '오늘의 선교선언' 발표, 가두시위. |
| 11. 20.    | 천주교정의구현전국사제단 12개 교구에서 구국기도회. '사회정의실천선언 발표 후 일부 가두시위.       |
| 12. 10.    | 천주교정의구현사제단 명동성당에서 인권회복 기도회. 2,000여명 참가. 중앙정보부 해체 주장.           |

&lt;노동&gt;

| | |
|---|---|
| 1.~75. 1. | 원풍모방 회사재건 투쟁. |
| 2.~4. | 반도상사 노조결성 투쟁. |
| 7. 28. | 국제약품 노조결성 투쟁. |
| 8. | 신한일전기 노조결성 투쟁. |
| 8. 14. | 종근당제약 노조결성 투쟁. |
| 9. 19. | 현대조선소 노동자들 '인간 이하의 대우 시정'을 요구하는 시위. 회사측의 무대응으로 기물파괴, 방화사건으로 확대. |
| 11. 4. | 태양공업 노조결성 투쟁. |

# 1975년

&lt;학생&gt;

3. 24.   서울대생들 1,000여명 '학원민주화를 위한 성토대회.' 연세대 외 3

|          | 개 대학생들 1,200여명 교내시위. |
|---|---|
| 3. 27. | 연세대생들 4,000여명 교문 앞 시위. |
| 3. 28. | 연세대, 서울대 외 2개교 학생들 교내시위. |
| 3. 31. | 고려대생들 1,500여명 '반독재구국선언문' 낭독 및 농성. |
| 4. 2. | 이화여대생들 4,000여명 집회 후 가두시위. |
| 4. 3. | 서울대생들 2,000여명 집회 후 가두시위. 연세대생들 6,000여명 시위 및 농성. |
| 4. 4. | 서울대 농대생들 300여명 시위. |
| 4. 7. | 서울대, 서강대, 고려대, 한국외국어대, 국민대생들 교내시위. |
| 4. 8. | 고려대생들 2,000여명 시위. |
| 4. 11. | 서울대 농대생들 300여명 성토집회. 축산과 김상진 할복자살. 교내외에서 학생들과 경찰 격렬한 충돌. |
| 5. 22. | 서울대생들 김상진 장례식 및 추도식 후 대규모 시위 기도. 정보누설로 계획대로는 실패. 교내에서 3,000여명이 모인 가운데 경찰과 충돌. 500여명 가두진출 시도. |
| 6. 3.~ | '천주교정의구현전국학생총연맹' 사건. 4월부터 준비하여 '민청학련' 이후 범대학연합체 재결성을 통한 대규모 시위를 기도. 김상진 추도식 사건 관련자 수사중 단서 잡혀 연행되기 시작. |
| 6. 15. | 유인물 관련 중앙대생 5명 구속됨. |
| 9. 23. | 수도여사대 1명이 유인물 배포 시도하다 구속됨. |
| 10. 10. | 이화여대생 3명이 소책자와 관련 구속됨. |
| 10. 23. | 서강대생 2명이 유인물과 관련 구속됨. |
| 11. 17. | 국민대생들 3명이 시위 시도. |
| 11. 18. | 서울대, 경희대생들 연합시위 계획. 정보누설로 실패. |

**<재야 및 지식인>**

| 3. 1. | 재야인사들 '민주회복국민회의' 통해 '국민에게 보내는 메시지', '민주국민헌장'을 발표. 비폭력/평화, 비타협/불복종, 모든 민주역 |
|---|---|

|          |                                                                                 |
|----------|---------------------------------------------------------------------------------|
|          | 량의 연대 등을 통한 독재권력과의 투쟁을 선언.                                    |
| 3. 15.   | 자유실천문인협의회, '최근사태에 대한 문학인 165인 선언' 발표.                  |
| 3. 18.   | '동아자유언론수호투쟁위원회' 결성. 단식농성.                                    |
| 3. 21.   | '조선자유언론수호투쟁위원회' 결성.                                              |
| 3. 29.   | <동아일보> 신춘문예 출신 문인들 200여명 성명 발표 후 해임사원들의 복직 때까지 <동아일보>에 대한 집필거부 선언. |

<종교>

| | |
|---|---|
| 1. 9. | 천주교정의구현전국사제단 '인권과 민주회복 위한 기도회.' 민주수호기독자회는 '개헌청원 100만인서명운동' 일환으로 가두서명 받음. |
| 1. 13. | 한국기독교교회협의회 인권위원회 기독교회관에서 '75년 인권연합예배' 개최. |
| 2. 6. | 천주교정의구현전국사제단 인권회복을 위한 기도회. '현실고발', '제3시국선언' 발표. 3,500여명 참가. |
| 2. 7. | 천주교 전주교구 성직자와 수도자 78명 및 개신교 목사 56명 시국선언문 발표. |
| 2. 9. | 한국기독교교회협의회 선교위원회 새문안교회에서 '신앙과 자유수호를 위한 연합예배.' 4,000여명 참석. |
| 3. 20. | 자유언론을 위한 신·구교 합동기도회. '최근 언론사태에 대한 우리의 견해' 발표. |
| 11. 10~12. | 한국기독교교회협의회 제2회 인권문제협의회 개최. 시국관련 성명서 발표. |

<노동>

| | |
|---|---|
| 4.~5. | YH무역 노조결성 투쟁. |

# 1976년

<학생>

3.　　　　신구전문대생 1명 유인물 관련으로 구속됨.
3. 27.　　한신대생 3명 유인물 배포 후 시위 시도.
4. 19.　　전남대생들 4·19기념식을 기회로 시위 시도.
6.　　　　계명대생 4명 유인물 관련으로 구속됨. 세종대생 3명 유인물 배포 후 시위 시도.
12. 8.　　서울대 법대생들 교내시위.

<재야 및 지식인>

3. 1.　　'3·1명동사건.' 구정치인, 종교인, 해직교수 등이 명동성당에서 '민주구국선언' 발표. 민주주의의 기반 위에 나라가 서야 하고 경제입국의 구상과 자세의 근본적 재검토가 필요하며 민족통일이 지상과제임을 천명. 긴급조치9호 이후 침체된 반유신운동에 힘을 불어 넣는 계기.

<종교>

1. 23.　　신·구교 합동으로 원주 원동성당에서 일치를 위한 기도회. 성직자 8명이 공동선언문 발표.
3. 15.　　천주교 주교단 명동성당에서 '구속자를 위한 특별기도회.' '3·1 민주구국선언'이 정당한 국민적 요구임을 천명.
7. 9.　　천주교정의구현전국사제단 구속 성직자를 위한 특별미사.
7. 21.　　기독교장로회 선교대회 개최. '3·1사건에 대한 결의문' 채택.
11. 15~17. 한국기독교교회협의회 인권위원회 '제3회 인권문제협의회' 개최. '인간존엄에 대한 선언' 채택.

<노동>
2. ~77. 4. 동일방직 노조수호 투쟁.
2. 7.    해태제과 노동자들 특근거부 및 8시간노동 쟁취투쟁.

# 1977년

<학생>
3. 28.    서울대생 300여명 '민주구국선언' 낭독 후 시위.
4. 5.    전남 기독교장로회 청년연합회 광주YMCA에서 '고난주간' 집회. 성명서 및 결의문 채택.
4. 6.    전일 사건으로 연행자들이 생기자 동 회원들이 광주서 앞에서 연좌농성, 가두시위.
4. 11.~19. 고려대생 5명 유인물 관련으로 구속됨.
4. 12.    서울대생 4명 유인물 관련으로 구속됨.
4. 17.    한신대생 3명 유인물 배포, 시위 기도.
4. 20.    전북대생들 결의문 채택, 유인물 배포, 시위 기도.
5. 11.    한신대생들 학교 강당에서 예배 후 '고난선언서' 배포.
10. 7.    서울대생들 사회학과 학술행사에 대한 학교측 방해를 계기로 농성, 시위. 400여명 참가.
10. 26.    연대생 4,000여명 시위. 일부 가두진출.
11. 11.    서울대생 3,000여명 시위.
11. 12.    서강대생 500여명 교내시위.
11. 14.    서강대생 200여명 12일 시위관련 연행자 석방, 유신철폐 등을 요구하며 시위.
11. 18.    서강대생들 앞의 시위들과 관련 문교부의 폐교 불사 계고장이 보내지자 재차 시위, 선언문을 배포.

<재야 및 지식인>
3. 23.     윤보선 외 9명 '민주구국헌장' 발표.
10. 24.    동아투위 '77년 자유언론선언' 발표.
11. 10.    윤보선 외 5명 '현하 시국에 관한 우리의 견해' 발표.
12. 2.     해직교수들 '민주교육선언' 발표.
12. 29.    '한국인권운동협의회' 발족.
12. 30.    동아투위와 조선투위 '민주·민족언론선언' 발표.

<종교>
1.         예수장로회 청년회 전국연합회 대전 제일교회에서 겨울대회 개최, '예장전국청년공동선언' 발표.
3. 10.     한국교회사회선교사업협의회, '신·구교연합 노동절기념 특별미사. 1,500여명 참석. '1977년 노동인권선언서' 발표.
4. 4.      전남지구 EYC 및 기장청년회 전남연합회 광주 양림교회에서 수난주일 연합예배 및 결의문 채택.
4. 15.     '4·19'기념 구속자를 위한 신·구교연합 예배.
4. 24.     기장청년회서울연합회 향린교회에서 부활절 연합예배, 가두시위.
10. 18.    가톨릭 안동교구사제단 '농민·근로자·양심수를 위한 기도회.'
11. 23.    초교파적 '광주기독교 시국대책협의회' 결성.
12. 5.~8.  한국기독교교회협의회 인권위원회 제4회 인권문제협의회 개최.
12. 18.    기장청년회 서울연합회 150여명 수도교회에서 기도회, 농성 및 시위.

<노동>
1.~12.     미풍 노조수호 투쟁.
3. 18.     동남전기 노조결성 투쟁.
4. 20.     국제방직 노조결성 투쟁.
5.         남영나일론 노동자들 임금인상 요구파업.

7.      협신피혁공업사 노동자 민종진의 가스 질식사에 대한 항의투쟁.
9.      청계피복노조 '노동교실' 사수투쟁.

# 1978년

<학생>

4. 19.   부산대생들 유인물 배포 후 시위 기도.
5. 8.    서울대생들 1,000여명 교내시위. 일부는 교문 앞에서 경찰과 투석전.
5. 9.    이화여대생들 300여명 연좌시위.
5. 16.   한신대생들 시국문제, 교내문제 등을 토론한 후 연좌농성.
6. 1.    서울대 농대생 200여명 선언문 배포, 시위.
6. 12.   서울대생 5,000여명 교내시위, 관악구청 앞까지 진출.
6. 26.   서울대생 1,000여명 광화문과 종로 1가, 신문로 일대에서 밤 10시까지 격렬한 시위.
7. 2.    전남대생 2,000여명 유인물 배포, 광주 시내에서 시위.
9. 13.   서울대생 2,000여명 교내시위. 600여명은 상도동까지 진출.
9. 14.   고려대생 4,000여명 시위. 상주기관원 초소를 전소.
10. 6.   숙명여대생 500여명 교내 연좌시위.
10. 17.  광화문 군중시위 기도 관련 40여명 검거됨.
11. 2.   경북대생 1,500여명 선언문 낭독, 교내시위.
11. 7.   경북대생 6,000여명 대구 시내에서 가두진출, 파출소 1개 파괴하는 등 격렬한 시위.
11. 13.  서울대생 500여명 시위.

<재야 및 지식인>

1. 12.   재야인사 7명 시국간담회, '민주국민에게 고함' 발표.

| | |
|---|---|
| 2. 24. | 재야인사 66명 '3·1민주선언' 발표. |
| 2. 27. | 한국인권운동협의회, 인권강좌 개최. '한국국민의 인권선언' 발표. |
| 3. 17. | 동아투위, 동일방직의 '똥물사태' 관련 노동자들의 투쟁에 동조하는 단식농성 돌입. |
| 4. 13. | '해직교수협의회' 발족. '동료 교수들에게 보내는 글' 발표. |
| 4. 17. | 인권운동협의회 4·19에 즈음한 민주회복 주장 성명서 발표. |
| 5. 12. | '민주청년인권협의회' 결성. 민주화운동으로 제적 또는 투옥된 청년들 중심으로 민주회복투쟁 선언. |
| 5. 16. | '민주회복구속동지회' 결성. 민주화운동으로 투옥되었다가 석방된 재야인사들 중심으로 박정희 하야를 주장하는 성명서 발표. |
| 5. 18. | 재야와 종교계 인사, 해직교수와 언론인 등 66명 '오늘 우리의 주장'을 통해 통일주체국민회의 대의원선거의 무효 선언. |
| 5. 25. | 해직교수협의회와 자유실천문인협의회 '시인·지식인을 석방하라' 발표하고 사상·표현·언론의 자유 보장 요구. |
| 6. 9. | 인권운동협의회 조직을 확대 개편하고 '오천만의 인권'을 발표. |
| 6. 27. | 전남대 교수들 11명 '우리의 교육 지표'선언. |
| 6. 29. | 자유실천문인협의회와 인권운동협의회, '교육지표' 지지성명. |
| 7. 4. | 반유신세력들 '민주주의국민연합' 결성. |
| 7. 8. | 인권운동협의회 제9대 대선이 북한의 선거와 동일하다는 전단을 배포. |
| 8. 11. | 인권운동협의회 '건국 30주년 인권성명' 발표, 국민의 저항권 주장. |
| 10. 20. | 해직교수협의회 비민주적 교육실태를 비판하는 '우리들의 입장' 발표. |
| 11. 3. | 인권운동협의회를 비롯한 7개 인권운동단체 '표현과 언론의 자유에 대한 공동성명' 발표. |
| 12. 28. | 민주주의국민연합과 인권운동협의회 '제9대 대통령 취임에 대한 우리의 견해'를 발표. 통일주체국민회의 대의원들에 의한 대통령 |

선거의 부당성과 '12·27사면'의 기만성을 규탄.

<종교>

3. 12.    신·구교연합 노동절예배가 인천 답동성당에서 개최. 50여명 노동자들 동일방직 사건에 항의, 단식농성.
5. 15.    한국기독교교회협의회 통일주체국민회의 대의원선거를 거부한다는 결의문 발표.
5. 16.    교회산업선교협의회 '노동자와 농민을 위한 신·구교연합 특별미사' 개최. 성명서 발표. 한국도시산업선교회 산업선교 탄압중지를 주장하는 성명서 발표.
6. 25.    한국기독교교회협의회 인권위원회 '인권소식' 발간 시작.
7. 6.     전주의 신부 30여명이 기관원들의 미행·감시에 항의하여 가톨릭 센타 옥상에서 시위. 경찰이 사제관에 난입·폭행·연행함으로써 18일까지 항의기도회와 농성, 성명.
8. 16.    기장청년회 전주대회사건. 행사 마지막날 청년들의 시가행진을 경찰이 진압, 98명 연행. 이를 발단으로 22일까지 350여명이 항의 농성. 여기에 기장교단 및 인권운동세력이 합세, 선교수호 대정부투쟁으로 확산.
12. 7.    한국기독교교회협의회 인권위원회 1주일간 인권주간 연합예배를 11개 지역에서 실시. '1978 한국인권선언' 발표.

<노동>

1. ~12.   국제방직 노조수호 투쟁.
1.        아리아악기 노동자들 노동조건 개선투쟁.
2. ~4.    동일방직 노조수호 투쟁.
3. 20.    동일방직사건 왜곡보도와 관련 기독교방송국 진입, 항의투쟁.
3. 26.    여성노동자 6명 부활절예배 기습시위.
4.        진도 노동자들 임금인상요구 파업.

4. ~80. 5.동일방직 해고노동자들 복직투쟁.

# 1979년

<학생>
2.          고려대생 3명 유인물 관련으로 구속됨.
6. 25.      고려대생 3명 미대통령 카터의 방한을 반대하는 유인물 배포 후 농성.
9. 3.       강원대생 800여명 시위.
9. 4.       경북대, 계명대, 영남대생들 '경북학생협의회' 구성, 공동성명서 작성, 시위 감행. 계명대에서 1,500여명 교내 성토대회, 투석전을 벌이며 가두 시위.
9. 11.      서울대생 1,500여명 시위.
9. 20.      서울대생 1,000여명 교내 시위, 경찰과 투석전.
10. 16.     이화여대생 1,000여명 교내시위.
10. 15.~20. '부마사태.' 김영삼의 의원직 박탈조치에 직접적인 자극을 받아 시작. 비록 지역적 수준에서였으나 시민들의 광범위한 참여 속에서 '국민적' 반유신투쟁의 형태를 띠고 격렬히 전개. 이에 대한 대응문제를 둘러싸고 정권 내부의 분열을 증폭시킴으로써 정권 붕괴에 결정적 역할.

15일, 부산대생들 1,500여명 시위, 경찰과 투석전. 500여명이 가두 진출, 시위. 시민들과 합세하여 부산 중심가를 돌며 16일 새벽 2시까지 시위.

17일, 동아대생들 시위. 오후 6시 30분경부터 학생들과 시민들이 부산 중심가에서 시위. 경찰과 격렬한 투석전 및 최루탄전. 밤이 깊어가도 시위가 계속되어 밤 11시를 기해서 군인들이 부산 시내에 진주했고 0시를 기해 계엄령.

18일, 부산여대, 동의공전 학생들 휴교방침에 항의시위. 일부 연행됨. 수산대생들 시위. 시민들 거리낌없이 시위대열에 참여. 시민들이 합세한 군중시위가 마산지역으로 확산되어, 20일을 기해 마산과 창원지역에 위수령.

<재야 및 지식인>

3. 1.    '민주주의국민연합'이 발전적 해체, '민주주의와 민족통일을 위한 국민연합'으로 확대·개편. 반유신세력들의 총결집체 형성. '민청학련사건' 이래 활성화된 12개 부문단체들이 가입, 대중적 기반 확대.

4. 27.   동아투위 카터의 방한을 반대한다는 '현시국에 대한 우리의 견해' 발표.

5. 1.    '민주주의와 민족통일을 위한 국민연합' 성명서를 발표하고 3인의 의장들에 대한 불법 가택연금 등 인권유린 사태를 검찰에 고발, 카터의 방한 재고를 촉구.

5. 11.   민청협 카터의 방한에 반대한다는 성명서 발표.

6. 27.   재야인사, 해직교수, 목사 등 12명이 화신백화점 앞에서 카터방한 반대시위.

7. 4.    자유실천문인협의회 문인들 세계시인대회 만찬회에서 시위.

8. 24.   해직교수협의회와 자유실천문인협의회 시국관련 공동기자회견.

9. 4.    자유실천문인협의회 '잇따른 연행사태에 대한 공동견해'를 발표.

<종교>

3. 1.    예수장로회 청년회 '기미 60주년 공동선언문' 발표하고 노회별로 예배. 당국은 연금, 강제연행, 검문검색 등을 통해 예배 방해. 5일부터 청년회가 농성. 경찰이 농성장 난입.

7. 7.    대한성공회 정의실천사제단 발족.

8. 6.    안동 가톨릭 신부, 신도 900여명 '오원춘사건' 기도회. 밤 11시 가

두시위 및 농성.

8. 14.   한국기독교교회협의회 인권위 'YH사태에 대한 성명서' 발표. 노동자의 생존권대책을 촉구, 책임자처벌, 김경숙의 사인규명 등을 주장.
8. 15.~  기독교 각 교단 YH사건에 대한 성명.
8. 20.   천주교정의평화위원회 '정의평화를 위한 기도회' 개최. 1만여명 참가. 행사 후 일부는 가두시위.

<노동>

8. 9.~11.  YH무역 노조원 200여명 신민당사 농성투쟁. 회사측의 일방적 폐업조치를 저지하려는 노력의 일환으로 신민당사에서 농성. 11일 정부는 새벽 2시 경찰 2,000여명을 투입, 강제해산. 이 과정에서 노동자 김경숙 사망. 신민당으로 대표되는 제도권 정치세력들이 반유신투쟁을 강화하는 역할을 함으로써 박정희정권 붕괴에 중요한 계기로 작용.

참고자료
· 이재오, 『해방후 한국 학생운동사』, 형성사, 1984.
· 한국기독교사회문제연구원, 『1970년대 민주화운동과 기독교』, 1983.
· 한국기독교교회협의회, 『1970년대 노동현장과 증언』, 1984.
· 이목희, "10월유신과 민주노동운동의 외로운 출발," 한국민주노동자연합 편, 『한국노동운동사』, 동녘, 1994.

한국현대사의 재인식 13
## 1970년대 후반기의 정치사회변동

초판 제1쇄 찍은날 : 1999. 11. 25
초판 제1쇄 펴낸날 : 1999. 11. 30

엮은이 : 한국정신문화연구원 연구처
펴낸이 : 김 철 미
펴낸곳 : 백산서당

등록 : 제10-42(1979.12.29)
주소 : 서울 서초구 서초동 1550-14
전화 : 02)2268-0012(代)
팩스 : 02)2268-0048
이메일 : bshj@chollian.net

※ 저작권자와의 협의 아래 인지는 생략합니다.

값 12,000원

ISBN 89-7327-219-5 03300
ISBN 89-7327-212-8(세트)